JN096197

Minerva Shobo Librairie

新時代のグローバル・ガバナンス論

制度・過程・行為主体

西谷真規子/山田高敬

[編著]

ミネルヴァ書房

はしがき

　世界の秩序は，どのような仕組み（制度）で組織され，私たちの生活にどのような影響をもたらしているのだろうか。また，その仕組みは，誰（行為主体）の手によって，どのような過程で作られ，どのように動かされているのだろうか。本書は，これらの問いを検討すべく，グローバル・ガバナンス論の最新の学術的知見を複眼的に整理した解説書である。グローバル・ガバナンスとは，端的に言えば，中央政府の存在しない国際社会において1国に留まらない問題を解決するために，国境を越えた公共の利益を定義し，それを提供する制度と政治過程のシステムのことを意味する。基本的な制度は国際法を基盤として構築されるのであるが，拘束力の無いルールや非公式なルール，あるいは暗黙の了解なども見逃せない役割を果たしている。また，国際レジームと呼ばれる国家間の管理システムが作られることもあれば，企業や市民社会が主導するレジームによって公共財が管理されたり，あるいはレジームを介さない管理が行われたりする場合もある。それらの制度を形成・運用する過程には，主権国家だけでなく，国際機構，企業や業界団体，市民社会，科学者なども主要な行為主体として関わる。他方で，国際政治の基本特性である主権国家間の権力をめぐる角逐も，ガバナンス過程で大きな影響を持っている。現代の世界秩序は一元的な階層体制ではなく，多様な制度と行為主体によって彩られる複雑な政治過程なのである。

　本書の企画は2017年の秋から始まったが，それから3年近くのうちに，グローバル・ガバナンスをテーマとするテキストが次々に出版されてきたこと自体，国際政治学・国際関係論におけるグローバル・ガバナンスへの関心の高まりを示唆するものである。さらには，2020年前半から始まった新型コロナウィルスの全世界的流行によって国際機構や国家間協調が十分に機能しない現実が露呈したことで，世界情勢に関心のなかった人々までもがグローバル・ガバナンスの実態に興味を抱くようになっている。世界保健機関（WHO）の判断が自分たちの生活に多大な影響を及ぼすこと，にもかかわらず，WHOの判断は加盟国の意向や拠出金額に大きく左右されることなどが明らかになり，そのこ

とによって国際機構は中立だと思い込まされていた人々の認識は大きく変わりつつある。また，各国がグローバルな協調を口にしながら，実際には各国家単位での対応に終始し，国際協調が絵に描いた餅になっていることもささやかれるようになった。このような状況下にあり，日々の生活に大きな変更を迫られたことで，（良きにつけ悪しきにつけ）新しい時代へと変容していく雰囲気を感じ取っている人も少なくないだろう。

　本書は，ニュースなどでは見えにくいグローバルなシステムを，誰が・何を・どのように動かしているのかに着目して，国際制度論をベースとする理論と事例の両面から概観している。理論はよく分からないという人は，行為主体と事例分析の章を先に読んでいただくと，イメージが湧きやすいことと思う。制度的特徴やグローバル・ガバナンスの課題に関心のある読者にはぜひ理論部を読んでいただきたいが，理論はあくまでも現実を分析するためのツールなので，理論部で論じられていることを事例分析章で検証しながら読み進めていただきたい。興味のあるテーマについては，各章の参考文献を手掛かりに深めていただければと思う。

　グローバル・ガバナンスは，公式の制度で謳われているような中立性や公正性とは程遠い側面も併せ持ち，国民の目に見えないところで非公式に政策決定される場面も少なくない。かといって，すべてが不当な支配体制ということでもない。現行の制度枠組みを活用しつつ，いかに主権国家体制の限界を超え，効果的かつ民主的なシステムへと穏やかに移行させるか。特定の国や機関あるいは個人を一方的に非難するのではなく，多様な地球規模の問題に対して多元性を活かす創造的な解決策を模索するためのツールとして本書を活用していただければ望外の幸いである。そのような意味で，編者ともども，本書が複雑で，混沌としている世界を生き抜くためのガイドになることを切望する次第である。

　なお本書は，科研費補助金基盤Ｂ：15H03321（代表：西谷真規子），科研費補助金基盤Ｂ：18H00824（代表：山田高敬），国際共同研究加速基金（国際共同研究強化）17KK0069（代表：西谷真規子）の成果の一部であることを記して感謝したい。

　　2020年9月6日

　　　　　　　　　　　　　　　　　　　　　　　　　　　　　　編　　者

新時代のグローバル・ガバナンス論
──制度・過程・行為主体──

目　次

はしがき

序　章
現代グローバル・ガバナンスの特徴
——多主体性，多争点性，多層性，多中心性——

　主権国家を基礎単位とするウェストファリア体制は，その揺らぎが指摘されてすでに久しい。関与主体の多様化（民間主体，市民社会，官民パートナーシップなど）はすでに1960年代から議論されてきたが，さらに1980〜90年代以降，争点領域の多様化（サブカテゴリーの増大）および複合化（異分野間の複合）と，ガバナンスの多層化（国際，地域，国家，ローカルレベルの相互作用）が進展した。その結果，2000年代以降，グローバル・ガバナンスは多様な制度のパッチワーク状態を呈しているが（Weiss and Wilkinson 2014），他方で，権威の所在が多元化しつつも全体的な整合性を持つ，多中心的なグローバル・ガバナンス・システムも見られるようになっている。本書は，このような多主体性，多争点性，多層性，多中心性を特徴とする現代グローバル・ガバナンスを，国際関係論の理論と実態の両面から把握することを目的としている。

1　グローバル・ガバナンス論の系譜

　グローバル・ガバナンスとは，中央政府の存在しない国際社会において，一国に留まらない問題を解決するために，国境を越えた公共財を提供する制度枠組みおよび政治システムを指す。地理的に地球全体を対象とするとは限らず，グローバルな影響を持つ地域的なシステムである場合もある。広義のグローバル・ガバナンスは，国家間で一定の規範が共有されている秩序維持システム全般を意味し，「国際秩序」や「世界秩序」の概念とほぼ同義で用いられる（大矢根 2018；初瀬 2018；藤原ほか 2004）。また，さらに広く，国際関係論・国際政治学全体をグローバル・ガバナンス論と捉える見方もある（古城 2018）。この文脈では，リアリズム的なパワー構造に基づいて構築される覇権システムや二極システム，多極的な勢力均衡システムもグローバル・ガバナンスの制度の1つ

と理解される（鈴木 2017）。パワーに基づいた制度には，覇権システムのような階層的な支配の制度もあれば，協調的安全保障のような非階層的なシステムもある。

　また，国際政治経済学的な側面に照準を合わせ，グローバリゼーションとグローバルな支配秩序を批判的に論じてきたものもある。イマニュエル・ウォーラーステイン（Immanuel Wallerstein）が展開した世界システム論や，ロバート・コックス（Robert Cox）を嚆矢としたネオグラムシアン（ネオマルクス主義）の批判理論の系譜が著名である。資本家階級のトランスナショナルな政財官連携による世界支配を批判する反新自由主義的議論は，現行グローバル秩序への挑戦の側面が強い（Cox 1986）。

　他方で，超国家的な世界政府や覇権国家無しに，行為者間の協力・協調を軸として秩序維持をする「政府なき統治」（governance without government）をグローバル・ガバナンスと呼ぶ用法もある（Rosenau and Czempiel 1992）。グローバリゼーション下の複雑なグローバル秩序を論じたジェームズ・ローズノー（James N. Rosenau）などが，このような概念化に大きく貢献した（Rosenau 1997）。このような狭義のグローバル・ガバナンスの特徴の１つは，トップダウンの権威構造よりも非階層的（ノン・ハイアラーキカル）な協力に重きを置いて，共同でルールの形成と実施を行う点である。この点を捉えて，19世紀のウィーン体制（ヨーロッパ協調）を現代グローバル・ガバナンスの嚆矢とする考えもある（Murphy 2015）。２つ目の特徴は，国家や国際機構だけでなく，市民社会やビジネス・セクターを含む多様な主体が，規範形成と制度の維持管理に参画することである。

　このような「政府なき統治」を分析するグローバル・ガバナンス論には，大きく２つの系譜が存在する。１つ目は，国際制度論（国際レジーム論）の系譜であり，ここには主に，覇権安定論，ネオリベラル制度論，知識・規範・アイディアを重視する知識社会学系の議論が含まれ，理論的な蓄積が多い（第６章参照）。このうち，ネオリベラル制度論ベースの国際レジームの概念を拡大したのが，オラン・ヤング（Oran R. Young）等によるグローバル・ガバナンス論であり，マクロな制度構造の静態的側面に重きを置く国際レジーム論よりも，より政治過程を強調したアプローチといえる。問題領域，問題解決方法，関与主体のいずれかにおいて国際レジームが拡張されたものをグローバル・ガバナン

スとする見方もある（山本 2008）。

　2010年代になると，複数の国際レジームの集合である「レジーム・コンプレックス」や，非国家主体による「トランスナショナル・レジーム」，ビジネス・セクターを中心とした「プライベート・レジーム」などの議論が登場してきた（第6章参照）。これらは理論的には未発達であるものの，現代グローバル・ガバナンスの実相をより的確に表現していると言えるだろう。

　さらに，マクロ的で静態的なレジーム論に対し，ミクロレベルの行為主体に着目したガバナー（統治者）論や，アクター間の関係性をめぐるメゾレベルを分析するオーケストレーション論など（第8章，第10章参照），制度の多様性や動態的な変容過程を説明する中範囲理論が増えてきている。

　2つ目は，国連システムを中心とした実務的な議論の系譜で，「グローバル・ガバナンス」という用語を世界に知らしめたグローバル・ガバナンス委員会による1995年の報告書（Commission on Global Governance 1995）が端緒である。当該報告書は，グローバル・ガバナンスの定義の出典としてたびたび引用されるが，国際機構，国家，市民社会等の多様な主体による共治を通じたグローバル公共財の供給を強調している。公共セクター，市民セクター，ビジネス・セクターの協働を強調するグローバル公共政策ネットワークの概念（第9章）も，この延長上に作られたものである。このような議論は，レジーム論とは出所を異にするものの，制度の有効性を高めることでより効率的に公共財を提供するという問題解決志向の点で共通するため，学術上は融合が進んでいる。このことは，著名な研究者が国連の実務に公式に関与することでも促進されている。たとえば，レジーム論やコンストラクティヴィズムに重要な貢献をしたジョン・ラギー（John G. Ruggie）が，国連事務次長として国連グローバルコンパクトの創設に関わったり，事務総長特別代表として「国連ビジネスと人権に関する指導原則」を起草したりしたのが，顕著な事例であろう。

　本書は，国際制度論および実務的な系譜のグローバル・ガバナンス論を主に扱いつつも，先述の批判理論の視座を取り入れた議論も行っている（第10章，第18章など）。国際制度論系のグローバル・ガバナンス論は，問題解決のための具体的な制度デザインを論じることに主眼があり，現状批判を主目的とする批判理論系の議論とは一線を画してきたため，国際制度論系と批判理論系の議論

は互いに交流することなく，グローバル・ガバナンス論を二分してきた。他方で，ミヒャエル・ツールン（Michael Zürn）などの欧州の研究者は，フーコーやハーバーマス等の社会学系の思想を取り入れて，批判理論の考え方に親近性のある独自のグローバル・ガバナンス論を打ち出してきた（Zürn 2018）。近年は，学界レベルでも，両者の間に歩み寄りの機運が出てきた。たとえば，2019年の国際学学会（ISA）の大会テーマ・パネルとして，批判理論系と国際制度論系の著名な研究者が一堂に会した「批判的な問題解決？——グローバル・ガバナンスの政治」("Critical Problem-Solving? Grasping the Politics of Global Governance")と題するパネルが設置され，前者の代表的論者であるジャン・アート・ショルテ（Jan Aart Scholte）が両者の融合の重要性を熱く論じたのである。本書もまた，このような動向を一部反映していると言えるだろう。

2　ウェストファリア体制の変容と現代グローバル・ガバナンスの課題

　本章冒頭で触れたように，主権国家間の平等と不干渉原則を軸としたウェストファリア体制は，グローバリゼーションの進展に伴い，行為主体，問題領域，統治レベル（政治場裏）の多様化，および権威の多元化により変容している。主権国家をあらゆる政治場裏の基礎単位と見なし，国家間の競争を基本的な政治ダイナミズムとするモデルが該当しない場面が多くなっているのである。このような状況を引き起こしているメカニズムを解明し，その課題と可能性を明らかにしていくのが，今日のグローバル・ガバナンス論の使命であろう。本節ではその全体像を素描してみたい。

主権国家の権威・権力の相対化

　グローバル・ガバナンスというと，非国家主体が主権国家よりも優位に立つシステムというイメージを持たれることも多いが，実際には，WTOの紛争解決制度など部分的に超国家的な法制度によって国家間の問題解決を図るメカニズムも進展しており，単純に非階層性や非国家主体のみをグローバル・ガバナンスの特徴と言うのは不正確である。国家間（政府間）ガバナンス，超国家的ガバナンス，非国家主体によるトランスナショナル・ガバナンスの相互作用で現代のグローバル・ガバナンスが成り立っているというのが実態であろう

(Zürn 2013)。このような複雑な現状は，第1に，国家自体の多孔的性質，第2に，非国家主体の権限拡大，第3に，ガバナー（統治者）の権威の流動化と権力の多様化，第4に，ガバナンス・システムの多元化と多中心化の結果である。

(1)多孔的国家

　第1の点は，現代の主権国家像に関係する。国家は依然として世界の統治システムの基本単位ではあるが，ビリヤードボールのような一枚岩の行為主体と捉えることのできない側面が増えており，アンマリー・スローター（Anne-Marie Slaughter）の言葉を借りれば，国家は細分化（disaggregated）されている（Slaughter 2004）。国家の行政，司法，立法の各構成要素（国家機関）がそれぞれに国境を越えて連携することで，世界秩序を実際に動かしているのである。

　彼らは国益を代表しつつ，国内と国際の両場裏で活動し，情報共有，国内法および国際法の執行，法の調和化，共通の問題への共同対処を行っている。主権国家体制を前提とした国際法では国内干渉的な行為は認められないため，各国内の規制官庁が国境横断的に連携することで，国際法体制下の規制の不備を補っているともいえるだろう。彼らは機関間の水平的なトランスガバナメンタル・ネットワークだけでなく，国際機構（とりわけ，EUやWTOやNAFTAのような，超国家的な権能を有する機関を含む機構）との垂直的なネットワークによって，国際機構による介入的な政策をも媒介している（Slaughter 2004；第9章参照）。このような状況は，一丸としての国家というよりは，「多孔的国家」（porous state）とでも呼びうるものだろう。

(2)非国家主体の台頭

　第2の点である，市民社会，国際機構，ビジネス・セクターのような非国家主体の台頭は，前記の多孔性とも関係する。多孔性は，国家機関だけでなく，社会にも観察されるものだからである。経済活動がボーダーレス化したり，市民社会がトランスナショナルに連携したりすることで，社会の「脱国家化」（denationalization）が進展していることは，社会学者のサスキア・サッセン（Saskia Sassen）が2000年代初めから指摘していたことである（Sassen 2003）。企業は事業拠点を海外移転することでボーダーレス化を促進してきたが，さらに

1990年代後半以降は，プライベート・レジームの提供など，グローバル・ガバナンスの担い手としても顕著な役割を果たすようになってきている（第5章，第6章，第7章参照）。また，いわゆる「新しい社会運動*」に従事するNGO，活動家，専門家が，1990年代末から，各国内の反新自由主義運動と結び付いて大規模に結集し，国家や国家間の政策に挑戦するようになった。反新自由主義運動，民主化運動，ポピュリズム運動等が脱国家化して，既存の権力構造を揺さぶっているのである。（第4章，第9章参照）。

 ＊1960年代以降に高揚した環境，人権，女性等をめぐる社会運動。それまでの社会運動の主流であった階級闘争（労働争議）との差別化のために，「新しい社会運動」と呼称された。

　さらに，金融取引，兵器拡散，環境保護，人権擁護等の地球規模課題に関する国家や多国籍企業への規制を強めるために，国際機構によるより積極的で効果的な規制への要請が生じ，このことが国際機構の権限強化を促すことになった（第1章，第10章参照）。一部の機関は，前記のような垂直的な連携を通じて国内政治に浸透し，直接的な影響を国内社会に与えるようにもなっている。

(3)権威の流動化と権力の多様性

　行為主体の多様化は，権威と権力の多様化・多元化を促した。これが，主権国家の権威を相対化することになった第3の要因である。

　国際関係における権威は最終的には国家に起因し，したがって，国家からの権限委譲による制度的正統性がガバナーに権威を付与するというのが，ウェストファリア体制下のフォーマルなシステムである。しかし，実際には，国内政治と同じく，専門性・合理性，規範性・道義性，実績・能力，カリスマ性など，様々なものが権威の源泉として作用し，国家からの権限委譲が無いにもかかわらず，民間主体が事実上の権威者として機能することも少なくない（第7章，第10章参照）。また，権威は，他の権威者との競争／協力過程や，新たな権威者の台頭，ガバナンス対象（被治者）の服従度合いによって，その質や大きさを変動させる。近年では，従来は固定的と見做されてきた権威が「流動化」する現象が注目されるようになった（Krisch 2017）。インフォーマルな制度は流動化しやすいが，フォーマルな権威であっても，ガバナンス対象者からの支持・承認を得られなくなれば流動化する可能性があり，それが，今日頻繁に目にす

る既存権威の揺らぎとなって表れているのである。とりわけ，2008年の金融危機以降顕在化してきた国内の分極化により，国内の権威の揺らぎとグローバルな権威の揺らぎが連動し，なおいっそうグローバルな権威の流動化が促進されたといえるだろう（第10章参照）。

　流動化した権威を維持し続けるためには，ガバナンス対象者が重要と認識する要件（権威の源泉）を満たし，適切な権力を発揮する必要がある。権威の源泉が多様であることは，権力の多様性と表裏一体である。軍事力や経済力などの物質的パワーだけでなく，ソフトパワー（Nye 2005），知識力（Haas 1990），規範力（Manners 2002），討議力（Risse 2000）など，多様な形態の非物質的な力が国際政治を動かしているのである。どのような権力がどの程度有効に作用するかは，行為者間の関係性を律する行動論理や，権力が作用する次元に左右される。行動論理には，結果の論理（logic of consequences），適切性の論理（logic of appropriateness），討議の論理（logic of arguing）等の異なる論理があり，支配的な論理の性質に応じて有効な権力の性質も違ってくる（Risse 2000）。たとえば，適切性の論理が支配的な場では規範力の重要性が高まるだろうし，討議の論理が支配的な場では，討議力が大きな影響を持つということである。

　また，政策サイクルの面から見ると，権力が作用する局面には，交渉の次元，アジェンダ設定の次元，規範設定の次元という少なくとも3つの次元（「権力の3つの顔」）がある（Lukes 2005）。さらには，コンストラクティヴィズムが論じるように，政策形成の土台となる社会的立場やアイデンティティを構成する「生成的」あるいは「構成的」な権力の次元もある（Barnett and Duvall 2005）。次元の違いに応じて，有効に作用する権力の性質が異なる。たとえば，交渉の次元では物質的パワーがものをいうかもしれないが，アジェンダ設定の次元では知識力の重要性が高まるだろうし，規範設定やアイデンティティ形成の次元では規範力も大きな力を持つだろう。討議力はどの次元でもベースラインとして作用するだろうが，その大きさは，支配的な論理の質に依存することになろう。このように，権力が作用する次元と論理によって，多様な性質の権力が作用することになるのである。したがって，国家や国際機構などの公共セクターだけでなく，NGOや草の根社会運動や研究者を含む市民セクター，企業や業界団体を含むビジネス・セクターが，それぞれ独自の能力・特性を権威・権力の源泉として，単独に，または互いに協働して，多様な局面でガバナンスに関

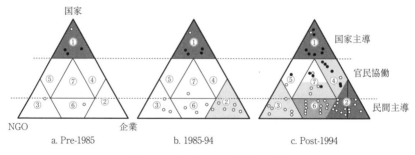

図序 - 1　ガバナンスの三角形の変遷

注：黒丸は国際機構の直接的関与があるスキームを示し，影の濃さはスキームの多さを大まか
　　に表している。①は国家および国際機構の主導によるもの，②は企業主導，③は NGO 主
　　導，⑥は企業と NGO の協働，④は国家・国際機構と企業の協働，⑤は国家・国際機構と
　　NGO の協働，⑦は 3 セクター間の協働の領域である。
出典：Abbott and Snidal（2010：322）に加筆。

与することができるのである。

⑷ガバナンス・システムの多元化・多中心化

　以上のような行為主体と権威の多様化に伴い，ガバナンス・システムの多元
化が進んでいる。アボットとスナイダル（Abbott and Snidal 2010）は，公共・
市民・ビジネスの3セクターが単独または協働で提供する多彩なガバナンス・
システムを，「ガバナンスの三角形」上にマッピングした。それらの制度は大
まかに国家（国際機構も含む公共セクター）主導，民間（ビジネスおよび市民セン
ター）主導，官民協働の3種類に区分けされ，さらに，提供者の質と関与度合
いに応じて7種類に分類することができる。図序 -1 は，環境保護および人
権・労働権保護の分野を対象として，ガバナンスの三角形が時代に応じて変化
する様子を図示している。この図から，1994年以降，民間主導や官民協働の事
業が増加していることが，直感的に把握できよう。

　これらの多様な制度間に階層的な支配関係が存在していれば，権威構造は一
元的だが，各制度が権威の中心となって自律的に作動しているならば，多中心
的な権威構造ということになる。権威構造が多中心化していると，権威間の調
整と，正統性および有効性の確保が困難になりやすい。このような問題に対処
するメカニズムを備え，全体として整合性・一貫性のあるガバナンスを行うよ
うにデザインされたシステムを「多中心的ガバナンス（polycentric

governance)」と呼ぶ（第8章参照）。ソフト・ローやプライベート・スタンダードなどのガバナンス手段の多様化（第7章参照）や，間接的なガバナンスやインフォーマル・ガバナンス等のガバナンス・モード（第8章参照）は，多中心的ガバナンスの特徴の1つである。グローバル・ガバナンスにおける多中心性は環境分野について研究が進んでいるが，ソフト・ガバナンスやインフォーマル・ガバナンスが多くの分野で見られることは，環境分野以外でも多中心的ガバナンスが進展していることを示唆している。

問題領域の複雑化

　問題領域の複雑化もまた，行為主体の多様化と部分的に関連して，ウェストファリア体制を変化させる一因となっている。すでに1970年代にロバート・コヘイン（Robert O. Keohane）とジョセフ・ナイ（Joseph S. Nye, Jr.）が論じたように，複合的相互依存の世界においては，多様な問題領域間に階層関係が存在せず（したがって，安全保障問題が国際政治の最重要テーマとは限らない），国家間の交渉力の源泉が多様化し（軍事力や経済力だけでない），また，交渉のチャンネルも多様化している（政府間ルートだけではない）（Keohane and Nye 1977）。

　このような特徴は今日のグローバル・ガバナンスにも引き続きあてはまるが，今日では，新たな問題の発見によるサブカテゴリーの増大と，異分野間の競合や複合関係によって，問題領域がさらに複雑化していると言えるだろう。ポスト冷戦時代の「新しい戦争」（メアリー・カルドー）による紛争鉱物，小型武器，子ども兵，国内避難民など（第23章，第12章参照），地球温暖化の昂進による緩和，適応，気候工学，グローバル・タックスなど（第20章，第18章参照），インターネット技術の進歩によるサイバー戦争，個人情報保護，フェイクニュースなど（第24章参照），人の移動が容易になったことに伴う新たな移民・難民問題，越境犯罪やテロリズム（第13章，第12章参照）等々，新たな問題領域は枚挙にいとまがない。公共政策の領域が拡大し，また，異分野間で競合したり複合化したりすることによって，技術的にも政治的にも不確実性を増大させる状況が現出しているのである。

　このような状況を反映して，不確実性の高い状況に情報や解釈を提供する専門家の役割に着目した知識共同体論（第3章参照）や，制度間の複雑な関係性を論じたレジーム・コンプレックス（レジーム複合体）論が登場した（第6章）。

レジーム・コンプレックスには，主権尊重や人道主義などの大原則に埋め込まれた「埋め込まれ」型，制度間に階層性のある「入れ子」型，多様な制度が水平的に集合した「クラスター」型，異分野の複合である「重複」型の4タイプがあるが（Young 1996），今日のレジーム・コンプレックスは，これらの2つ以上の要素を含んだ複雑なものが多い。クラスター型と重複型は制度間の調整不足が生じやすく，競合・欠缺・冗長性により非効率に陥る危険性があるが，他方で，多元的な権威構造の利点を活かした多中心的ガバナンスが実現される可能性もある。

　実務の現場でも，ミレニアム開発目標（MDGs）や持続可能な開発目標（SDGs）が登場し，多様な問題領域間の相互連関性が意識されるようになっている。MDGs は目標間の関係性を考慮していないと批判されてきたが，それよりも多くの目標を含む SDGs（17目標と169ターゲット）にも目標間の調整メカニズムが欠如している。このため，SDGs の達成を危ぶむ声がある一方，異なる目標およびターゲットを統合的に連結運用することで持続可能性や効率性を向上させることも盛んに議論されている。この点は，「持続可能な開発に関するハイレベル政治フォーラム」でも重要な議題として議論されている（第11章参照）。

　本書で取り上げる各事例も，製薬をめぐる知的財産権とグローバルな疾病対策（第15章，第16章参照），自由貿易と環境，人権，腐敗問題など（第19章参照），気候変動とエネルギー，食料，水，安全保障など（第20章参照），生物多様性と森林，海洋，水産資源（第21章，第22章参照），腐敗問題と気候変動，安全保障，持続可能な開発など（第14章参照）等々，異分野間の連関が随所に見られる。また，企業の社会的責任（CSR）のように，それ自体が環境，人権などの複数の問題領域を複合させた問題領域もある（第5章，第17章参照）。さらに，人権分野では，女性，子ども，労働者をとくに取り上げたが，これは，SDGs の複数の目標を跨ぐ主要対象として重視されるようになっているからである（第12章参照）。女性や子どもは，武力紛争や犯罪の被害者として重視されるだけでなく，開発や変革の行為主体としても注目されている。労働者の人権もまた，持続可能な成長の礎として，CSR の文脈（ビジネスと人権）で先進国・発展途上国問わず，近年注目が高まっている分野である（第5章，第12章，第17章参照）。女性，子ども，労働者は，多主体的で複合的な現代のグローバル・ガバナンス

を象徴する存在と言えるかもしれない。

ガバナンスの多層化──グローバル・マルチレベル・ガバナンスの課題

　超国家機構やトランスガバメンタル・ネットワーク，プライベート・レジームを通じたガバナンス・システムが進展するに従い，国民の同意を得ていない国際機構の政策が内政干渉的に国内に適用されたり，効率性・画一性・競争を追求する新自由主義の圧力により，政府による規制の効果が損なわれ国内問題を悪化させるなどの事態が生じている。国際通貨基金（IMF）や欧州連合（EU）が課した厳格な財政規律が国内の景気回復を妨げるといった問題が典型である。問題領域によっては，国内の民主的手続きを経ないままにグローバル・レベルで事実上の権威が確立され，主権平等に基づいた合意原則を部分的に掘り崩している場合もある。

　このような状況に対し，介入的なグローバル（またはリージョナル）・ガバナンスや新自由主義的な政府に対する抗議行動が，各国内やトランスナショナルな連携によって頻発するようになった。さらに，グローバリズムによる均質化の動向は，文化的差異を強調する地域的な反動を生み，それが国内での自治・独立要求（イギリスのスコットランド，スペインのカタルーニャ，ベルギーのフランドル等）を刺激している。グローバリズムと不適切なグローバル・ガバナンスが，正義と民主主義の不足を浮き彫りにし，リージョナリズムやナショナリズムを高揚させる複雑な力学をもたらしているのである。こうして，グローバル・ガバナンスが国内や地域レベルのガバナンスと連動して作動する，マルチレベル・ガバナンス（多層ガバナンス）の課題が注目されるようになってきている。

　マルチレベル・ガバナンスと言えばEUの分析が多いが，ツールンは連邦制，EU型，グローバル・マルチレベル・ガバナンスの3つに類別している（Zürn 2013；EU型については第2章も参照）。これらは政策実施，政策の正統化，レベル間調整の各過程における中央集権度合いを異にするものの，政策の形成主体と実施主体が異なる2段階プロセスを踏む点では共通している。つまり，国民の関与しないところで作られた政策が国民に課されるということであり，慎重な手続きを踏まなければ，なんらかの民主的瑕疵が発生する可能性があるということである。

　とりわけグローバル・マルチレベル・ガバナンスでは，規範遵守の弱さ，レ

ベル間の調整不足，正統性の瑕疵のトリレンマが顕著である。アナーキーな主権国家システムでは，国際規範の遵守は究極的には各国の自主性に依存するため，強制的な制裁制度を欠いた国際合意の遵守メカニズムは一般的に弱い傾向がある。また，遵守を確保するために国内政策に踏み込んだ調整を行おうとすると，主権コストが高まるため，国家間協調が阻害される。結果として，グローバル，リージョナル，ナショナルな制度間のフォーマルな調整メカニズムは発達しにくい。貿易分野における世界貿易機関（WTO）と地域貿易協定（RTA）間，およびRTA間の調和化の問題などは典型であろう（第19章参照）。このため，G 7 や G20 などの協議枠組みや非国家的なネットワークを通じたインフォーマル（非公式）・ガバナンスや，国内制度を変容させることでグローバル・レベルと国内レベルの調整をするような手法がとられることも多い。

　国内の制度改革を支援することで規範の履行を確保させるガバナンス手法は，調整と遵守を促進する一方で，やり方によっては民主的瑕疵が発生する危険性もある（Hameiri and Jones 2016）。世界銀行（世銀）や IMF による構造調整貸付はその最たるものだが，国際機構による加盟国内の制度構築事業も，その国の制度を変容させる以上，国民の理解を十分に得なければ，国内干渉の誹りを免れないであろう。各国の遵守能力は上がるかもしれないが，他方で，外部の関与によって国家機構が変容させられることの正統性が疑問視される場合もあろう。

　以上のように，効果的な遵守メカニズムを志向すれば，主権コストを上昇させて国家間協調を阻害する可能性があり，また，遵守や調整を向上させようとすれば正統性の問題が発生する可能性があるため，現状では 3 つの問題を同時に解決するのは困難である。このため，一方でグローバル・ガバナンスの意思決定手続きの民主化が政治化され，他方で，逸脱国家や多国籍企業への規制を強めるために国際機構の権限を強化しようとする動きがあり，両者の最適なバランスをどのようにしたらとれるのかが，実務的にも学術的にもグローバル・ガバナンスの重要な課題の 1 つとなっているのである。

3　本書の構成

　第 I 部では，近年のグローバル・ガバナンスにおいて自律的かつ主導的に活

動する新しい行為主体（アクター）について概説する。国連機関等の国際機構，欧州連合（EU）等の地域機構，専門家や官僚，NGOや活動家，企業や業界団体が，主な役者たちである。第Ⅱ部では，それらの役者たちが演じる舞台の舞台装置と脚本，すなわち現代グローバル・ガバナンスの大枠の制度と過程を理解するための理論整理を行う。クローバル・ガバナンス論の根幹をなす国際レジーム論の系譜から，レジーム・コンプレックス，プライベート・レジーム等について整理した後，国際関係における国際法とソフト・ローやプライベート・スタンダード等の役割について論じる。さらに，前記の役者たちに主権国家を加え，互いにどのような関係性とメカニズムによって多様性・複合性の管理を行っているのか，その政治過程を，多様なガバナンス・モードやネットワーク・ガバナンスのあり方を通じて概説する。以上を踏まえて，現代的文脈におけるガバナンスの正統性の問題を論じる。

　第Ⅰ部・第Ⅱ部がグローバル・ガバナンス論の理論的な土台説明であるのに対し，第Ⅲ部は，地球的問題群の主なカテゴリー（経済・社会・開発，環境・資源，安全保障，情報）のうち，SDGsに目配りしつつ，近年重要な進展の見られる分野を選んで，現代グローバル・ガバナンスの実態・現状を俯瞰する。近年の新展開に重点を置き，また，行為主体の多様性，多争点性，多層性，多中心性を強調する点が，各章共通の特徴である。これにより，異分野間の有機的連関が浮かび上がってくる構成となっている。

参考文献

大芝亮・秋山信将・大林一広・山田敦編『パワーから読み取くグローバル・ガバナンス論』有斐閣，2018年。

大矢根聡「グローバル・ガバナンス——国際秩序の『舵取り』の主体と方法」大矢根聡・菅英輝・松井康浩編『グローバル・ガバナンス学Ⅰ　理論・歴史・規範』法律文化社，2018年。

古城佳子「グローバル・ガバナンス論再考——国際制度論の視点から」大矢根聡・菅英輝・松井康浩編『グローバル・ガバナンス学Ⅰ　理論・歴史・規範』法律文化社，2018年。

鈴木基史『グローバル・ガバナンス論講義』東京大学出版会，2017年。

初瀬龍平「国際秩序と権力」大矢根聡・菅英輝・松井康浩編『グローバル・ガバナンス学Ⅰ　理論・歴史・規範』法律文化社，2018年。

藤原帰一・李鐘元・古城佳子・石田淳編『国際政治講座 4　国際秩序の変動』東京大学出版会，2004年。

山田高敬・大矢根聡編『グローバル社会の国際関係論［新版］』有斐閣，2011年。

山本吉宣『国際レジームとガバナンス』有斐閣，2008年。

Abbott, Kenneth W. and Duncan Snidal, "International Regulation Without International Government: Improving IO Performance Through Orchestration," *Review of International Organization*, 5, 2010.

Barnett, Michael and Raymond Duvall, "Power in International Politics," *International Organization*, 59(1), 2005.

Commission on Global Governance, *Our Global Neighborhood: The Report of the Commission on Global Governance*, Oxford: Oxford University Press, 1995. (京都フォーラム訳『地球リーダーシップ――新しい世界秩序をめざして』日本放送出版協会，1995年)

Cox, Robert, "Social Forces, States and World Orders: Beyond International Relations Theory," in Robert O. Keohane (ed.), *Neorealism and Its Critics*, New York: Columbia University Pres, 1986.

Haas, Ernst B., *When Knowledge is Power: Three Models of Change in International Organizations*, Berkeley: University of California Press, 1990.

Hameiri, Shahar and Lee Jones, "Global Governance as State Transformation," *Political Studies*, 64(4), 2016.

Keohane, Robert O. and Joseph S. Nye, Jr., *Power and Interdependence: World Politics in Transition*, Boston: Little, Brown and Company, 1977.

Krisch, Nico, "Liquid Authority in Global Governance," *International Theory*, 9(2), 2017.

Lukes, Stephen, *Power: A Radical View, 2nd ed.*, New York: Palgrave Macmillan, 2005.

Manners, Ian, "Normative Power Europe: A Contradiction in Terms?" *Journal of Common Market Studies*, 40(2), 2002.

Murphy, Craig N., "The Last Two Centuries of Global Governance," *Global Governance*, 21(2), 2015.

Nye, Jr., Joseph S., *Soft Power: The Means to Success in World Politics*, New York: Public Affairs 2005.

Risse, Thomas, "'Let's Argue!': Communicative Action in World Politics," *International Organization*, 54(1), 2000.

Risse, Thomas, "Global Governance and Communicative Action," *Government and Opposition*, 39(2), 2004.

Rosenau, James N., *Along the Domestic-Foreign Frontier: Exploring Governance in a*

Turbulent World, Cambridge: Cambridge University Press, 1997.

Rosenau, James N. and Ernst-Otto Czempiel（eds.）, *Governance Without Government: Order and Change in World Politics*, Cambridge: Cambridge University Press, 1992.

Sassen, Saskia, "Globalization or Denationalization?" *Review of International Political Economy*, 10(1), 2003.

Slaughter, Anne-Marie, *A New World Order*, Princeton: Princeton University Press, 2004.

Weiss, Thomas G. and Rorden Wilkinson, "Rethinking Global Governance? Complexity, Authority, Power, Change," *International Studies Quarterly*, 58(1), 2014.

Young, Oran, "Institutional Linkages in International Society: Polar Perspectives," *Global Governance*, 2(1), 1996.

Zürn, Michael, "Globalization and Global Governance," in Walter Carlsnaes, Thomas Risse, and Beth A. Simmons, *Handbook of International Relations, 2nd ed.*, Los Angels: Sage Publications, 2013.

Zürn, Michael, *A Theory of Global Governance: Authority, Legitimacy, and Contestation*, Oxford: Oxford University Press, 2018.

（西谷真規子）

第Ⅰ部

行為主体

第1章

国際機構

——グローバル・ガバナンスの担い手？——

　国際機構とは，一般に，特定の目的の達成のため，複数国家が条約を通じて設立する，常設的かつ機能的な組織体である，と定義される。国際機構の組織構造には，いくつものバリエーションが見られるが，全加盟国によって構成される総会，執行機関である理事会，そして，国際機構の管理・運営にあたる事務局を備えることが多い。さらに，総会や理事会の下には，様々な名称の下部機関（国際連合〔国連〕の場合で言えば，委員会，事務所，基金・計画など）が置かれる。事務局はこれらの下部機関の活動のサポートも行うのであるが，決して行政サービスのみを提供しているわけではない。

　たとえば，本書第13章で扱う難民問題では，国連難民高等弁務官事務所（UNHCR）は，総会の下部機関ではあるが，実際に目に付くのは，UNHCRの「（厳密には，国連事務局に雇われている）職員」が難民キャンプで実際に難民や避難民への救援活動を行っている場面であろう。また，開発援助の場面であれば，国連開発計画（UNDP）や，各種の専門機関の職員が現場で活動している姿が報じられる。

　本章の目的は，職員なり，事務局といった，国際機構の中の，いわば専門家集団（官僚機構）が，グローバルな規範の形成や実施において，どのような役割を果たし，また，どのような理論的問題を提起し得るか，を序論的に検討することにある。言いかえれば，国際機構内部の専門家集団が，グローバル・ガバナンス論に与える影響（の可能性）を探ること，と言ってもよい。

　このように書くと，本章はきわめて技術的な問題を扱うように感じられるかもしれない。しかし，実は，「国際機構の事務局（員）の活動の正統性（規範性）」を論じるにあたっては，国際機構論の立場からも，避けて通れない問いにあらかじめ取り組んでおく必要のある論点が含まれている。以下，順に考えてみたい。

1　国際社会と国際機構

　国際機構は，主権国家によって設立される。その意味において，主権国家体系の産物である。国際機構の前駆体である国際行政連合は，各国に共通する行政上の関心事項について，定期的に会合を開催することを目的として設立されたものであり，実際には加盟国による条約作成のための会議開催を補助することを任務としていた。そのため，国際行政連合自身が独自に国際行政の担い手となったり，規範の形成に関わったりすることはなかった。

　これに対し，国際連盟になると，保健衛生や知的国際協力といった分野で事務局（員）自身が主体的にプロジェクトの実施を行うようになる（安田 2014；後藤 2016）。国連も国際連盟同様，集団安全保障機構として設立されたが，広く経済的，社会的，人道的問題についての国際協力の要になることを，国際連盟設立の際以上に期待されていた。これは，国際連盟による技術的活動が高く評価されたからに他ならない。とくに，冷戦期は集団安全保障機能が麻痺したため，むしろ，人権，開発援助，難民支援といった分野での活動に注目が集まることになった。また，国連の専門機関も，それぞれの分野で国際協力を推進している。とりわけ，国際通貨基金（IMF）や国際復興開発銀行（IBRD。一般には世界銀行と呼ばれる）は，今日では，途上国の経済的社会的発展のために，高い自立性を持って活動している。

　国際機構自身の活動範囲が広くなり，さらに NGO や企業，個人も国際機構の活動に関与するようになった。これに伴い，国際政治でも，単に主権国家間の関係というだけではなく，多様な行為主体（アクター）間で理念・ルール・規範が，一定程度共有された新たな姿が見られるようになる。これを国際共同体と名づけることもできる（中西 2003）。グローバル・ガバナンスを「個人と機関，私と公とが，共通の問題に取り組む方法の集まりである」（京都フォーラム 1995）と認識するとき，そこで前提とされているのは，伝統的な主権国家体制というより，そのような国際共同体であると考えられる。もっとも，グローバル・ガバナンスと呼び得る現象は古くから観察されるのであって（遠藤 2010），グローバル・ガバナンス論として盛んに理論化が進むのは，冷戦後の，いわゆるグローバリゼーションの（急速な）進展によるところが大きく，それ

に伴って，国際機構の役割と問題点に改めて注目が集まっているのである。ここでは，国際共同体における国際機構の存在意義と問題点について概略的に考えてみたい。

2　国際機構の特徴

国際機構の「3つの顔」

ウィースほか（Weiss *et al.* 2017）では，国連には3つの顔があることが指摘されている。第1は，加盟国によって構成される国連であり，「諸国の会議体」としての側面である。第2が，事務総長によって率いられる官僚組織たる国際事務局である。そして，第3が，これらの2つの国連と協働するNGOのネットワーク，個人的専門家，企業関係者，メディア，研究者といった人々である。さらに，この3つの国連の間では，幾重にも「本人・代理人（principal-agent）関係」を見出すことができる。「本人・代理人関係」とは，「本人（principal）がその権威の一部を代理人（agent）に委託し，後者が前者のために代わって活動する」（Hawkins *et al.* 2006）ことを言う。

たとえば，国連人権理事会は総会によって設立された，人権問題を専門的に扱う総会の下部機関であるが，基本的には理事国間の会合を中心とするものであって，「第1の国連」の範疇，すなわち「本人」自身による会議体であるに留まる。これに対し，同じ総会の下部機関であっても，国連難民高等弁務官事務所（UNHCR）や国連開発計画（UNDP）のように（これらにも「第1の国連」に含まれる管理理事会や執行理事会といった機関は存在する），「第2の国連」，すなわち官僚組織である事務局員による「現場での活動」が期待されるような場合には，「第1の国連」（本人）による「第2の国連」（代理人）への委託が見られるのである。ただし，ここで注意しなければならないことは，国際機構における「本人」とは，単一の主権国家ではなく，複数の主権国家によって形成される集団的な意思である，ということである。

いずれにせよ，ウィースらの先の分類は，他の国際機構においても応用可能であろう。本書第Ⅲ部で取り上げられる諸分野においては，国際機構の第2，第3の顔がことさら重要になってくる。というのも，第1の顔（国家間フォーラム）が何を決めたか，ではなく，そこで決められたことが第2の顔（国際事

務局）によってどこまで実施されるか，また，その際，第3の顔（NGO など）がどのような影響を与えているかが，グローバル・ガバナンスにおける「国際機構の役割」を分析するにあたってより重要となるからである。また，逆に第3の顔が第2の顔を動かし，それが第1の顔での規範形成や実施に及ぼすことも考えられる。すなわち，政府間機関である国際機構の非政府的な部分が「現業」を行うことを通じて，新たな統治^{ガバナンス}が誕生していると考えることが可能になるからである（最上 2016）。

　国際機構論では，一般に「第1の顔」の部分に焦点を当てて議論することが多かった。というのも，国際機構論では，主権国家体制の組織化過程に着目し，それがどのように歴史的に展開してきたか，に関心を寄せてきたからである。他方，グローバル・ガバナンス論は，むしろ「組織化された国際社会」の存在を所与とし，そこでの国際機構の役割を分析することに関心を置く傾向にあるから，「第2の顔」や「第3の顔」にも目が向けられる。もちろん，国際機構論においても，事務局の活動や NGO の影響に着目した研究はなされており，その意味では国際機構論とグローバル・ガバナンス論は根底において問題意識を共有していると言えよう。

「事務局」の正統性

　ところで，国際機構の3つの顔は，互いにどのような関係にあるのだろう。このことは，国際機構の，とりわけ事務局の正統性を考えるうえで重要な論点である。仮に国連人権理事会の正統性に疑問が付される場合でも，それを支える事務局組織である，国連人権高等弁務官事務所（OHCHR）の正統性は必ずしも損なわれるわけではない。概念上も，組織上も，国際機構の事務局は，国家間フォーラムとは別個の組織体だからである。他方，事務局の任務には，総会や理事会の事務的な補佐（情報の収集・提供，会議の運営，資料の作成・管理など）も含まれており，これについては，補佐役として十分に機能していれば，正常に運営されている，という意味で正統性があるという評価が下されよう。

　問題は，国連の内部機関であれば UNHCR であるとか，国連開発計画（UNDP）などの補助機関，各種の技術的・行政的国際協力を実際に行う国際機構，IMF や世界銀行など，事務局自身が一定の自律性（自立性）を持って，すなわち一個の官僚機構として活動を行う場合，事務局はどのように，また，ど

のような正統性を求められるのであろうか。先にも触れたように，国際機構の事務局は，主権国家との関係において本人・代理人の関係に立つ。するとまず，事務局に与えられた任務が，当該国際機構の設立目的の達成に寄与するという意味で，正統な目的を持っていることが必要となる。その一方で，事務局は加盟国（本人）からの委任の範囲で，自立的な活動も行う。そこでは，事務局（代理人）内部において独自の政治過程が生まれる。したがって，事務局としての任務を正しく遂行する（少なくとも，その努力をする）ことが求められる。ここでは，その政治過程の正しさ，すなわちスループット正統性と呼ばれるレベルの正統性も求められよう（第10章参照）。なぜなら，代理人の目的は，原則として本人が掲げた目的から逸脱してはならないからである。このことは，単に事務局の正統性を確保するだけでなく，最終的には当該国際機構の設立目的を満たすことにも繋がることになる。その際，国際機構の第3の顔である国際機構と協働する諸団体や個人も，第1の顔によって与えられた任務を正しく遂行することが必要となるのは言うまでもないことである。

国際機構の偏向とその是正

　ここで言う国際機構の偏向とは，国際機構の事務局自身が「代理人」としての役割を超えて，「本人（加盟国）」の期待から逸脱することを指している（それは，事務局自身が，主権国家体制とは別個に組織された官僚機構であることに由来する）。古い例としては，国連教育科学文化機関（UNESCO）の政治的偏向が問題視され，アメリカやイギリスの UNESCO 脱退を招いたことが挙げられる。これは，UNESCO の加盟国の構成が反先進国・反ユダヤ主義に傾いた結果，アメリカやイギリスの望まない集団的意思決定が行われたことに起因し，さらにそれが事務局（代理人）の運営にも波及した（たとえば，事務局長の独裁的組織運営）事例である。

　逆に，IMF や世界銀行も，自らの新自由主義的開発政策（先進国中心に形成されたワシントン・コンセンサス）を途上国に「押しつけ」ていると批判されるのも，国際機構の偏向の一種といえる。UNESCO の場合であれ，IMF や世界銀行の場合であれ，概念的には「本人・代理人」関係は成立しているものの，先にも述べたように，「本人」は加盟国全体の集合的意思であるから，その意思に偏向が生じた場合，代理人の行為について，一部の加盟国が不満を抱く場

面を完全には取り除くことはできないという宿命を国際機構は負う。

　ツールン（Zürn 2018）でも，官僚的なバイアスがアクターの政治化を招き，それがグローバル・ガバナンスの正統性を損ねることがあると指摘されている。他方で，そこには，是正が働く機会も備わっている。代理人（国際機構）の偏向に対して本人（国家）の側が是正を試みる場合もあるし，世界銀行におけるインスペクション・パネルのように，NGO を通じたチェックが行われる場合もある。

3　国際機構の正統性問題

　国際機構の正統性とは，国際機構が「複数国家が条約を通じて設立した」という手続き的な正しさ（合法性），とは必ずしも一致しない。ここで問題となるのは，国際機構（とりわけ事務局〔員〕）の活動が，グローバル・ガバナンス論が想定する，規範の形成や実施に「ふさわしい」存在になるのは，いつ，いかなる理由によるのか，という問題である。国際機構（とその事務局）の存在の法的正当性が総体的な国際機構の正統性を導くことはある。しかし，たとえ存在が正当性を持つにせよ，設立の目的が反社会的な価値の実現にあれば，その国際機構は正統性を持ち得ないだろう（極端な例として，汚職や腐敗を容認する国際開発援助機関の設立が想定できる）。すると，「活動目的の社会的正しさ」やそれに向けて国際機構が正しく活動することは，国際機構の正統性の必要条件といえよう。

　主権国家は，社会的正しさを持った目標を掲げて国際機構を設立すると仮定される。そこに加盟することを通じて，主権国家は加盟国として目標実現のために国際機構を運営し，当該国際機構の目的実現に資する活動を行う。国際機構を設立する条約（設立基本条約）には，当該国際機構が実現すべき目標が掲げられるとともに，そのための加盟国の権利義務も規定されるからである。したがって，国際機構の正統性の第 1 段階としては，加盟国がその国際機構の目的実現に向けて権利義務を果たしている状態が必要条件となる。本書は，「安全保障（戦争の防止）」を直接のテーマとしては挙げていないが，「国際の平和と安全の維持・回復」を最大の目的に掲げる国連の場合で言えば，加盟国が国連憲章 2 条 4 項に定める武力不行使原則を厳格に遵守することで，国連の第 1

の正統性が確保されることになる。また，北朝鮮による核・ミサイル開発問題に見られるように，一国の行為・行動が「平和に対する脅威」と認定された場合，国家間フォーラムである安全保障理事会（安保理）が制裁決議を適切に採択し，加盟国がそれを誠実に実施することも，国連という国際機構の正統性をもたらすことになる。これを国連憲章の実効的な解釈・適用がなされている，という意味で，第2の正統性と呼ぶこともできよう。もっとも，安保理であれ，近年，アメリカが「離脱」を表明した国連人権理事会であれ，加盟国によって構成されるフォーラムが常に正統性を得ているわけではない。国家間フォーラムである各種の会議体では，議題によっては期待された機能を発揮することができず，それによって設立基本条約上の目標を達成できない場合もあるからである。北朝鮮の核開発を例にとれば，制裁決議は採択されたものの，その実施をめぐっては各国に温度差があり（中国やロシアに至っては，制裁の緩和を模索している），核不拡散の実現，という第3のレベルでの正統性は必ずしも実現していない。

　他方，ある国際機構が与えられた任務を遂行した結果，他の規範領域で問題を起こした場合，当該国際機構の正統性に傷が付くことが考えられる。たとえば，UNHCR が難民キャンプを運営した結果，近隣の住民の生活資源に悪影響を及ぼす場合や，国際開発援助機関による開発プログラムの結果として，環境破壊や住民の人権侵害を招く場合である。その場合，当該国際機構の本来の活動に加え，他の規範に抵触しないようなんらかの対策を講じることを通じて，正統性を取り戻す，あるいは，さらに高める必要が生じることになる。グローバル・ガバナンス論が扱う争点領域が増えれば増えるほど，国際機構の正統性をめぐる問題は複雑化するのである。

4　国際機構を通じた規範形成

伝統的理解

　伝統的な国際機構論において国際機構を通じた規範形成は，主として第1の顔，すなわち国家間フォーラムを通じて行われる，と理解されてきた。これは，国際機構研究の中心が国際法学者によって担われてきたことと無縁ではない。

　たとえば，人権の国際的保障は国連の目的の1つであるが，国連憲章には具

体的に何が人権であるかについて言及はない。しかし，設立直後から，国連加盟国として遵守すべき人権は何かということが議論になり，1948年の第3回国連総会で採択されたのが「世界人権宣言」である。そして，この世界人権宣言を基礎に，その後，条約である国際人権規約（社会権規約と自由権規約を合わせたもの）に結実される。他にも，人種差別撤廃，女子差別撤廃，児童の権利の確保，障害者の権利，など，まず総会で非法的な宣言が採択され，その後，条約が作成される例が見られる。また，国連の場で世界人権宣言が繰り返し言及され，国連加盟国に世界人権宣言の遵守が求められることを通じて，世界人権宣言が慣習国際法化したか，ということが国際法学では議論されることがある。

　この例からも明らかなように，「国際機構を通じた規範形成」の議論は，基本的に「国際法規範の形成」に注目してきたといってよい。この議論は，いいかえれば，「国家は何をどこまで規範として認めるようになったか」という議論でもある。

グローバル・ガバナンス論の問題提起

　これに対し，グローバル・ガバナンス論では，「規範」という語は，必ずしも国家が遵守すべき国際法規範，と狭く捉えるのではなく，多様化するアクターが共通して遵守すべき規範，と広く捉える傾向にある。そうすると，規範の形成に関与する主体も，規範の形成過程も，また，規範の名宛人も多様化することになる。

　たとえば，事務局長が発出する事務局内部での指示や告示，訓令であっても，その効果が加盟国の行動に対しても影響を与える場合がある（代表例として，「国連軍による国際人道法の遵守に関する事務総長告示」〔1999年8月〕が挙げられる）。また，事務局の現業的活動の中から得られた知見が先例（グッド・プラクティス）として繰り返し参照されることでも，規範化が進むことは考えられる。さらに，世界銀行の活動を監視する NGO が世界銀行と対話を重ねることで，世界銀行の政策決定に影響を及ぼすことも考えられる（松本・大芝 2013）。要は，国際機構の第1の顔から第3の顔までが相互に影響を及ぼし合うことを通じて，規範が形成されていくと捉えられるのである。

　改めて人権を例に取ると，次のような事象が考えられる。人権侵害を行っている国家に対し，国連人権理事会や場合によれば国連総会の場で非難が加えら

れることがある。これは，あくまでも国連の第1の顔のレベルの話である。そ
れと同時に，国連事務局（国連人権高等弁務官事務所）が公式・非公式に人権侵
害国に働きかけを行ったり，テーマ別あるいは国別の人権問題を調査・報告す
る特別報告者を任命して，直接または間接に情報を収集し，報告書を提出した
りする。さらに，NGO も現地調査などを通じて各種のレポートを発行したり
する。これらは一見すると独立の活動であるが，人権侵害国の規範意識の変
化・改善を促しているという点では共通しており，結果として人権侵害が改善
されることになれば，統治<ruby>統治<rt>ガバナンス</rt></ruby>は成功したと考えられるのである。そこではいず
れも，一般的に国家が遵守すべき人権規範を明示し，人権侵害国による「学
習」を促していると見なすことができる。他国で同種の人権侵害が発生すれば，
このプロセスが繰り返されることになる。そのことを通じて，最終的には新た
な人権規範が形成され，主権国家のみならず，国際機構によっても，NGO に
よっても受容され，国際共同体として遵守すべき人権規範がより明確化される
ことになる。

　グローバル・ガバナンス論は，このような多様な規範の形成と受容の過程に
注目するのである。ここで注目されるのは，先にも触れたように，規範が「主
権国家による国際法規範の形成」という意味ではなく，より広く「遵守すべき
事柄」として広義に用いられていることである。そのように規範を捉える認識
が前提とする国際社会像は，単純なあるいは伝統的な主権国家体制を超えて，
国際機構や NGO，さらには企業や個人も巻き込んだ国際共同体的なものであ
るところにあると言えよう。

5　国際機構を問う意義

　グローバル・ガバナンスは，グローバル化が急速に進展したとされる冷戦終
結後に登場した議論であり，ローズノーとチェンピール（Rosenau and Czempiel
1992）のタイトルにある「政府なき統治（Governance without Government）」を
キーワードとしている。そこでは，国家機能の「退化［国家の権限の移譲］と進
化［国際組織化］」（ナヴァリ 2002）が生じているという認識がある。もっとも，
このような主張は目新しいものではない。国際機構の発達が国際社会の平和と
安定をもたらすという主張は，第2次世界大戦期の戦後秩序構想の1つである

「機能主義（functionalism）」にも見られる。ここでグローバル・ガバナンス論と機能主義の異同を議論する紙幅はないが，これからも国際関係における国家の主権性が「退化」し，かわって国際機構やNGOを通じた組織化という形での「進化」は続いていくのだろうか。

　主権国家体制あるいは個別の主権国家は，常に国際共同体的な規範意識を共有しているわけではない。とくに，今日では「自国第一主義」と総称される，ポピュリズム的な風潮が強まっている。そこでは，自由貿易，気候変動，知的財産権，移民・難民問題などにおいて，国際共同体的な規範からの逸脱が頻繁に起こり得るという問題が生じている。今日，リベラルな国際秩序の終焉が語られるのもそのためである。その意味でグローバル・ガバナンス論が想定する国際社会像は，常に伝統的主権国家体制の側からの挑戦を受けているともいえよう。これを特定国や特定の政治家の選好と見るか，グローバル・ガバナンス全般の危機と見るかは，論者によって異なるだろう。

　それでも，実際のところは，ほとんどすべての国家は，ほとんどすべての国際機構を通じて，国境を越えた協力関係を構築している，というところではなかろうか。そして，代理人としての国際機構もほとんどすべての場合において，自らに課せられた役割を果たすべく日々努力している，と考えられよう。もちろん，前述のUNESCOの事例のような「国際機構（の事務局）の逸脱」は発生し得る。国際機構研究の意義と課題は，一方に主権国家体制，他方に国際共同体があり，その両者の関係を調整する役割を担った国際機構の現状と課題を見極めるところにある。おそらくグローバル・ガバナンス論も同様であり，相互の学問的交流が必要とされるところである。

参考文献

遠藤乾「グローバル・ガバナンスの歴史と思想」遠藤乾編『グローバル・ガバナンスの歴史と思想』有斐閣，2010年。

京都フォーラム監訳・編『地球リーダーシップ――新しい世界秩序をめざして』日本放送出版協会，1995年。

後藤春美『国際主義との格闘――日本，国際連盟，イギリス帝国』中央公論新社，2016年。

中西寛『国際政治とは何か――地球社会における人間と秩序』中央公論新社，2003年。

ナヴァリ，コーネリア「デーヴィッド・ミトラニーと国際機能主義」デーヴィッド・ロ

ング／ピーター・ウィルソン編著（宮本盛太郎・関静雄監訳）『危機の20年と思想家たち——戦間期理想主義の再評価』ミネルヴァ書房，2002年。

松本悟・大芝亮編著『NGO から見た世界銀行——市民社会と国際機構のはざま』ミネルヴァ書房，2013年。

最上敏樹『国際機構論講義』岩波書店，2016年。

安田佳代『国際政治のなかの国際保健事業——国際連盟保健機関から世界保健機関，ユニセフへ』ミネルヴァ書房，2014年。

山田哲也『国際機構論入門』東京大学出版会，2018年。

Hawkins, Darren G., David A. Lake, Daniel L. Nielson, and Michael J. Tierney（eds.）, *Delegation and Agency in International Organizations*, New York: Cambridge University Press, 2006.

Rosenau, James N. and Ernst-Otto Czempiel（eds.）, *Governance without Government: Order and Change in International Politics*, Cambridge: Cambridge University Press, 1992.

Weiss, Thomas G., David P. Forsythe, Roger A. Coate and Kelly-Kate Pease, *The United Nations and Changing World Politics (8th ed.)*, Boulder: Westview Press, 2017.

Zürn, Michael, *A Theory of Global Governance: Authority, Legitimacy, and Contestation*, New York: Oxford University Press, 2018.

（山田哲也）

第2章
地域機構
──グローバル・ガバナンスとの関係性をめぐる3つのイメージ──

1 地域機構とグローバル・ガバナンス

　現在，統合の程度の差はあれ，世界の各地に地域機構が形成されている。ヨーロッパ地域の欧州連合（EU）や，東南アジアにおける東南アジア諸国連合（ASEAN），アフリカのアフリカ連合（AU），南アメリカ地域においては南米南部共同市場（MELCSOUR），など多くを挙げることができる。

　しかし，グローバル・ガバナンスと地域機構との関係について論じることには，ある種の困難さが伴う。国際連合（国連）などの国際機構は，普遍的でグローバルな問題を前提とするのに対して，地域機構は，一定の地域（リージョン）における問題の解決を主要な目的としているからである。その意味では，地域機構が，単に普遍的な国際機構へ移行する際の「積み石」と見ることはできない（最上 2016：154）。

　地域機構は，複数の主権国家から構成される組織であるものの，主権国家の単なる集合でなく加盟国全体としての意志を体現する1つ主体としての側面を有する。また，地理的な範囲を前提としているものの，地域機構の活動領域は固定的なものではないし，その影響力は特定の地域に限定的なものではない。グローバル・ガバナンスに関わる普遍的な国際機構と地域機構の関係は，単に両者が補完的か対立的かという二項対立的な図式で考えることはできない。

　本章では，先行研究を踏まえて，地域機構に関する3つのイメージを提示したうえで，グローバル・ガバナンスとの関係性を整理することにしたい。

　まず，第1のイメージは，地域機構を加盟国の個別的利益を実現するための組織，と捉える。この見方は，パワーを重視する国際政治学のリアリストや，利益の調和を重視するリベラリストによって主張されてきた。たとえば，自国の防衛能力の観点から，地域集団安全保障機構に加盟することや，経済協力の

利益に鑑み地域経済共同体を推進していくような国家の行動が地域機構を理解するうえで重要となる。ここでは，地域機構の統合の程度は国家間の利益が一致する範囲にとどまることになる（Grieco 1997；Moravcsik 1998）。そして，グローバル・ガバナンスとの関係においては，国家は，地域機構を通じて自国の利益を反映させることができるし，その地域機構の持つパワーを利用して，グローバル・レベルにおいて発言力や影響力を高めることを望むと考えられる。この見方に立てば，地域機構は，加盟国の集合的利益に資するようなグローバル・ガバナンスのための戦略的な主体として位置づけられる。

　第2のイメージは，地域機構は，普遍的な国際機関と協力し，あるいは補完する形で，グローバル・ガバナンスという公的秩序を支える担い手（星野2001；最上 2016），というものである。グローバル・ガバナンスに関わる普遍的な国際機構は，十分なリソースを保持しておらず，問題を解決することができない場合がある。また，グローバル・ガバナンスの様々なルールは，必ずしも地域の事情を考慮したものでなく，実行が困難な場合もある。地域機構は，域内の国家をはじめとするステークホルダー（利害関係者）を取り込むことで，グローバル・ガバナンスへの参加，履行を確保し，ガバナンスの実効性を高めることができるだろう。

　第3のイメージは，グローバル・ガバナンスを支える規範の形成や制度に関わる「エージェント」（星野 2001）としての地域機構である。グローバル・ガバナンスは，問題解決に関わる「規範」や「制度」に大きく依拠している（山田 2018：197）。国際規範は，「争点領域間，規範的アイディア間，ガバナンス手法間，主体間，ガバナンス・レベル間の重複，競合，補完，相乗，序列関係を軸とした複合的過程」（西谷 2017：7）の中で，発展していくと考えられる。その観点からすれば，他の国際機関などと並んで，地域機構は，機構内における多様な主体による議論や，他の地域との対話を通じて，グローバルな規範の生成，発展に大きな役割を果たすことが考えられる。

　以下では，具体的な事例にも言及しながら，地域機構の3つのイメージに即してグローバル・ガバナンスとの関係を見ていくことにしたい。

2　加盟国の利益集合体としての地域機構

　地域機構に関する先行研究，とくに国際政治学の研究が，国家が地域機構を形成する要因として重視するのは，国家の利益（国益）である。すなわち，国家は国益を追求する主体であり，必要な場合には地域機構を形成し，国家間で協力することを通じ利益の実現を図るという。この議論は，「リベラル政府間主義」（liberal intergovernmentalism）として知られている（Moravcsik 1998）。リベラル政府間主義は，まず，国家の選好に基づいた合理的な選択を前提とする。そして，国際協調を通じて得られる利益の最大化をめぐる国家間交渉の帰結として，地域機構の制度化の度合いが決まるという。ここで地域機構は，加盟国間交渉の仲介役であり，決定されたルールが遵守されているかを監督する組織であり，自律性のある行動主体として捉えられていない。

　石炭と鉄鋼の共同市場の創設を目指して，フランス，ドイツ（当時西ドイツ），イタリア，オランダ，ベルギー，ルクセンブルクの6ヵ国によって合意された欧州石炭鉄鋼共同体（1957年）を歴史的起源とする EU も，今なお政府間会議である欧州理事会が，EU の意思決定の重要な位置を占めており，リベラル政府間主義の見方を一概に否定できない。

　1967年，東南アジア5ヵ国（タイ，インドネシア，シンガポール，マレーシア，フィリピン）によって結成された ASEAN は，社会主義陣営の脅威に対抗することを目的としていた。ASEAN 各国は，独立，主権，平等，領土保全を相互に尊重する一方，ASEAN そのものは域内外の問題を協議する場であった。現在，強化されつつある ASEAN も，依然として加盟国の意思に大きく左右され，加盟国の利益集約的な組織という性格を大きく超えるものではない。

　加盟国の利益集約的な組織という見方に立つと，地域機構は加盟国の集合的利益に沿う形で，グローバル・ガバナンスを形成しようとする主体ということになる。たとえば経済分野を考えると，地域機構の加盟国が増えれば，それだけ市場の規模が大きくなるのであり，その経済的パワーを背景に，国際経済交渉の場で既に域内で採用されている規制などの受け入れを相手国に迫ることができるかもしれない（Meunier and Nicolaïdis 2006）。とくに経済分野においては，このような加盟国の集合的利益の実現を図る戦略的主体として地域機構が行動

する場面も多く見られる。

　国際経済をめぐる制度的秩序は，関税と貿易に関する一般協定（GATT）およびその発展型である世界貿易機関（WTO）が主導し，今日のグローバル経済を形作ってきた。しかし，先進国と発展途上国の間での対立が続き，次第に交渉が停滞するようになる。2000年代以降，WTOではなく，国家間および地域間で，経済連携協定（EPA）や自由貿易協定（FTA）といった枠組みによる国際自由貿易の推進という方向性が顕著となっている。この中で，EUやASEANは域外諸国および他の地域機構と積極的な自由貿易ルールの形成を進めている。たとえばASEANは，中国，韓国，日本，などとFTAを締結している。また，EUは，ノルウェーなどの北欧諸国との間で単一市場に関するルールを結んだほか，韓国とはFTAを結び，日本やカナダとも経済自由化で合意している。

　とくにEUは，域内市場を創出する過程で，制定してきた環境や労働安全に関する様々な規制やルールを，グローバル経済における規制や規則に反映させるべく，主導権確保に向けた戦略的な動きを見せている。これは，工業製品規格などの国際標準の分野において特徴的である。国際標準化の策定に関しては，国際標準化機構（ISO）などの国際機関が大きな役割を果たしている。1国1票制をとるこれら場では，EUの加盟国の数は大きなパワーとして意味を持つ。また，欧州にはISO標準などに対応する形で欧州標準化委員会（CEN）などの地域標準化機構があるが，EUは，協定を通じて地域標準策定をISOに連動させることを推進している（山田 2007：178）。そして，EUは日本などとのFTA交渉において，ISO標準を重視する条文を盛り込むよう求めている。このことは，標準化を前提とした環境規制に対応しているEU企業が，グローバル市場において競争力を強化することに資するものとなると考えられる（臼井 2013：119-141）。

　もっとも，加盟国が地域機構を通じて利益の実現を図るとする政府間主義の見方は，地域機構の一面にすぎない。ヨーロッパ統合は，長らく政府間主義の機構という枠を大きく超えるものではなかったが，1992年のマーストリヒト条約以降，共通通貨ユーロの発行，欧州委員会の機構強化が進み，必ずしも加盟国の意向に拘束されない超国家的なガバナンスの性格を帯びつつある。また，ヨーロッパ以上に政府間枠組みとしての性格が強かったASEANにおいても

「共同体」への志向性が見られる。

　1990年代以降，各地の地域機構は，当該の地域を越えて定期的に協力し，制度化を志向するようになっている。この動きは，1930年代の閉鎖的なブロック経済を形成したそれと異なり，「新しいリージョナリズム」（new regionalism）と呼ばれている（Sönderbaum 2016）。先に挙げたEPA/FTAも，WTOの掲げる自由貿易秩序と背馳した排他的な経済圏の構築を目的とするものはない。また，人権，安全保障，環境などの分野では，国連などの普遍的国際機構と協調しながら，グローバル・ガバナンスにおける地域機構の役割が拡大している。次節では，このようなガバナンスの「担い手」という側面を検討していこう。

3　グローバル・ガバナンスの担い手としての地域機構

　第1のイメージは，地域機構が，グローバル・ガバナンスにインプットする側面，すなわちグローバル・ガバナンスに自らの利益を反映させようとする主体として捉えるのに対して，第2のイメージは，地域機構がグローバル・ガバナンスの実行を支えている側面に目を向ける。その機能や獲得した能力が，普遍的な国際機構の役割を補完し，あるいは代替する形で，地域機構はグローバル・ガバナンスの担い手となっている，すなわち，地域機構が，加盟国の自己利益実現の手段というだけなく，「国際社会における公的な秩序の形成に有益な役割を果たす」（星野 2001：179；山田 2018：198）とする見方である。

　これは，機能主義の視点から見た地域機構のイメージとも言える。機能主義とは，特定の問題領域における協力が，国家間の結び付きを深化させていくというものである（最上 2016：230）。この機能主義と同じように，地域機構に着目して，経済など非政治的領域から政治領域へと統合を深化させていく，制度化を予測したのが新機能主義の議論である。機能主義あるいは新機能主義は，国際秩序のあり方を主権国家中心ではなく多元的に捉えている点で，グローバル・ガバナンスの議論と共通点がある（山田 2018：205）。そして，機能主義的な見方からすれば，グローバル・ガバナンスはもっぱら普遍的な国際機構だけが関与するものではなく，地域機構の方が「効率的」であればそれに役割を委ねる，という「分業」を想定できる（最上 2016：162）。

　現実に，グローバルな問題を解決するうえで，国際社会はいくつかの課題を

抱えている。第1に，国際機関の能力や資源の不足である。たとえば，国連は，世界の安全と平和を目的とする機構であるが，国連内，とくに安全保障理事会における合意形成の難しさに加えて，各地で発生する地域紛争などに対処するためには加盟国の負担に頼らざるを得ない状況である。

　旧ユーゴスラビアのボスニアにおける北大西洋条約機構（NATO）の介入は，このような問題に果たす地域機構の役割を示したと言えよう。1991年のボスニア紛争は，領域内のセルビア人の反発にもかかわらず，ボスニア政府が主権国家宣言を行ったことに端を発したものであった。この紛争に対して，国連は国連保護軍を派遣し，和平案を提示したものの実を結ばず，最終的にNATOが空爆を行う形で介入し，和平合意を成立させることとなった。また，その後，セルビア共和国内でアルバニア系住民の多いコソボ自治州をめぐっても，NATOの空爆が行われている。これらのNATOの介入は，国連安保理の授権との関係では役割の逸脱という批判があるが，人道的観点から必要だったと評価される部分もある（最上 2001：127）。

　冷戦後の国連と地域機構との関係は直線的でないものの，2006年の国連事務総長報告『地域的地球的安全保障パートナーシップ』に見られるように，国連と地域機構の協力による危機管理の必要性が強調されるようになっている。また，2000年に「危機管理における国連・EU協力宣言」が出されて以降，EUは，旧ユーゴスラビアや歴史的に関係の深いアフリカ地域へ国連平和維持活動（PKO）を派遣している（梅澤 2013）。そして，アフリカ連合（AU）も，ダルフールに国連と合同でミッションを派遣したほか，中央アフリカなどでも国連のミッションに参加し，和平合意の履行監視と文民の保護などを行っている（山根 2016）。さらに，NATOも，アフガニスタン戦争を契機として域外へ活動を拡大し，2010年の「新戦略概念」では，NATO域外の危機が，加盟国の領土と人々の安全保障に対して直接の脅威となるという認識の下，域外にも展開し，危機の回避に取り組むことを謳うようになっている（鶴岡 2012）。

　グローバル・ガバナンスの第2の課題は，必ずしも地域固有の要因には対応しえず，ガバナンスの目標に対する関心や支持を調達できない点である。地域機構は，その地域の多様性を考慮しながら，加盟国をはじめとするステークホルダーを関与させる枠組みや方法を提供することで，ガバナンスの目標を達成するうえで，重要な役割を果たしうるだろう。

　1997年のアジア通貨危機の教訓を踏まえ，2000年に日中韓 3 ヵ国及びタイな
ど ASEAN 5 ヵ国の間で創設された，チェンマイ・イニシアティブは，その一
例であろう。これは，対外的な資金繰りが悪化した際，外貨を相互に融通しあ
う二国間通貨スワップ協定を結び，それをネットワーク化したものである。通
貨危機にあたって，ASEAN 諸国は国際通貨基金（IMF）から融資を受ける際
に，国内制度改革を一方的に求められたことを踏まえて，IMF の要件と連動
しているもののそれに依存せず，地域の実情に合わせた柔軟な金融安定化のメ
カニズムとして設立されたのである（菊池 2012）。

　気候変動分野では，EU の排出権取引制度がある。1997年の京都議定書で排
出権取引が認められたことを受け，EU は，キャップ・アンド・トレード型
（排出量の上限を決め，過不足分を取引する方式）の CO_2 排出権取引制度を2005年
からスタートさせた。この制度は，1000を超える発電事業者だけでなく，航空
業界も参加する巨大な排出権取引市場を形成する。そして，欧州域内で排出さ
れる温室効果ガスのおよそ45％をカバーしている。この排出権取引制度は，京
都議定書において EU に課された温室効果ガス削減目標を達成するうえで少な
からず寄与したとされる（鈴木 2018：144-147）。

　さて，第 3 に，地域機構が，グローバル・ガバナンスの担い手として役割を
果たすのは，加盟国の負担を地域全体として分担することで，1 つの国にかか
る負担を軽減する，つまりコスト配分という点である（Jacoby and Meunier
2010：309-311）。

　安全保障の例では，EU の CSDP（共通安全保障防衛政策）も地域の安全保障
上のコストを分担する仕組みと見ることができよう。CSDP ミッションに関わ
る費用に関して，文民ミッションについては EU 予算から拠出され，派遣要員
の人件費は，派遣国が負担することとなっている（青井 2018：108-109）。

　気候変動の場合，1997年に締結された京都議定書においては，EU の主張に
より，「共同実施」が導入された。これは，先進国同士が共同で地球温暖化対
策の事業を行い，その結果生じた削減分を当該事業の投資国と事業受入国で分
けることができるものであり，EU 全体で温室効果ガス削減のコストを負うこ
とができるようになっている。

　もっとも，これら 3 つの地域機構とグローバル・ガバナンスの機能的な分業
に着目した場合，地域機構間で差異が大きい。EU は，3 つすべてにおいて一

定の役割が見られ，補完的，あるいは代替的な機能を果たしている。他方で，ASEAN は，第 2 の点，地域の実情に合わせて調整を行うという意味において役割を果たしているものの，他の点では，グローバル・ガバナンスを補完するような積極的な関与はあまり見られない。これは EU と異なり，発展途上国から構成される地域機構という性格に起因する組織能力の問題に由来する部分もあるが，それだけにとどまらない。

　たとえば，キリスト教徒の入植政策に対する，イスラム系住民の抵抗に端を発するフィリピン・ミンダナオ紛争では，一般市民に対する拷問や殺人など深刻な人権侵害があった。この紛争は，最終的にマレーシアや日本の仲介が和平を実現したものの，加盟国の対立もあって，ASEAN 全体として必ずしも積極的な役割を果たしたとは言い難い（山田 2016）。この背景には，加盟国で意見が対立した際の集合的意思を形成する制度の不在があると指摘できる。そして，これに加えて，内政不干渉と人権という規範間の対立を，どう「調整」するか，という問題を解くメカニズムを欠いていることが背景にある。これに対して，ASEAN 同様，内政不干渉原則を堅持していたアフリカ諸国は，ルワンダ危機などの反省を踏まえ，戦争犯罪や人道上の深刻な問題がある場合に介入することを AU 設立規約に明記し，平和・安全保障理事会（PSC）を設立するなどの変化が見られる。

　ガバナンスの目標を達成するためには，行政・技術的なリソースだけでなく，多様なアクターとともに問題解決を向かって「適切な」行動をとるよう志向する「規範・基準の設定」が重要である。現在，地域機構は，NGO や国際機関と並んで，規範形成と普及に大きな役割を果たす場面が見られるようになっている。

4　規範に関わるエージェントとしての地域機構

　地域機構など国際機関の役割は，紛争調停，不確実性の逓減といった機能主義的なものにとどまらず，規範逸脱国家の矯正や国際社会の規範形成，といった理念構築的な役割を見ることができる（Russet 1998：444）。第 1 のイメージは，地域機構が，利益の観点から自らの政策を他国に受容するよう求める，直接的・意図的な行動をとっていると見るのに対して，この第 3 のイメージは，

地域機構が，域内や他の地域の国々や人々が自発的に受容するようなグローバルな規範の形成，発展における役割に注目する。また，第 2 のイメージが，地域機構を，グローバル・ガバナンスにおける機能的分業関係の構図の中で捉えているのに対して，第 3 のイメージは，規範の発展過程に関与することを通じて，地域機構が「主体（国家・非国家）とグローバル・ガバナンスとを結び付ける『エージェント』」（星野 2001：169）であると見る。

　人道や環境，安全保障などグローバル・ガバナンスに関わる規範は，決して「完成品」ではない。先に触れたように，普遍的な国際規範は，多様な争点領域や，ガバナンス間，主体間の複合的な過程における議論を経て創造され，普及していく（西谷 2017：7）。グローバルな問題の解決を図る中で，当該国際機関の能力や専門性，地理的な制約を「補完」するために，様々なアクターとの調整，協力が必要となり，従来の規範の再定式化，再解釈が行われる。ここでは，多様な主体や多様なネットワークの存在が，国際規範の生成に関わる重要な条件となる。

　その意味で，各地の地域機構において，ガバナンスの多層化およびネットワークの拡張が見られる点は注目に値する。たとえば EU では，加盟国政府だけでなく，NGO，産業界，地方政府も意思決定や政策実行に関わる仕組み，マルチレベル化が進展しつつある。安全保障分野においては，EU と NATO，欧州安全保障協力機構（OSCE）との間で協力関係を構築している。また，ASEAN を含むアジア地域においては，アジア欧州会合（ASEM），ASEAN 地域フォーラム（ARF）など域外国との対話を行う制度ネットワークの重層化が確認できる。

　これらのネットワーク化により，EU を含む欧州地域では，安全保障が，1国の安全だけでなく他国の安全と不可分であり，人権尊重，民主化，マイノリティ保護，法の支配を含む包括的なものという規範が形成されつつある（吉川 2015：369-372）。また，ASEAN について言えば，2009年の ASEAN 政治安全保障共同体の青写真の中で，規範の創造による共同体の創造，包括的安全保障が謳われており，ASEAN 中心の多層的なネットワークによって，内政不干渉規範と並んで人権規範を重視するという変化も見られる。同年には人権概念の普及という機能を担う ASEAN 政府間人権委員会が創設されたことに加え，同年の ASEAN 憲章では人権や民主主義の促進が謳われており，文化的地域

的特殊性を強調した「アジア的人権」を標榜していた時代から，大きな変化が見られる（湯川 2011）。

　ただ，グローバル・ガバナンスにおける規範を考えた場合，地域内で創成・確立された規範が，地域において妥当するのではなく，広くグローバル・レベルにおいて妥当性を持つのか，一貫性を担保できるかという点も重要である。すなわち，地域機構が，規範を定義・提示し，「普遍性を他者に説得する」（Manners 2008：37）ことができるか，という問題である。さらに，この規範が，宣言など非公式なもので確認されるにとどまるのか，条約や規則を通じた制度化の程度も重要である（臼井 2017：352）。

　具体的な例を EU に見ることができる。EU 条約は，「EU の行動は，EU 自らの創設，発展，そして拡大を支えてきた諸原則に導かれ，より広い世界においてそれらを前進させることを目指す」（EU 条約第21条1項）と述べており，グローバル・ガバナンスにおける規範を意識したものとなっている。ここで特に重要な EU の規範として，自由，民主主義の尊重，法の支配，人権が挙げられる（Manners 2008）。このうち人権に関して言えば，グローバル・レベルでは，すでに1966年の国際人権規約が存在するが，EU では加盟国，市民社会との議論を通じて，最終的に EU 条約などにおいて人権の尊重を徹底することを確認している。そして，これを EU 域内共通の価値として確立するとともに，域外国と「人権対話」を開催し，規範の普及に貢献している。

　ASEAN について言えば，ASEAN 憲章において，民主主義や人権を盛り込んだものの，域内において規範を逸脱した国家を矯正する実効的な仕組みがない。また，従来の内政不干渉に関する規範と人権規範を調整する確立された手続きやメカニズムはなく，したがって，規範の一貫性を担保するという点では困難を抱えている（湯川 2011）。

　ただ，規範の「普及」については，その地域機構が有する経済力など物質的なパワーが大きく影響をすることも否定できない（Wurzel and Connelly 2010）。EU 経済圏への参加を求める加盟候補国に対して人権尊重を加盟条件として求めることは，EU と候補国の力の非対称性に鑑みると，価値規範の「強制」という性格を帯びることになるだろう（Afionis and Stringer 2014）。

　これとは反対に，ASEAN にとって，政府間主義を重視し，域内の加盟国の不和を拡大しないことは，域外の大国の干渉を防止するためであり，ARF な

どの場を通じて競合する域外の大国を関与させることと合わせて，同じように中小国，発展途上国から成る他の地域機構にとっての安全保障規範となるかもしれない（He 2016）。

　いずれにせよ，NGO や国際機関だけでなく，地域機構が，グローバルな規範の発展過程において重要な意味を持つようになっていることは否定できない。

5　グローバル・ガバナンスの「深化」と地域機構の可能性

　本章では，(1)加盟国の利益集合体，(2)グローバル・ガバナンスの担い手，(3)規範に関わるエージェント，という3つの地域機構のイメージに即して，グローバル・ガバナンスとの関係を整理してきた。これまで見た3つのイメージは，相互に排他的なものではない。これらは，いずれも地域機構の1つの側面を描いているものであって，矛盾するものではない。

　特定の地域内の加盟国の集合的利益を追求するための組織としてスタートした地域機構であるが，地域機構の加盟国，政治指導者は，問題が地理的境界線に限定されず，特定の政策領域だけを考慮するのでは解決できないことを「学習」した結果，地理的な境界を越えて，さらに特定の政策分野から隣接分野へと協力を拡大させていったのである。そして，地域機構がその協力に関わる中で，国際社会のあり方や共通利益，理念をめぐる議論を地域内外に喚起し，それがグローバルな規範を生成・発展させていくことに貢献している。このような，地域機構の過去の歩みが，現在においてグローバル・ガバナンスを「補完」し，「強化」することにと繋がっていると言える。

　もちろん，複数の加盟国から成る地域機構は，普遍的な国際機関に比べれば，共通の利害を形成しやすいが，それでも加盟国各国の個別的利益との調整は依然として大きな課題である。EU へ流入する難民問題への対応で明らかになったように，「他者」と向き合う中で，掲げた価値観が問い直され，かえって地域機構の正統性が脅かされることさえあるだろう。しかし，グローバル・ガバナンスに積極的に関与することで，域内の加盟国だけでなく，域外のアクターに対して，地域機構は自らの正統性を高めることができる。また，国家の力が乏しく政治基盤が脆弱な発展途上国でも，地域機構を媒介とすることでグローバル・ガバナンスに積極的に関わることが可能となり，国際社会からの認知を

通じて国家の地位を高めることができるかもしれない。

　国際社会の組織化という点では，普遍的な国際機関よりも地域機構の方が数のうえでは圧倒的に多い（最上 2016：154）。このことは，地域機構の多様性が大きくなっていることを意味する。そして，その多様性は，グローバル・ガバナンスに多様な問題解決の方法とアイディアをもたらす可能性を高めているのである。ここでは，従来のように単に国際機関から地域機構に対する授権が想定されるだけではない。国際機関だけでなく，地域機構も，原則・目標を共有した他の国際機関や NGO を媒介者とし，それらを動員し，あるいは支援を行うことで，対象とする国家や企業に影響を与え，問題解決を図るような，「オーケストレーション」と呼ばれる間接的でソフトなガバナンス手法（Abbott *et al.* 2015）も想定することができる。

　現在，アメリカは，WTO による国際経済秩序や国連などグローバル・ガバナンスに対する批判を強めている。その中で，EU をはじめとする地域機構が，グローバル・ガバナンスに対してどのような役割を果たしうるのか。重層的に存在する地域機構の可能性を検討し，グローバルな問題解決に繋げていくための多様な方法が模索されている。地域機構とグローバル・ガバナンスの相互作用をとらえる視座が今改めて問われていると言えるだろう。

参考文献

青井佳恵「EU の共通安全保障防衛政策（CSDP）に基づく域外軍事・文民活動」国立国会図書館調査及び立法考査局編『岐路に立つ EU』国立国会図書館，2018年。

臼井陽一郎『環境の EU，規範の政治』ナカニシヤ出版，2013年。

臼井陽一郎「規範パワー EU の持続性——政治の意思を支える制度の反復的実践」西谷真規子編著『国際規範はどう実現されるか——複合化するグローバル・ガバナンスの動態』ミネルヴァ書房，2017年。

梅澤華子「安全保障における国連・EU 協力——安全保障地域機構としての EU」安江則子編『EU とグローバル・ガバナンス——国際秩序形成におけるヨーロッパ的価値』法律文化社，2013年。

菊池務「地域制度はグローバル・ガバナンスに資するのか？——アジア太平洋の事例」日本国際問題研究所編『新興国の台頭とグローバル・ガバナンスの将来』日本国際問題研究所，2012年。

吉川元『国際平和とは何か——人間の安全を脅かす平和秩序の逆説』中央公論新社，

2015年。

鈴木良典「EUの気候変動政策」国立国会図書館調査及び立法考査局編『岐路に立つ
　　EU』国立国会図書館，2018年。

鶴岡路人「国際安全保障環境の変化と2010年戦略概念」広瀬佳一・吉崎知典編著『冷戦
　　後のNATO――"ハイブリッド"同盟への挑戦』ミネルヴァ書房，2012年。

西谷真規子編著『国際規範はどう実現されるか――複合化するグローバル・ガバナンス
　　の動態』ミネルヴァ書房，2017年。

星野俊也「国際機構――ガヴァナンスのエージェント」渡辺昭夫・土山實男編『グロー
　　バル・ガヴァナンス――政府なき秩序の模索』東京大学出版会，2001年。

最上敏樹『人道的介入――正義の武力行使はあるか』岩波書店，2001年。

最上敏樹『国際機構論講義』岩波書店，2016年。

山田哲也『国際機構論入門』東京大学出版会，2018年。

山田肇『標準化戦争への理論武装』税務経理協会，2007年。

山田満「東南アジア・同境界地域の紛争解決と平和構築――深南部タイとミンダナオの
　　二つの紛争を事例にして」『国際政治』第185号，2016年。

山根達郎「アフリカにおけるセキュリティ・ガバナンス――国連PKO・AU・EU間の
　　協働をめぐって」『人文科学研究所紀要（立命館大学）』第109号，2016年。

湯川拓「ASEANにおける規範――論争から受容へ」山影進編『新しいASEAN――地
　　域共同体とアジアの中心性を目指して』アジア経済研究所，2011年。

Abbott, Kenneth W. *et al.* (eds.), *International Organizations as Orchestrators*,
　　Cambridge U. K.: Cambridge University Press, 2015.

Afionis, Stavros and Lindsay C. Stringer, "The Environment as a Strategic Priority in
　　the European Union- Brazil Partnership: Is the EU Behaving as a Normative
　　Power or Soft Imperialist?" *International Environment Agreements*, Vol. 14, No. 1,
　　2014.

Grieco, Joseph M., "Systemic Sources of Variation in Regional Institutionalization in Western
　　Europe, East Asia, and the Americas," in *The Political Economy of Regionalism*,
　　Edward L. Mansfield and Helen V. Milner (eds.), New York: Columbia University
　　Press, 1997.

He, Jiajie, "Normative Power in the EU and ASEAN: Why They Diverge?"
　　International Studies Review, Vol. 18, No. 1, 2016.

Jacoby, Wade and Sophie Meunier, "Europe and the Management of Globalization,"
　　Journal of European Public Policy, Vol. 17, No. 3, 2010.

Manners, Ian, "The Normative Power of the European Union in a Globalised World," in
　　EU Foreign Policy in a Globalized World, Zaki Laïdi (ed.), London and New York:

Routledge, 2008.

Meunier, Sophie and Kalypso Nicolaïdis, "The European Union as a Conflicted Trade Power," *Journal of European Public Policy*, Vol. 13, No. 6, 2006.

Moravcsik, Andrew, *The Choice for Europe: Social Purpose and State Power from Messina to Maastricht*, Ithaca: Cornell University Press, 1998.

Russet, Bruce, "A Neo-Kantian Perspective: Democracy, Interdependence and International Organization in Building Security Community," in *Security Communities*, Emanuel Adler and Michael Barnett (eds.), Cambridge, U. K.: Cambridge University Press, 1998.

Sönderbaum, Fredrik, "Old, New and Comparative Regionalism: The History and Scholarly Development of the Field," in *The Oxford Handbook of Comparative Regionalism*, Tanja A. Börzel and Thomas Risse (eds.), Oxford U. K.: Oxford University Press, 2016.

Wurzel, Rüdiger K. W. and James Connelly, "Introduction: European Union Political Leadership in International Climate Change Politics," in *The European Union as a Leader in International Climate Change Politics*, Rüdiger K. W. Wurzel and James Connelly (eds.), London and New York: Routledge, 2010.

［付記］本章は，科学研究費・若手研究 B（課題番号：17K17945）および基盤研究 B（課題番号：16KT0093）による研究成果の一部である。

（渡邉智明）

第3章
専 門 家
—— 知識と政治の相克 ——

1 国際政治と知識

　私たちが生きる現代の世界が直面する問題には複雑で技術的な性質を持つものが多い。大気中の二酸化炭素（CO_2）濃度の上昇は，どの程度なら大丈夫なのか。原発事故によって汚染された原子炉の冷却水は，どの程度のものであれば，海に放出してもよいのか。金融取引をデジタル化し，電子マネーを普及させる場合，どのようなアルゴリズムを持つ暗号であれば，国境を越えるハッカー攻撃から資産を守ることができるのか。こういった問いは，グローバルなインプリケーションを持つ重要な問いにもかかわらず，専門知識を持たない官僚や政治家は，このような問いに自信を持って答えることはできない。一般的な経験値では，政策を立案・実施することは困難だからである。

　けれども，伝統的な国際政治学研究では，これまで知識の問題は脚光を浴びてこなかった。国際政治の規定要因として注目されてきたのは，国益と国家間の力関係であった。国家は一般的に，経済的な繁栄を実現したり，自国の安全を確保したりするために力を求めるからである。しかし，一見すると，物質的な利害を求めて国家が行動するかのように見える場合であっても，その背景には必ず，国家による「状況規定」，すなわち自らが置かれている状況を自らがどのように理解するのか，という認識論的な側面がある（Snyder and Sapin 1962）。つまり，国際社会を構成する国家にとって何が国益なのか，またその国益をどのように実現すべきなのかは，すべからく国家の「状況規定」に依存し，その「状況規定」は，政策決定者の理念や知識によって形作られる（Goldstein and Keohane 1993）。その意味で，理念や知識は，国際政治にとって国益や力といった物質的な要素に先行する無視できない変数である。

　本章では，グローバル・ガバナンスにおいて，どのように知識と政治が相互

作用するのか，そしてその中で専門家集団は，どのような役割を果たすのか，についての国際政治学の知見をまとめてみたい。それをするにあたり，以下の3つの問いを立てる。第1に，効果的かつ効率的で，公平なグローバル・ガバナンスにとって，なぜ知識が重要なのか，また知識が介在することでグローバル・ガバナンスはどのように変化し，発展するのか。第2に，専門家集団がどのような性質を持つ時，それは，グローバル・ガバナンスに影響を及ぼす「知識共同体（epistemic community）」となるのか。また知識共同体は，どのようなプロセスでグローバルな公益の実現に向けた国際政策協調を可能にするのか。そして第3に，国際機関は知識共同体とどのような関わり方をするのか，また知識共同体の政治へのインパクトは，知識共同体がどのような属性を持つ時に極大化するのか。これらの問いに答えたうえで，最後に，知識共同体アプローチの理論的な射程と今後の展開について言及したい。

2　グローバル・ガバナンスの基盤としての知識

　とりわけ，グローバル・ガバナンスにとっては，国家間の認識共有が重要である。なぜならば，自由貿易の実現にせよ，核不拡散にせよ，あるいは気候変動の緩和にせよ，そもそも何がグローバルな目標であり，それをどのような手段で最も効果的かつ効率的に，また公平に実現できるかについて，諸国家が合意しなければならないからである。それには，国際社会が直面する共通の問題について国家間で認識が一致する必要がある。そして，そのような認識の共有は，各国が問題の発生原因を理解して，初めて可能になる。つまり，グローバル・ガバナンスを実現するには，因果的な知識の国家による受容が不可欠となる。

　そして，グローバルな目標とその実現手段に関する国際的な合意は，多くの場合，国際レジームとして制度化される。因果的な知識が共有されると，問題解決のために一定の行動をとることが社会的に期待されるようになるからである。国際レジームに関しては第6章で改めて検討するが，国際レジームの概念が「国際関係の特定の領域において，行為主体の<u>期待を収斂させる</u>明示的もしくは暗黙の原則，規範，規則および政策決定手続きのセット（下線筆者）」と定義されたゆえんは，まさにこの点にある（Krasner 1983：8）。共通認識が国際

レジームとして制度化され，それが期待通りに機能すれば，グローバルな問題解決に大きく近づくことになる。

知識と権力の関係

　では国家は，どのようにして共通認識の基盤となる知識を受け入れるのか。それは，詰まるところ，権力保持者が知識に耳を傾けるかどうかによる（P. Haas 2004；2016）。なぜならば，政治の場裏から権力自体を排除することはできないからである。民主主義国であっても，投票数や議席数をめぐる権力闘争は展開する。最終的な政治決定は，権力保持者が討議や説得を通じて，問題の原因とその解決策の妥当性を理解したうえで行われる。では，どのような場合に権力保持者は知識に耳を傾けるのだろうか。

　権力保持者が知識を受け入れるとしたら，それは知識が権力保持者にとって利用可能な場合に限られるであろう。特定の政治的なバイアスを持つ主体が知識のスポンサーになっている場合や，政治的な動機が知識提供者の背後に見え隠れしたりする場合には，異なる政治的な利害を持つ行為主体間での合意形成は困難になる。したがって，そのような知識は，合意の基盤になることはないため，問題解決にとって「利用可能な知識」とはならない（P. Haas and Stevens 2011；P. Haas 2016：339-341）。知識が政治に対して影響力を持つのは，逆説的ではあるが，それが政治の場から隔絶したところで作られる場合に限られる。つまり，政治的利害に対する知識の不偏不党性（impartiality）が担保されなければ，知識は政治権力に対して影響を及ぼすことはない。

　そのうえで，知識には，信憑性（credibility），正統性（legitimacy）および顕著性（saliency）が求められる。つまり，政治に影響を与える知識は，社会的に認められた権威を持つ専門家によって作られ，なおかつ政治権力にとって利用可能なものでなければならない。しかし，そのような知識が提供されれば，即座に権力保持者に受け入れられるのかといえば，必ずしもそうは言えない。政治権力の側にそのような知識を希求する状況がなければ，知識に対する需要は生まれないからである。認知心理学の知見によると，個人もしくは社会集団は，外部から入力される情報をその個人や集団が持つ固定観念や作業手続きに照らし合わせて選択的に取り入れるため，入力される情報が一様に行為主体の行動に影響を与えるわけではない。むしろ既存の信念に適合しない情報は無視され

ることになる。しかし，なんらかの理由で既存の信念が揺らぐと，情報に対する信念のグリップは弱まり，新しい知識が受け入れられる可能性が生まれる。なぜならば，そのような状況では，行為主体が，これまで自身が拠り所としてきた信念や作業手続きを問い直す可能性が高まるからである（P. Haas 1992；2016：92-93）。このようなプロセスで行為主体が自らの認識や行動を変化させることを社会的学習（social learning）という。

国際レジームの垂直的変化と水平的変化

　それでは，国家による社会的学習は，グローバル・ガバナンスにどのような変化をもたらすのだろうか。1つは，すでに触れたように，グローバルな公益の効果的な実現が期待されよう。国際機関が実施した政策などが，期待された結果を生まなかった場合には，現行の政策は見直され，新しい知識に適合する，より効果的な政策に取って代わられることになるからである。新たに投入される知識が正しければ，期待された結果が得られ，ガバナンスの目標はより効果的に達成されることになる。このような変化を，筆者はガバナンスの「垂直的変化」と呼ぶ。ガバナンスの目標そのものには変化が及ばないからである。

　因果的な知識によってもたらされる，もう1つの変化は「水平的変化」である。これは，新たな知識の出現によって，既存のガバナンス目標そのものが見直される場合である。第6章で改めて考察するが，理論的には，相互に連携する核をまったく持たない分断的な制度的空間から個々の目標を統合する階層的な単一制度（その中間にいくつかの目標を相互に連関するレジーム・コンプレックスが位置する）まで，様々な可能性が考えられる（Keohane and Victor 2011：8）。とくに地球環境問題のように多面的で複合的な問題の解決には，多様な目標を実験的に連関させる必要がある。その過程で，より包括的な因果的な知識が形成される可能性は否定できない。

　いずれにせよ，グローバルな問題に関する専門家の知識が進化し，新たな知識が各国に浸透すれば，国際社会が目指すべき目標間の関係や目標と手段の関係に変化が生じ，それに伴ってグローバルなガバナンス構造自体も変化する（E. Haas 1980；1990）。行為主体の間主観的な認識を重視する，このような構成主義的な視座は，社会変動を理解するうえで有用なレンズを提供すると言えよう。以下では，このプロセスで重要な役割を演じる知識共同体についてより具

体的に考察したい。

3　知識共同体の役割

知識共同体とは何か

　知識共同体は，P. ハース（Peter M. Haas）によると，(1)規範的な原則に基づく信念，(2)問題の性質に関する因果的な知識，(3)知識の妥当性を評価する基準，および(4)特定の政策課題への関心，を共有する専門家集団のことを言い（P. Haas 1990；1992；2016：74-75），「特定の分野で認められた専門性と能力を有し，その分野や問題領域において政策関連の知識に対する権威的な主張を認められている専門家のネットワーク」と定義される。知識共同体の「知識」とは，社会学者のフーコー哲学の影響を受けたラギー（John G. Ruggie）が，「社会的現実を理解する支配的な見方，共有された象徴および参照対象，そして相互期待や意図の相互予測性」などを意味する概念として，国際関係論に導入にしたエピステーメ（episteme）に由来している（Ruggie and E. Haas 1975）。言い換えると，知識共同体とは，同一のエピステーメもしくは世界観を共有し，特定の政策の立案や実施に影響を与えようとする専門家集団のことを言うのである。

　言うまでもなく，国や国際機関の政策に影響を与えるのは，知識共同体だけではない。特殊利益を表出する利益集団（業界団体や企業）や非政府団体（NGO）なども政策的行為主体である。知識共同体には，規範的な原則に基づく信念および因果的な知識の両方が備わっていなければならないが，その他の行為主体には通常，原則に基づく信念は備わっているけれども，因果的な知識が欠如している。もちろん，学会などには，特定の因果的な知識を共有している集団が含まれるが，学会全体が必ずしも規範的な信念を共有しているわけではない。また行政機能を果たす官僚機構も，常に特定の因果的な知識と規範的な信念の両方を共有するわけではない。つまり知識共同体は，政策に影響を与えることを意図して形成される社会集団であると同時に，規範的な信念および因果的な知識を兼ね揃えた集団として理解されるのである。

　ここで注意しなければならないのは，因果的な知識といっても，知識共同体を構成する専門家が自然科学者に限定されるわけではないという点である。つまり，このような集団が社会科学者から構成される場合もある。重要なことは，

専門家集団が提供する知識が因果的な知識であり，その妥当性を評価する基準をその構成員が共有しているという点である。それゆえ，社会科学であれば，知識共同体は，より「自然科学」に近い経済学分野に属する専門家から構成されることが多い。けれども，同じ社会科学系の専門家でも法学系の専門家は，現行法の解釈という点では知識の専門性はあるものの，共有されているのは，規範的な信念に基づく知識であり，因果的な知識ではないため，知識共同体とは言えない。

このような性質を持つ専門家集団が知識共同体であるが，知識共同体が常に国家の政策に影響を与えるわけではない。以下では，知識共同体が国家の政策や行動に影響を与え，グローバルな公益の実現に向けた国際政策協調を可能にする諸条件について考察したい。

知識を基盤とするグローバル・ガバナンスの成立要件

そもそも政策決定者は，どのような場合に知識共同体の助言に耳を傾けるのだろうか。また知識共同体が提供する因果的な知識は，どのようなプロセスでグローバルな共通認識になるのだろうか。一般的に，国家は自らの国益に反する行動はとらない。グローバルな公益の実現が国益に反する場合には，当然のことながら，国益の方が優先される。では，どのような条件の下であれば，国家はグローバルな公益を実現しようとするのか。

それは，端的に言うと，グローバルな公益の実現が国益に適っていると国家が気づいた時である。しかし，国家が国益認識を急変させることは稀である。なぜならば，官僚組織論によれば，国益は，過去の経験に基づく標準作業手続きに基づいて規定されるからである（Allison 1971）。したがって，国益は通常，漸進的にしか変化しない。それでは，どのような時に国益は大きく変化するのか。それは，政策決定者を取り巻く環境が大きく変化し，これまで通りのことをしても期待された結果が得られないか，あるいは望ましくない不測の結果が発生する時である（P. Haas 1992；2016：74-75）。そのような時には，政策決定者はどうしてよいのか分からなくなり，専門家の助言を求めるようになる。そして，その助言により，グローバルな公益を実現するための行動をとることが国益に合致する，と認識を改めるのである。つまり，政策環境が複雑化し，不確定要素が一定のレベルに達した時に初めて，政策決定者は専門家の助言に耳

を傾け，国益認識を変えるものと考えられる。もちろん，複数の知識共同体が存在し，それぞれが異なる知見を提供するような場合には，政策決定者にとって，どの知見が正しいのかの判断がつかないため，政治的な力学が働く度合いはより高くなる（P. Haas 2007；2016：172）。したがって，そのような力学を排除するには，単一の知識共同体が形成される必要がある。

　しかし，知識共同体が政治に対して中立であることは，知識共同体が政策決定に関与しないことを意味するわけではない。むしろ，知識共同体の構成員が制度的に権力の中枢（たとえば審議会などを通じて）にアクセスできた方がその政策への影響は大きい。なぜならば，権力の中枢に近ければ近いほど，政策決定に影響を及ぼすことができるからである。しかし，一国だけが国益を見直したとしても，グローバルな公益の実現に向けた国際政策協調が実現するわけでは当然ない。公益の実現に必要な因果的な知識がグローバルなレベルで共有されて，初めて国家間の協調は可能になるのである。

国際機関と知識共同体の連携

　知識のグローバルな拡散プロセスにおいて重要な役割を果たすのが国際機関である。国際機関は，国際会議やワークショップなどを主催し，国際社会が直面するリスクに関する各国の科学的な調査を評価し，科学者の知見を集約する。この活動を通じて，因果的な知識が国際会議の参加者に伝播し，世界中に拡散する（P. Haas 2000；2016：215-216）。その結果，各国のリスクへの認識が深まり，各国政府は，新たな知識に基づいて自ら社会的学習をするか，あるいは先に社会的学習をした国の政策を模倣する。

　もちろん，このような活動を国際機関が展開するには，国際機関に影響力を持つ主要国の支持が必要となる。しかし，発展途上国が先進国を数で上回る状況にある国際機関では，そのような支持は，南北のイデオロギーの亀裂を超越するものでなくてはならない。国際機関自体が片方の陣営に支配されていると見られてしまうと，その国際機関は正統性を失い，もう片方の陣営はもはや知識を中立なものとして認識できなくなる。このような状況に陥らないようにするためには，国際機関の事務局が加盟国からある程度自律的であるか（Barnett and Finnemore 2004），一部の加盟国がイデオロギーの違いを超えようとする必要を感じなければならない（E. Haas 1990）。

　地球環境問題について言うと，国連環境計画（UNEP）が主導した問題に関しては，知識が比較的迅速に拡散した。たとえば，オゾン破壊物質の削減を法的に義務付けるモントリオール議定書が締結されたのは，オゾン層破壊はフロンガスを原因とするという仮説がネイチャー誌に掲載されてから13年後のことであった。実は，この背景には UNEP の地道な活動があった。アメリカやイギリスなどで，すでに行われていたオゾン層破壊に関する科学的な研究を調整するために，UNEP が「オゾン層に関する調整委員会」を発足させ，国ごとに組織されていた専門家集団（たとえば米国航空宇宙局）を国境を越えるかたちで結合したからである。これによって，南極上空でのオゾン・ホールの発見，オゾン破壊係数（ODP）の考え方，オゾン破壊のシミュレーション予測や南極上空の大気組成分析の結果といった科学的な知見が急速に全世界に拡散した。オゾン破壊物質の規制に関しては，欧州諸国や日本などが経済的な理由から規制に消極的であったが，エジプト出身で，自らも科学者であったトルバ UNEP 事務局長（M. Tolba）が科学的知見に基づいて意見集約を行った結果，最終的に合意が成立した。このように，UNEP がトランスナショナルな専門家のネットワークを組織し，それを通して科学者の知見を集約し，普及できたことが，各国の政策協調を可能にしたと言える。

知識共同体の属性と国家の社会的学習

　それでは，知識共同体は，どのような属性を持つ時に，知識の「伝導ベルト」としての機能を果たすのだろうか。これに関して最も重要になる点は，知識共同体の国家からの政治的独立性である（P. Haas and Stevens 2011；P. Haas 2016：344-345）。なぜなら，知識共同体が特定の国家の支配下にあると見られた途端，その共同体が提供する知識は不偏不党のものとは見なされず，共同体の真実に対する主張に疑義が生じるからである。したがって，知識共同体の構成員は，科学者としての実力や学術的評判に基づいて，各国政府によってではなく，国際機関の事務局によって選出されるべきであり，共同体の議題設定も科学者自身が行える環境が保証されなければならない。その点からすると，知識共同体の政治的独立性は，国際機関の事務局が構成員を選出する「専門家登録簿」方式が採用される場合に最も高くなり，各国政府が構成員を任命する「開かれたメンバーシップを持つ組織体」が採用される場合に最も低くなる

(P. Haas and Stevens 2011；P. Haas 2016：347-349)。また議題の決定に関しても，アドホックな委員会よりも常設委員会の方が政治的な影響を受けにくく，さらに常設委員会の中でも委員が自ら議題を設定できるタイプの方が，そうでないタイプよりも，政治からの独立性は高い（P. Haas and Stevens 2011；P. Haas 2016：347）。

　環境問題について見ると，問題によって国家による社会的学習の程度は大きく異なる。たとえば，オゾン層破壊や欧州における長距離越境大気汚染などへの関係国の対応は，高いレベルの社会的学習を反映していたのに対し，漁業資源管理，生物多様性，あるいは気候変動などの領域では，社会的学習のレベルは相対的に低かった。これは，前者では，国際機関の事務局が，そして後者では，国家もしくは締約国会議が科学者を選出し，さらに前者では，常設委員会が独自に議題設定を行っていたのに対して，後者では，締約会議がそれを行っていたことと関連性があるとされる（P. Haas and Stevens 2011；P. Haas 2016：347-353）。

4　気候変動問題における知識共同体の役割

　最後に，最も代表的な地球環境問題であり，知識共同体が国連の下で組織されている気候変動に関する政府間パネル（IPCC）について見ておこう。遅々として進まない，この問題への各国の対応と知識共同体の性質との間には何らかの関連性があると考えられるからである。以下，IPCC の形成過程を簡単に振り返ってみたい。

　地球温暖化に関する本格的な国際的研究活動が始まったのは1970年代末であった。1979年に世界気象機関（WMO）の呼びかけで，第 1 回世界気候会議が開催され，その後気候変動の予測を目的とする世界気候計画（WCP）が発足した。WCP は，UNEP や国際科学会議（ICSU）などとともに地球温暖化に関する一連の専門家会議を主催した。その過程で，会議に参加した科学者の間で知識を共有するネットワークが形成されていった。その結果，環境への影響を「容認可能な」程度に抑えるという考え方が内部で共有されるようになり，彼らの働きかけによってトロントで開催された気候変動に関する国際会議において，温室効果ガスの排出量削減目標が初めて掲げられた（P. Haas 2000；2016：

204-207)。この動きを脅威に感じた米国政府は，科学者の活動を国家の監視下に置くことを考え，IPCC の結成を国連の場で提案したのであった。アメリカのねらいは，UNEP と WMO が主導する科学者ネットワークから権限を剝奪することにあった。

　この米国政府の意図は，IPCC の構造に如実に表れている。IPCC は，主に気候変動の科学的な根拠を評価する第1作業部会，気候変動の影響と適応策を評価する第2作業部会，およびシナリオ予測に基づいて気候変動の緩和策を評価する第3作業部会から構成される。しかし，各作業部会を構成する専門家は，国際機関ではなく，国連加盟国の政府によって選出され，各作業部会は，政府代表から構成される総会に対して報告する，という仕組みになっている。またIPCC を運営する事務局（Bureau）には，政府代表が加わっている（P. Haas 2000；2016：213, 353-355；P. Haas and Stevens 2011）。とくに，温室効果ガスの排出削減を提案する第3作業部会の事務局には，アメリカ国務省の官僚が入ることとなった。IPCC は，定期的に気候変動に関する科学者の総意を反映する評価報告書やテーマ別の特別報告書を発表する。これらの報告書の本体部分は，作業部会の事務局が設定する議題に沿って，作業部会のリーダーおよびその他の専門家によるピア・レビューに基づいて作成されるが，最も政策決定者の目に留まる報告書の要約の方は，総会に出席する政府代表によって入念なチェックを受ける。したがって，報告書の議題設定と要約の作成は，政府のコントロール下に置かれていると言っても過言ではない。

　その結果，報告書は，そのトーンを弱められ，政策へのインパクトを欠くものになりがちである。また最近は若干改善される傾向にあるものの，評価報告書の発表のタイミングが締約国会議のタイミングと大きくずれることがあるため，科学的な知見をタイムリーに交渉に活かせないという問題もある。気候変動問題は，様々な要素を含む複雑な問題ではあるけれど，各国にとって温室効果ガス削減が短期的なコストを伴うことは火を見るよりも明らかである。知識共同体としての役割を期待される IPCC が短期的なコストの発生を最も嫌う国家のコントロールの下に置かれたことは，ハースがいみじくも指摘するように，IPCC が国家の「代理人」に成り下がったことを意味しよう（P. Haas and Stevens 2011；P. Haas 2016：356-357）。2℃目標を掲げるパリ条約締結以降，各国の取り組みが遅々として進まないのは，部分的には，この知識と権力の歪な

関係に由来していると言えよう。

5　知識共同体論の今後の展開に向けて

この章では，第 1 に，グローバル・ガバナンスにおける知識共同体の役割について検討した。効果的かつ効率的で，公平なグローバル・ガバナンスにとって目標の設定とその実現手段の決定は重要である。しかし，どのような目標を掲げ，それをどのように実現すべきかについて国家間で認識が共有されなければ，そのようなガバナンスは成立しない。つまり，解決すべき問題が何で，それはどのように発生するのかについて，行為主体の認識が一致しなければならない，と言える。知識共同体は，因果的な知識を政策決定者に提供することで，そのような認識の共有を可能にする。知識が政策決定者に受容され，認識が共有されて初めて，国家は，代替的もしくは追加的な政策を実施することや他の目標との関連で既存の目標を修正することができるようになる。その結果，グローバル・ガバナンスは，垂直的もしくは水平的に変化するのである。

第 2 に，知識共同体が国家の国益規定に影響を与え，グローバルな公益実現に向けた国際政策協調を可能にする条件について考察した。その前提として知識は不偏不党でなければならないだけでなく，政策決定者がそれを希求するという条件が必要となる。そのような条件は，予期しない結果が発生したり，期待された結果が得られなかったりした時に満たされるが，競合する知識共同体が存在したり，共同体構成員が政府内で制度的プレゼンスを確立していなかったりすると，知識による国益の再規定は望めない。

第 3 に，知識共同体と国際機関の関係について検討した。国際機関が，とくに国際会議などを通じてトランスナショナルな科学者ネットワークの形成を促し，科学的知見の集約および，そのグローバルな拡散に貢献することを確認した。また同時に，知識共同体の政治へのインパクトが最終的に知識共同体と国家の関係性によって規定されることも確認した。各国の政府ではなく，国際機関の事務局が科学者を選出し，科学者自身が知識共同体の議題を設定する場合には，知識の政治へのインパクトは大きくなるが，その逆の場合には，そのインパクトは限定的なものとなる。国家の「代理人」に成り下がった IPCC が国家の国益規定に十分に影響を与えることができなかったのは，そのためであっ

た。

　1990年代後半以降，知識共同体の役割を分析する研究は，環境問題の領域以外では影を潜めた。しかし，それはグローバル・ガバナンスにおける科学的知識の役割が小さくなったわけではなく，グローバリゼーションの負の遺産が明らかになるにつれて，研究関心が人権などの，より規範的な原則に基づく信念に関わる課題に移行したからである。科学的知識が重要な役割を果たす環境，保健あるいは情報技術といった分野では，知識を重視する研究が，今もなお「科学・政策インターフェイス」研究として持続している（Young 2016；山田 1994；1997；阪口 2006）。また，一連の実験主義的ガバナンスの研究（Sabel and Zeitlin 2012；de Búrca *et al.* 2013；2014）やレジーム・コンプレックス研究（Keohane and Victor 2011）なども，政策決定者が「ガバナンス実験」を通して新たな因果的知識を模索するプロセスを重視する理論的視座であると言える。その点では，基本的に知識共同体アプローチを継承し，発展するものであると言ってよい。多様なガバナンス目標を実験的に連関させる動きは，持続可能な開発目標（SDGs）の合意以降，加速している（P. Haas and Stevens 2017）。今後，グローバル・ガバナンス研究は，政策実験への知識共同体の関わり方により大きな関心を払うべきであろう。

参考文献

阪口功『地球環境ガバナンスとレジームの発展プロセス──ワシントン条約と NGO・国家』国際書院，2006年。

山田高敬「新国際電気通信体制の起源──国家による学習と体制変化」『国際政治』第106号，1994年。

山田高敬『情報化時代の市場と国家──新理想主義をめざして』木鐸社，1997年。

Allison, Graham T., *Essence of Decision: Explaining the Cuban Missile Crisis*, Boston: Little, Brown, and Company, 1971.

Barnett, Michael and Martha Finnemore, *Rules for the World: International Organizations in Global Politics*, Ithaca and London: Cornell University, 2004.

de Búrca, Grainne, Robert O. Keohane and Charles Sabel, "Global Experimentalist Governance," *British Journal of Political Science*, 44(3), 2013.

de Búrca, Grainne, Robert O. Keohane and Charles Sabel, "New Modes of Pluralist Global Governance," *New York University Journal of International Law and*

Politics, 45, 2014.

Goldstein, Judith and Robert O. Keohane (eds.), *Ideas and Foreign Policy: Beliefs, Institutions and Political Change*, Ithaca and London: Cornell University Press, 1993.

Haas, Ernst B., "Why Collaborate? Issue-Linkage and International Regimes," *World Politics*, 32(3), 1980.

Haas, Ernst B., *When Knowledge Is Power: Three Models of Change in International Organizations*, Barkeley, Los Angeles and Oxford: University of California Press, 1990.

Haas, Peter M., *Saving the Mediterranean: The Politics of International Environmental Cooperation*, New York: Columbia University Press, 1990.

Haas, Peter M., "Introduction: Epistemic Communities and International Policy Coordination," *International Organization*, 46(1), 1992.

Haas, Peter M., "International Institutions and Social Learning in the Management of Global Environmental Risks," *Policy Studies Journal*, 28(3), 2000.

Haas, Peter M., "When Does Power Listen to Truth? A Constructivist Approach to the Policy Process," *Journal of European Public Policy*, 11(4), 2004.

Haas, Peter M., "Epistemic Communities," in Daniel Bodansky *et al.* (eds.), *Oxford Handbook of International Environmental Law*, Oxford University Press, 2007.

Haas, Peter M., *Epistemic Communities, Constructivism, and International Environmental Politics*, New York: Routledge, 2016.

Haas, Peter M. and Casey Stevens, "Organized Science, Usable Knowledge, and Multilateral Environmental Governance," in Rolf Lidskog and Goran Sundquist et al. (eds.), *Governing the Air: Science-Policy Interactions in International Air Policy Work*, Cambridge, Massachusetts and London, England: The MIT Press, 2011.

Haas, Peter M. and Casey Stevens, "Ideas, Beliefs, and Policy Linkages: Lessons from Food, Water, and Energy Policies," in Norichika Kanie and Frank Biermann (eds.), *Governing through Goals: Sustainable Development Goals as Governance Innovation*, Cambridge, Massachusetts and London, England: The MIT Press, 2017.

Keohane Robert O. and David G. Victor, "The Regime Complex for Climate Change," *Perspectives on Politics*, 9(1), 2011.

Krasner, Stephen D., *International Regimes*, Ithaca and London: Cornell University Press, 1983.

Ruggie, John G. and Ernst B. Haas, "International Responses to Technology," *International Organization*, 29(3), 1975.

Sabel, F. Charles and Jonathan Zeitlin, "Experimentalism in the EU: Common Ground and Persistent Differences," in David Levi-Faur（ed.）, *The Oxford Handbook of Governance*, Oxford: Oxford University Press, 2012.

Snyder, Richard, H. W. Bruck, and Burton Sapin（eds.）, *Foreign Policy Decision-Making: An Approach to the Study of International Politics*, New York: The Free Press of Glencoe, 1962.

Young, Oran R., "The Co-production of Knowledge about International Governance: Living on the Science/Policy Interface," in Simon Nicholson *et al.*（eds.）, *New Earth Politics: Essays from the Anthropocene*, Cambridge, Massachusetts and London, England: The MIT Press, 2016.

（山田高敬）

第4章

NGO・社会運動
―― 「下から」のグローバル・ガバナンスを目指して ――

1　NGO の定義，起源，種類とその台頭

　NGO（Non-Governmental Organization）とは，平和，開発，環境，人権など地球公共益に関わる分野で自発的に活動する非営利の民間団体のことを言う。その発祥は，18世紀まで遡る。当時世界を植民地化していたヨーロッパ諸国のキリスト教宣教師が，布教を行うために植民地に出向き，慈善活動をしたことがNGO の始まりと言われている。その後，第 1 次，第 2 次世界大戦など紛争の際に，戦地において行われた医療活動や緊急人道支援が NGO の創設を促した（上村 2012：290）。当初はヨーロッパ発祥の NGO が大多数であったが，様々な社会課題が各国で惹起し，地球規模問題が顕在化，深刻化する中で，今では先進国，途上国を問わず，世界の隅々まで NGO が存在し，その数は国際的に活動する NGO に限っても 2 万7000を超える（横田 2016：102）。

　NGO の活動内容は多様で，途上国の現場で直接支援を行う NGO から，先進国で募金集め，里親の斡旋，開発教育などを行う団体，国内外で調査・研究，アドボカシー（政策提言，ロビー活動，キャンペーンなど）を行うものまで様々なものがある。

　組織・活動形態も，主として国内で単独で活動する「単独活動型」から，世界各国に支部を持つ「本部－支部型」，同じような理念を持つ NGO と連携して活動を行う「ネットワーク型」，そしてとくに「ネットワーク型」NGO が国際機関，政府，企業など NGO 以外のアクターと協働を進める「パートナーシップ型」がある。さらに，同じ市民社会組織ではあるが，NGO そのものとは一線を画して論じられることが多い社会運動に近い「社会運動型」もある。

　このように，分野も，活動内容も，組織・活動形態も多様で，世界に多数存在する NGO であるが，世界政府を持たないアナーキーな国際社会での主役は，

あくまでも主権を持つ国家であり，NGO などの国家以外のアクターは，脇役にすぎなかった。しかしながら，1960年代に国際人権 NGO であるアムネスティ・インターナショナルがノーベル平和賞を受賞したあたりから NGO は脚光を浴び始め，さらに冷戦の終焉前後から，これらの脇役は国際社会の表舞台に一挙に登場するようになった。

　それは 1 つには，旧ソ連を中心とする旧社会主義陣営とアメリカを中心とする資本主義陣営の NGO が連携し合って東欧の民主化を進め，結果として冷戦を終焉させる立役者になったことがある。いま 1 つは，気候変動，貧困・格差，感染症など，国家だけでは対応できない地球規模課題が顕在化し，これらの問題に特化した専門団体としての NGO との協力が，各国政府や国際機関にとって問題解決に欠かせないものとなったこともある。そして，これらの動態の背景には，インターネットの普及により，いつでも，どこでも，容易に世界と繋がることを可能にした情報・通信革命があった。

　この時以来，NGO は国際社会の主要なアクターの 1 つと見なされ，国家に加えて，多様なアクターの協働による地球規模課題の解決など，国際社会の共治を意味するグローバル・ガバナンスが盛んに論じられるようになったのである。

　本章は，グローバル・ガバナンスのアクターとして欠かせない NGO について，それがいかにしてグローバル・ガバナンスに関与しているかを考察するために，まずネットワークの重要性を浮かび上がらせ，分析枠組を提示する。次に，グローバル・ガバナンスに関与するネットワーク型 NGO を，パートナーシップ型と社会運動型アプローチに整理し，それぞれがグローバル・ガバナンスにいかなる影響を与えているのかを検証する。

　本分析を通じて，NGO がグローバル・ガバナンスに及ぼしている影響を理解しつつ，NGO の課題についても，考察を加えることとしたい。

2　分析枠組

　NGO は，前述のアムネスティ・インターナショナルのように，規模の大きな国際 NGO がある時期に特定の争点で影響力を発揮することもあるが，基本的に他の NGO とネットワークを作って力を結集することに尽力する。なぜな

表4-1　ネットワーク，メタ・ネットワークの類型

	イシュー限定的	イシュー包括的
国内レベル	類型①	類型②
地域レベル	類型③	類型④
国際レベル	類型⑤	類型⑥

注：それぞれの類型の例として，たとえば①はグローバル連帯税フォーラム，②はSDGs市民社会ネットワーク，③は欧州環境事務局（EEB），④はヨーロッパ社会フォーラム，⑤は気候行動ネットワーク，⑥は世界社会フォーラムなどがある。⑤と⑥については後述する。
出典：上村（2004：106；2009：245）をもとに筆者作成。

ら1つ1つのNGOの力は，国家や国際機関，多国籍企業と「やり合う」にはあまりにも小さいからである。ネットワークには絶対的な定義はないが，ここでは共通の理念や目標を共有する団体や個人の緩やかな水平的な繋がりのこととする。また，ネットワークがネットワーク化したメタ・ネットワークも多数存在するので，その形態はきわめて多様である。

　一方で，気候変動，児童労働など特定のイシューに限定したネットワークやメタ・ネットワークがあり，他方で様々なイシューを包括したそれらが存在する。さらに，ネットワークとメタ・ネットワークは国内レベルと地域レベル，さらに国際レベルに分けて考えることができるので，少なくとも6つに分類することができる（表4-1）。

　もっとも，後の事例で検討するように，国内，地域，国際レベルが連携して機能しているネットワークも多々あるので，実際のネットワークは多層的である。さらに，「ウォール街を占拠せよ（オキュパイ）運動」のように，フォーマルな組織は持たないながらも，緩やかに連携するインフォーマルなネットワークもあるので，ネットワークは多様性に富み，多層的に存在していることが分かる。

　このようにネットワークの形成を行うことで，グローバル・ガバナンスに影響を与えることを試みているNGOをネットワーク型NGOと呼ぶことにしよう。これには，2つのアプローチがある。まずNGOがネットワークを形成して各国政府や国際機関が開催する国際会議などに参加し，政府と一定の距離を取りつつ，一方で政府案を批判し，他方で対案を提示しつつ，ロビー活動などを通じて影響力を行使しようとする方法である。多様なアクター，とりわけ政

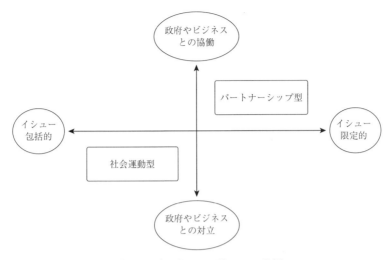

図4-1　ネットワーク型 NGO の分類

出典：筆者作成。

府やビジネスとの協働を通じて，自らのイシューや要望を入れ込み，内側から
グローバル・ガバナンスに直接的な影響を行使することから，これをパート
ナーシップ型アプローチと呼ぶことができる。次に，とくに政府やビジネスか
らは一切距離を置き，外側から抗議を行い，批判を加えることで，グローバ
ル・ガバナンス自体に間接的に影響を与えようとする社会運動型アプローチが
ある。

　これらを図式化すると，図4-1のようになる。縦軸に政府やビジネスとの
協働か対立かを置き，横軸を表4-1に対応させ，イシュー限定的かイシュー
包括的とする。そうすると，イシューを限定し，政府や企業との協働を基軸と
する「パートナーシップ型」が第Ⅰ象限に，イシュー包括的で，政府や企業と
の対立を基調とする「社会運動型」が第Ⅲ象限に来ることになる。そして，こ
れは社会運動型よりもパートナーシップ型の方が，政策が実現しやすいという
ことも示唆している。

　以下，この分析枠組に則り，第3節で「パートナーシップ型」の気候変動の
事例，第4節で「パートナーシップ型」の対人地雷の事例，第5節で「社会運
動型」について，考察していこう。

3　パートナーシップ型アプローチ——気候変動の事例

　ネットワーク型 NGO が，とりわけ有志国と協働しながら，ある特定のイシューについて「課題設定，規範形成，政策形成・決定・実施」を図るタイプがパートナーシップ型である。これには，2003年に国際刑事裁判所を創設させた ICC を求める NGO 連合（CICC：Coalition for the International Criminal Court），2008年に採択されたクラスター爆弾禁止条約に大きく貢献したクラスター爆弾連合（CMC：Cluster Munition Coalition），もっとも最近では，核兵器禁止条約成立の立役者となり，ノーベル平和賞を受賞した核兵器廃絶国際キャンペーン（ICAN：International Campaign to Abolish Nuclear Weapons）などがある。

　本節では，地球環境問題におけるネットワーク型 NGO の「パートナーシップ型」アプローチとして，気候行動ネットワーク（CAN：Climate Action Network）を取り上げ，CAN がグローバル・ガバナンスに与える影響を検討してみよう。CAN は1989年に創設され，現在120以上の国々から1300の NGO が加盟している。その目的は，(1)生態的に持続可能なレベルに人為起源の気候変動を抑えるために必要な，政府および個人の行動を促進すること，(2)気候変動の国際的な側面に対処するために，情報交換，意見交換，活動などの調整に関して国境を超えたシステムを構築することである（目加田 2003：36-37）。

　CAN は環境，次世代，途上国，弱者重視の視点から，政府間の気候変動交渉に影響を与えることを目的としたイシュー限定型のネットワークである。しかし，気候変動は，オゾン層，森林，生物多様性など様々な環境問題や，開発，人権，貿易のような他の争点領域にも関係するため，南北の多様な業種の NGO が参加し，国別ネットワーク，地域ネットワーク，国際 NGO 間のネットワークが，重層的にメタ・ネットワークを構成している。

　CAN の中核メンバーは，WWF（世界自然保護基金），グリーンピース，地球の友という世界三大環境 NGO であるが，前述の通り，きわめて多様な NGO が南北から参加していることに鑑み，世界の7つの地域にフォーカルポイントを置き，それぞれがコーディネーターを選出し，CAN 全体のミーティングを開催して，民主的な意思決定を図っている。

　CAN はその目的を達成するために，国連気候変動枠組条約締約国会議を中

心に，気候変動問題に関する国際会議に参加し，NGO の立場をまとめながら
政府と折衝を行い，目的(1)に向けた議定書や協定ができるよう活動している。
具体的には，以下のような活動を行っている。

(1)意思決定への抗議活動…座り込み，デモ行進，署名集め，妨害行為など。

(2)政策提言活動…ニュースレター *eco* や独自の報告書の発行。自分たちの立
　　場を表明する書面や声明。独自の科学的なデータなどの配布。口頭による
　　見解の表明。公式会議と並行した NGO 会議やワークショップ，説明会，
　　円卓会議，記者会見などの開催。

(3)ロビー活動…個々の政策形成者に，口頭で見解を伝えたり，書面の声明や
　　具体的提案，条約草案，法的・技術的助言を与える。情報交換を通じて取
　　引に出たり，他国の代表団との接触を買って出たりして，影響力を発揮す
　　る。
　　　　　　　　　　　　　　　　　　　　　　　　　（目加田 2003：44-45）

　なかでも，CAN の影響力の鍵は，南北から参加した多様なネットワークに
よる「一致した1つの主張（One voice）」，「フレイミング」，そして CAN のメ
ンバーが政府代表団に入ったり，途上国政府の政策アドバイザーに就任してい
ることにあると考えられる。まず，「一致した1つの主張」について，松本泰
子は「相違を解決して形成される共通ポジションは，すでに様々な国や地域の
NGO の異なる視点が融合されたものであり，途上国・先進国両政府にとって
無視できない『声』となる」と論じている（松本 2002：195）。

　次に，「フレイミング」とは，状況，出来事，経験などを選択的に括り，特
定の語句を使って『事象』を単純化・凝縮して，課題を（再）設定することを
言い，フレイミングによって意思決定の対象の社会的位置づけを規定すること
を「フレイミング効果」と言う（鈴木ほか 2007：260；松本 2008b：32-33）。その
事例として，松本は排出量取引に関する京都議定書交渉と「抜け穴」の指摘を
挙げている。

　企業・国などによる温室効果ガスの排出可能な量を排出枠という形で定め，
排出枠を超えて排出をしたところが，排出枠より実際の排出量が少ないところ
から排出枠を購入することを可能にし，それによって削減したと見なす制度の
ことを排出量取引と言う。当時，旧ソ連や東欧諸国の二酸化炭素排出量は，経

済崩壊の影響で基準年である1990年レベルを大きく下回り，削減努力なしに排出枠を獲得することが予想されていた。それを購入した国はその分を削減したことになるので，CANはそれを「ホットエア（実体のない削減分）」と呼び，京都議定書の深刻な「抜け穴」と位置づけた（フレイミング）。CANは前記の*eco*で，この提案が採択された場合，2010年に1990年比でおよそ15%にあたる排出が先進国全体の排出枠に上乗せされることを科学的に示した。その結果，「ホットエアー」を含めた排出量取引の提案は，第3回締約国会議で削除されることとなった（松本 2001：201-202；2008a：11-12）。

　さらに，CANのメンバーが政府代表団に参加したり，途上国政府の政策アドバイザーに就任することも，影響力を高めていることに貢献している。たとえば，フィリピン政府代表団に入ったCAN東南アジアのメンバーが交渉文書の原案作りに関わり，交渉者として主導的な役割を果たしたことなどが一例として挙げられる（松本 2002：194）。また，CANのメンバーは途上国政府代表団の政策アドバイザーになるだけでなく，AOSIS（Alliance of Small Island States，小島嶼国連合）の結成にも深く関わり，現在も交渉の手助けをしている（松本 2001：197）。AOSISの国々は，海面上昇や暴風，高潮などの異常気象に対して脆弱で，温暖化の進行が国の存亡に関わるため，気候変動枠組条約締約国会議では常に最もNGOに近いポジションを取り，最も厳しい提案をしている。そのことにより，交渉結果がCANのようなNGOが目指すものと近い結果となるのに貢献している。たとえば，2015年に採択されたパリ協定において，締約国は産業革命前と比べて地球の平均気温が1.5℃以下となるよう努力することが盛り込まれている。

　これらの結果，すでに2003年の時点で「政府関係者の10人中7人が，もし交渉過程にNGOが介在しなかったとすれば，気候変動枠組条約の内容は違っていたとの見方を示し，NGOの貢献を評価している」という分析が紹介されている（目加田 2003：44-45）。つまり，気候変動問題を解決するために，南北から多様なNGOがCANというメタ・ネットワークを形成し，「1つの声」を創り出して様々な活動を展開し，「フレイミング効果」を用いつつ政府との交渉力を強める一方，政府代表団に入ったり，政策アドバイザーに就任するなどしてパートナーシップを進めた結果，CANは気候変動の交渉に影響を与えてきたと考えられるのである。

4　パートナーシップ型アプローチ——対人地雷の例

　続いて，1997年に対人地雷禁止条約の実現に大きな役割を果たした功績で
ノーベル平和賞を受賞し，パートナーシップ型の嚆矢となった地雷禁止国際キ
ャンペーン（ICBL：International Campaign to Ban Landmines）を取り上げよう。
ICBL は，対人地雷の全面禁止を目的とする NGO の国際ネットワークである。
1992年に米国ベトナム退役軍人財団，ドイツのメディコ・インターナショナル，
フランスのハンディキャップ・インターナショナル，アメリカのヒューマン・
ライツ・ウォッチ，イギリスの地雷アドバイザリー・グループ，アメリカのフ
ィジシャンズ・フォー・ヒューマン・ライツの6団体によって ICBL は設立さ
れ，2003年の時点で90ヵ国以上の国々から1300団体が加盟していた（目加田
2003：81-83；清水 2019：219-220）。その後，2011年に CMC と合併して ICBL-
CMC となり，現在ではおよそ1000の団体が加盟している。

　＊ http://www.icbl.org/en-gb/about-us/who-we-are/the-icbl.aspx （2019年10月24日閲
　　覧）。

　ICBL は対人地雷禁止条約を締結させることを目的としたイシュー限定型ネ
ットワークであったが，地雷問題を，人権，開発，紛争後の平和構築などに関
連づけて多面的に訴えることで，多様な分野の NGO を傘下に収めた（フレイ
ミング）。また，傘下には加わらなかった ICRC（赤十字国際委員会）とも連携を
強め，協働を推進した。さらに，多くの国に拠点を築くことによって，その国
の政策を監視し，キャンペーンを効果的に展開できる体制を構築できるよう各
国でネットワークを構築し，各国の NGO・ネットワーク間の連携を戦略的に
強化するなど，重層的な構造を構築した。そのため，意思決定の際には各国内
における個別の団体や NGO の意向を最大限尊重する方針を取り，実際に重大
な決断は各国キャンペーンが参加する「拡大運営委員会」で下された（目加田，
2003：82）。

　ICBL は，以下の3つを目標に活動を開始した。

　⑴対人地雷の使用，生産，備蓄，売買，委譲または輸出の国際的禁止。
　⑵世界的地雷被害者の救済プロジェクト，地雷回避教育および地雷除去と根

絶プログラムを助成するための国連管轄下における国際基金の設立。

(3)対人地雷生産国および普及に責任を負う国による国際基金への拠出

（目加田 2003：81-83；上村 2009：245）

　ICBL は，当初は通称「特定通常兵器使用禁止・制限条約」という国連の枠組の中で対人地雷の全面禁止を目指したが，会議が難航した上，全面禁止には至らないことが明らかになったため，中核国と呼ばれる対人地雷全面禁止推進派諸国（カナダ，ノルウェー，オーストリア，ベルギー，メキシコ，南アフリカなど）とパートナーシップを組み，「オタワ・プロセス」という新たな交渉の場を誕生させることになった（長 2007：98-99；上村 2009：246；清水 2019：220-223）。この1996年10月に始まったカナダ政府主導の対人地雷全面禁止条約成立過程は，ICBL というネットワーク型 NGO と中核国との協働（パートナーシップ）によって成し遂げられたグローバル・ガバナンスの好事例となっている。

　このことが示しているのは，対人地雷禁止レジームに積極的に関わるグローバルな NGO ネットワークが形成されていなければ，対人地雷全面禁止推進派諸国とのパートナーシップの形成もなかった，すなわち対人地雷全面禁止条約の締結という成果も得られなかっただろうということである。ここに，パートナーシップの効果とともに，その形成の大前提となるネットワーク型 NGO の存在意義を確認することができる（上村 2009：246-247）。

　他方，これらの成果は大いに評価しつつも，結果として対人地雷，クラスター爆弾，核兵器が完全になくなったわけではない。国際刑事裁判所もその実行力の弱さが指摘されている。その最大の理由は，アメリカ，ロシア，中国などの大国がこれらの条約を批准していないからであり，国際刑事裁判所にはこれらの大国が加盟していないからである。

　そこで少し視点を変えて，グローバル・ガバナンス自体を外側から変革しようとする社会運動型アプローチを考察しよう。

5　社会運動型アプローチ

　社会運動型アプローチとは，政府やエリートとの協働を基軸とする「パートナーシップ型」の対極にあるもので，彼らと距離を置き，対立を基調とする。

なぜなら，「社会運動は，エリート，敵手，当局との持続的な相互作用の中での，共通目標と社会的連帯に基づいた，集合的挑戦」だからである（タロー 2006：24）。

＊社会運動の定義には絶対的なものはなく，様々なものがある。たとえば道場と成は，「複数の人びとが，社会を変革するために，非制度的な手段をも用い，組織的に取り組むことによって，敵手や競合者との間の相互作用を展開すること」としている（道場・成 2004：5）。

社会運動は，大きく3つの世代に分けることができる。第1世代は，マルクス主義のいう資本家と労働者の階級対立とプロレタリア解放や社会主義を基軸とした，労使闘争と組織を中心とする労働運動である。その後，脱産業化や脱物質主義化が進んだ先進国において，1960年代から新しい社会運動が勃興する。これは環境保全，反差別，反核，女性運動など第1世代とは異なる新しいイシューをテーマに，主としてテクノクラシーに対抗する社会運動である。運動論も自律性を重視して組織を否定し，個人が自発的かつ水平的に結合するネットワークという形をとる（塩原勉「社会運動」『日本大百科全書』小学館）。この新しい社会運動が第2世代に当たる。

そして，第3世代の社会運動は，1995年にシアトルで開催されたWTO（世界貿易機関）閣僚会議を取り囲んだ民衆運動を契機として発展してきた反新自由主義社会運動である（グローバル・ジャスティス運動とも呼ぶ）。ここでは，グローバル化が進展し，様々な社会問題や地球規模課題が深刻化する中で，第一世代と第2世代の社会運動が共闘を開始した点に大きな特徴が見られる。そして，第3世代の社会運動は，NGOとも接近，接合していくのである。

ここまで，社会運動とNGOを別のものとして論じてきたが，実はその区別はそう単純ではない。なぜなら，一方で，もともとNGOは社会運動の主体であったが，一部のNGOが巨大化・国際化するに従って政府など権威に接近することにより，弱小NGOや草の根運動との間に懸隔が生じ，ジュビリー運動のように，対立する場合も多くなったとの見方があるからである。国際NGOの代表的存在であるアムネスティ・インターナショナルも，もともとは個人が活動を始め，各地のボランティアがその輪を広げていった社会運動と見なすことも可能である。

他方で，NGOと社会運動は別物であるという見方も存在する。それは，一

表 4 - 2　NGO と社会運動の相違

	NGO	社会運動
制度化	制度化されている	制度化されていない
財　政	定期的な収入（寄付，会費），政府からの補助金，公式の会計管理	不定期な収入（寄付，会費），非公式な会計管理
支援対象	会員ではなく，各々の NGO が目的に掲げる目標や人々	基本的に会員と支援対象は同じ
政府やビジネスとの関係	NGO によって対応が異なる	常に対峙
正当性	フォーマルなガバナンスを通して	総会や参加型アカウンタビリティを通して
強　み	政府やビジネスの力を活用して，正統性や影響力を高める	現状の（資本主義）世界を拒絶する理念，原則，目的を保持している
弱　み	政府やビジネスに取り込まれ，正統性や影響力が弱まる危険性がある	「システム」と距離がある分だけ，また資金と権力を持っていないがゆえに，大きな影響力を持たないことが多い

出典：Mejido（2007），上村（2009：148）をもとに筆者作成。

般に表 4 - 2 のような相違が指摘されているからである。

　しかし，両者の区別を困難にしている最も大きな理由は，近年その 2 つが緊張関係を持ちながらも接近し，境界が不鮮明になりつつあるからである。実はこのことが第 1 世代の労働運動とも，第 2 世代の新しい社会運動とも違う，第 3 世代の反新自由主義運動（グローバル・ジャスティス運動）の特徴であり，これをネットワーク型 NGO の「社会運動型」アプローチと呼ぶ理由なのである。

　これは，新自由主義的グローバリゼーションが世界を席巻し，大富裕層や多国籍企業など一部の強者に権力が集中する中で，格差は拡大，社会問題は悪化，環境破壊も加速し，とりわけ社会の底辺に位置する弱者が多大な悪影響を被っているという理解の下，NGO と社会運動が手を組み，そこにあらゆる運動体が合流して緩やかなネットワークやメタ・ネットワークを構成し，活動が行われている状態を指す。

　それが可能になったのは，それぞれの団体やネットワークが多様なイシューや要求を持ちながらも，その底辺にある反新自由主義や反グローバリゼーション（グローバル・ジャスティス）で理念を共有したこと，そして，今から事例で検討する世界社会フォーラム（WSF：World Social Forum）が作り上げたような新しい組織構造によるところが大きい。すなわち「全体として意思決定を行わ

ないこと」「あらゆる団体や運動体に開かれた空間であること」「中心のない水平的なメタ・ネットワーク構造」「党派的政治の排除」という4つの要素が，これまでともすれば対立関係にあったNGOと社会運動の合流を可能にし，その他の運動体を惹きつけたと言えよう。

　WSFは，世界の巨大企業のトップなどグローバル・エリートたちが，国際政治・経済のあり方や目指すべき世界を議論し，ネットワーキングを推進している世界経済フォーラム（別名ダヴォス会議）に対抗する形で出現してきたネットワーク型NGOの社会運動型アプローチである（以下，セン 2005；上村 2009；2018；毛利 2011；2018；Savio 2019）。

　WSFはダヴォス会議が象徴する世界の権力者が推し進める世界，すなわち新自由主義的グローバリゼーションやあらゆる「帝国主義」的なものに "No" を突きつけ，それとは異なる「もう1つの世界」を求めて，世界中から社会運動，市民運動，労働運動，平和運動，NGO，活動家などが数万単位で結集し，情報や経験の共有，自由な議論・討論，縦横無尽のネットワーキングが行われる空間，「巨大な社会学習の場」となっている。

　WSFは，2001年に2万人でスタートしたが，2005年には15万5000人の参加者を集めた。これをピークにその後参加者は減少しているものの，2006年に14万人，2013年に6万人，2018年に8万人の参加者を集めている。

　WSFは前述の通り，「全体として意思決定を行わないこと」「あらゆる団体や運動体に開かれた空間であること」「中心のない水平的なメタ・ネットワーク構造」「党派的政治の排除」という4つの特徴を持つが，これらの特徴によって世界中の労働運動，社会運動，平和運動，農民運動，先住民運動，「持たざる者」の運動，NGO，NGOネットワークが合流し，世界各国から多様なテーマや価値観を持つ，多彩なネットワークを包摂するメタ・ネットワークを構成することが可能となった。

　毎年数万規模で結集するWSFは，各国のメディア，とくに開催地やブラジル，ヨーロッパのメディアに取り上げられていることから，新自由主義的グローバリゼーションの進展による諸問題を社会一般に知らしめる役割を果たしてきた。その影響を受けて，世界経済フォーラムが徐々に変質してきたとの指摘もある。たとえば，新自由主義的グローバリゼーションに対して賞賛一辺倒だったダヴォス会議が，貧富の格差拡大などその負の側面を認め，是正策を議

表 4 - 3　WSF 内の 4 つの対立

対立する分野	穏健派（主に国際 NGO）	急進派（主に社会運動）
思　想	資本主義の改良をめざす	資本主義の否定，帝国主義との闘争
空間か運動か	空間を維持	空間から政治運動へ
政治とのかかわり	ロビイングは行うが，非政治性を貫くべき	左翼政権（特にラテンアメリカ）との連携を検討すべき
ビジネスとのかかわり	より実務的　あまり厳格ではない	商業主義，営利団体の献金は一切反対

出典：上村（2009：162）。

論するようになり，WSF と深く関わってきたブラジルのルラ（Luiz Inácio "Lula" da Silva）元大統領などをダヴォスに招いている。

　また，WSF は，「持たざる者」「声なき者」と呼ばれる，これまでまったくその存在さえ知られることのなかった社会的弱者や被抑圧者，その団体が集い，声を上げ，他の地域で同じ立場に置かれた人々と連帯することを可能にしたことも成果として挙げられている。

　他方，WSF には「穏健派（主に国際 NGO）」と「急進派（主に社会運動）」が存在し，その対立の解消が課題となっている（表 4 - 3）。

　とくに，WSF をあくまでも多様な組織が集い，忌憚なく議論できる「空間」に留めるべきだと主張する「穏健派」と，もう議論の時期は終わり，とくにラテンアメリカの左翼政権と連携して，「政治運動」に発展させるべきだとの「急進派」との対立はまだ解けていない。このような対立をいかに解消して，大きな力を結集させることができるかが，WSF の最大の課題となっている。

　これは，従来の NGO と社会運動との対立が顕在化してきたと理解することも可能であるが，むしろ既述の分析枠組（図 4 - 1）に従えば，第 III 象限にある社会運動型と第 I 象限にあるパートナーシップ型が近づくに連れ，新たに表れてきた緊張関係の一局面と捉えることもできよう。これをどのように乗り越えればよいのかを次節で検討しよう。

6　NGO がグローバル・ガバナンスに与える影響と今後

　ここまで NGO がグローバル・ガバナンスに与える影響を考察するために，まずネットワーク型 NGO を分析し，さらにそれをパートナーシップ型，社会

運動型アプローチに分類したうえで，具体的な事例を通してその影響を及ぼす方法と成果を検討してきた。その結果，ネットワーク型 NGO と各国政府との相互作用や，それが進める有志国とのパートナーシップ（協働）により，グローバル・ガバナンスが作動し，地球規模課題に対する取組みが大きく前進したことが明らかになった。

　他方，多くの場合，大国の不参加などにより，たとえ条約化されたり，組織が創設されたりしても，必ずしも実質的な効果を伴ってこなかったのも事実である。その意味で，ネットワーク型 NGO の関与によってグローバル・ガバナンスが作動したからと言って，それが地球規模問題の解決に直結するとは言えないのである。ここに，現在のグローバル・ガバナンスの限界がある。

　そこで，グローバル・ガバナンス自体を外側から変革しようとする社会運動型アプローチの例として WSF を検討したが，そこにも課題があることを見た。

　それでは，NGO は一体どうしたらよいのだろうか。1 つは，容易ではないが，パートナーシップ型と社会運動型に存在する壁を乗り越え，連帯を強めつつ，それぞれの強みを活かし，弱みを補い合うことである。とりわけ，気候変動において地球の平均気温を1.5℃以下に抑えるなど，政策として合意しやすい「穏健な」イシューについては，政府やビジネス側と協働を進める一方，資本主義の否定や多国籍企業の規制強化など「急進的な」イシューについては，まだまだ表出されていない市民社会の底辺の声を炙り出しつつ，熟成させていくことであろう（上村 2009：166-168）。とくに「持たざる者」「声なき者」と呼ばれる社会的弱者や被抑圧者の声などは，WSF の「空間」などを通して，もっと世界に知らしめる必要があるだろう。

　2015年に，持続可能な開発目標（SDGs：Sustainable Development Goals）が策定されたが，SDGs の達成という共通の目標が，両アプローチの連携や協働を進める契機となり，NGO や社会運動がグローバル・ガバナンスにより効果的な影響を与えるよう期待したい。

参考文献

上村雄彦「グローバル化時代におけるメタ・ネットワークの実際と可能性――アイデンティティからネットワークを考える」山脇直司・丸山真人・柴田寿子編『グローバル化の行方』新世社，2004年。

上村雄彦『グローバル・タックスの可能性——持続可能な福祉社会に向けたガヴァナンスをめざして』ミネルヴァ書房，2009年。

上村雄彦「NGO と開発協力—— MDGs の達成と NGO の可能性」勝間靖編著『テキスト国際開発論——貧困をなくすミレニアム開発目標へのアプローチ』ミネルヴァ書房，2012年。

上村雄彦「より公正な地球社会をめざして——国際連帯税と世界社会フォーラムを中心に」中村都編著『新版 国際関係論へのファーストステップ』法律文化社，2018年。

大畑裕嗣・成元哲・道場親信・樋口直人編『社会運動の社会学』有斐閣，2004年。

長有紀枝「ネットワーキングとパートナーシップの強さ——地雷禁止国際キャンペーン（ICBL）を事例に」小林正弥・上村雄彦編『世界の貧困問題をいかに解決できるか——「ホワイトバンド」の取り組みを事例として』現代図書，2007年。

清水俊弘「対人地雷，クラスター爆弾の包括的禁止実現までの道のりと残る課題」宮脇昇編『国際関係学叢書5　国際関係の争点』志学社，2019年。

鈴木達治郎・城山英明・松本三和夫編著『エネルギー技術の社会意思決定』日本評論社，2007年。

セン，ジャイほか編（武藤一羊ほか監訳）『世界社会フォーラム——帝国への挑戦』作品社，2005年。

曽良中清司・長谷川公一・町村敬志編著『社会運動という公共空間——理論と方法のフロンティア』成文堂，2004年。

道場親信・成元哲「社会運動は社会をつくる？」大畑裕嗣ほか編『社会運動の社会学』有斐閣，2004年。

松本泰子「国際環境 NGO と国際環境協定」長谷川公一編『講座環境社会学4　環境運動と政策のダイナミズム』有斐閣，2001年。

松本泰子「環境政策と NGO の役割——気候変動問題を中心に」寺西俊一・石弘光編『岩波講座環境経済・政策学4　環境保全と公共政策』岩波書店，2002年。

松本泰子「環境と NGO ——気候変動問題への取り組み」京都大学地球環境学研究会編『地球環境学へのアプローチ』丸善，2008年 a。

松本泰子「国境を超える NGO ネットワーク内に生じた異なるフレイミングとネットワークの可能性——気候行動ネットワーク（CAN）と国際協力 NGO」『公共政策研究』第8巻，2008年 b。

目加田説子『国境を越える市民ネットワーク——トランスナショナル・シビルソサエティ』東洋経済新報社，2003年。

毛利聡子『NGO から見る国際関係——グローバル市民社会への視座』法律文化社，2011年。

毛利聡子「市民や NGO による国境を超えた連帯は国際平和に貢献しているか」日本平

和学会編『平和をめぐる14の論点――平和研究が問い続けること』法律文化社，2018年。

横田匡紀「市民社会アクター――CSO と NGO」庄司真理子・宮脇昇・玉井雅隆編著『新グローバル公共政策』晃洋書房，2016年。

McAdam, Doug, John McCarthy, and Mayer Zald, *Comparative Perspectives on Social Movements: Political Opportunities, Mobilizing Structures, and Cultural Framings*, Cambridge: Cambridge University Press, 1996.

Mejido, Manuel, "Toward a Typology of Civil Society Sectors: The Case of the Movement to Change International Trade Rules and Barriers," *UNRISD Programme on Civil Society and Social Movements*, Paper No. 30, Geneva: United Nations Research Institute for Social Development, 2007.

Savio, Roberto, "Farewell to the World Social Forum?" Opening Reflections for a GTI Forum, 2019 (https://greattransition.org/gti-forum/farewell-to-the-wsf), last visited on 4 February 2020.

Tarrow, Sydney, *Power in Movement: Social Movement and Contentious Politics (Second edition)*, Cambridge: Cambridge University Press, 1998.（シドニー・タロウ〔大畑裕嗣監訳〕『社会運動の力――集合行為の比較社会学』彩流社，2006年）

（上村雄彦）

第5章

企　業

──グローバル化の中の企業行動の光と影──

　多国籍企業はしばしばグローバル化を推進するエンジンにたとえられる。グローバル化の最大の恩恵を受けているのは多国籍企業であるとする見方もある。一方で，その行動が多くの問題を起こすとして警戒や抗議の対象になってきたことも事実である。多国籍企業とは何者なのか，どのような構造を有し，どのような行動特性があり，他の行動主体に対してあるいはそれが行動するグローバルな環境や制度に対していかなる影響を及ぼしているのか等，多国籍企業と呼ばれる実体をグローバル・ガバナンス論の観点から捉え直そうとするのが，この章のねらいである。

1　企業とは何か

　そもそも企業とは何か。P・F・ドラッカー（Peter F. Drucker）によれば，企業（ビジネス）の目的は「顧客の創造」である。経営学は一般に企業を「利益を得るための組織」と捉えるのは間違っていると主張する。これに対して，経済学者は別の理解を示す。経済学者は，すべての企業は利益の追求を目指す主体であり，しかも自己利益追求は企業の唯一の目的であるという前提に立って企業に目を向ける。経済における各主体が自己利益（私益）を追求すれば，結果的に市場メカニズムが機能し，効率の良い資源配分が実現し，社会全体の利益（公益）が増えるという，アダム・スミス（Adam Smith）以来，長く継承されてきた思想が，経済学という学問体系の基底を貫いている。

　企業は自己利益の追求を第一義的な目的として行動する。その意味において経済的な主体であることは間違いない。利益の確保は企業にとっては存続のための必要不可欠な条件である。もっとも，企業は経済的な行動主体であると仮定するとしても，その効果が，企業が社会を構成する一員として社会的・政治

的な存在でもあるという事実を否定する力を持つものではない。企業は，社会から影響を受け，社会に影響を与える存在でもある。企業の社会的な側面に光を当てるために用いられる概念が，CSR（企業の社会的責任）である。

　グローバル・ガバナンスの学習者としては，多様な視点や観点から企業を捉え，その行動を観察する姿勢が求められる。なかでも学習者が観察の対象として関心を持たなければならないのが，「多国籍企業」と呼ばれる実体である。

2　多国籍企業の論点

多国籍企業の定義

　多国籍企業とは何か。1974年に設立された国連多国籍企業委員会は，多国籍企業を「本拠のある国以外で生産またはサービスの設備を所有もしくは支配している企業」と規定した。OECDの「多国籍企業行動指針」は，「2以上の国において設立される会社またはその他の事業体から成り，様々な方法で活動を調整できるように結び付いている」企業を対象にすると説明しているが，グローバルに展開する多国籍企業の本質が適切に表現されていない。むしろ，次のようなイメージを多国籍企業に重ね合わせるのがよいであろう。すなわち，「経営に関する指令を統合し，単一のグローバルなビジョンと戦略の下で操業し，かつ，効率，市場占有率（シェア），利潤のために世界規模のオペレーションを最適化することを狙いとしている1つの企業」というイメージである。

多国籍企業の実像

　多国籍企業の実態は多様である。企業の規模を測る統一的な基準があるわけではないが，一般には，年間の売上総額，従業員の規模，資産総額などが用いられる。表5-1は，フォーチュン誌が公表する「グローバル企業」500社（2019年）のリストのうちトップ100社を抽出し，売上額の多い順に並べたものである。有名なグローバル企業が名を連ねているのが分かる。表5-2は，2019年における「グローバル企業」500社に占める国別の企業数を示している。もっとも，売上ランキングや国別リストは大きく変わる可能性がある。中国系企業はこの10年で大きく躍進した。また，IT系の企業は，近年，急速に収益を増加させてきている。とりわけ，「GAFA」と呼ばれる4社への注目度は高

表 5-1　『フォーチュン』誌発表のグローバル500社のうち上位20社（2019年）

	企業名	本　国	収益総額（$）	従業員数
1	ウォルマート	アメリカ	514,405	2,200,000
2	シノペックグループ	中　国	414,650	619,151
3	ロイヤル・ダッチ・シェル	オランダ	396,556	81,000
4	中国石油天然気集団公司	中　国	392,977	1,382,401
5	国家電網公司（ステートグリッド）	中　国	387,056	917,717
6	サウジアラムコ	サウジアラビア	355,905	76,418
7	BP	イギリス	303,738	743,000
8	エクソンモービル	アメリカ	290,212	71,000
9	フォルクスワーゲン	ドイツ	278,341	664,496
10	トヨタ自動車	日　本	272,612	370,870
11	アップル	アメリカ	265,595	132,000
12	バークシャー・ハサウェイ	アメリカ	247,837	389,000
13	アマゾン・ドット・コム	アメリカ	232,887	647,500
14	ユナイテッド・ヘルス	アメリカ	226,247	300,000
15	サムスン電子	韓　国	221,579	309,630
16	グレンコア	スイス	219,754	85,504
17	マッケソン	アメリカ	214,319	70,000
18	ダイムラー	ドイツ	197,515	298,683
19	CVSヘルス	アメリカ	194,579	295,000
20	トタル	フランス	184,106	104,460

出典：Fortune Global 500のHP。

まっている。アップル社が11位にランクインしているほか，アマゾン社が13位，アルファベット（グーグルの上場親会社）は37位，フェイスブックは184位である。

　多国籍企業は多くの海外子会社を抱えている。平均値から実像に迫ってみる。国連貿易開発会議（UNCTAD）は国際性インデックス（TI）を基にトップ100社の多国籍企業を特定しているが，その100社について見ると1つの企業あたりが擁している子会社・関連会社の数は平均で549であり，このうち外国の会社数は，平均で370社になる。かなりの比率の海外子会社を抱えていることが分かる。それら子会社・関連会社が操業する国の数は平均で56ヵ国に及ぶ。

表5-2　グローバル500社の国別上位10ヵ国（2019年）

	企業数	比率(%)
1　アメリカ	121	24.2
2　中　国 *	119	23.8
3　日　本	52	10.4
4　フランス	31	6.2
5　ドイツ	29	5.8
6　イギリス **	17	3.4
7　韓　国	16	3.2
8　スイス	14	2.8
9　カナダ	13	2.6
10　オランダ **	13	2.6

*　香港の企業3社を含む。
**　英蘭系のユニリーバ社はイギリスとオランダでダブルカウントしている。
出典：Fortune Global 500のデータをもとに筆者作成。

資本で結ばれる親子関係

　「子会社」「関連会社」は親会社に対する資本関係を表現する概念である。前者は，親会社が50％を超えて議決権を所有する会社のことを指し，後者は，親会社が20％以上50％以下の議決権を所有する会社を言う。15％以上の議決権を所有することにより重要な影響を与えることができる会社も，関連会社に含まれる。出資比率の点では100％子会社（完全子会社）から50％下限に近い出資比率の子会社まで幅がある。他の企業との間で比率を配分して出資する合弁会社（合弁事業）を設立するケースもある。多国籍企業の場合，これらの資本関係の組み合わせが国境を越えて行われるため，複雑な様相を呈する（図5-1参照）。

　子会社・関連会社の機能は多様である。生産拠点のために親会社が直接投資するケース，自社製品のマーケティングのための販売促進拠点として海外に会社を設立するケース，投資のための拠点にするケースなどがある。タックス・ヘイブンに見られるように事実上のペーパーカンパニーやダミー会社ということもありうる。

　資本による結び付きは親子関係の形成だけにとどまらない。ルノーと日産自動車の関係のように株式を公開している親会社同士が相互に株式の部分を持ち合うことがある。ある時点でルノーは日産の株式の44％を所有する一方，日産

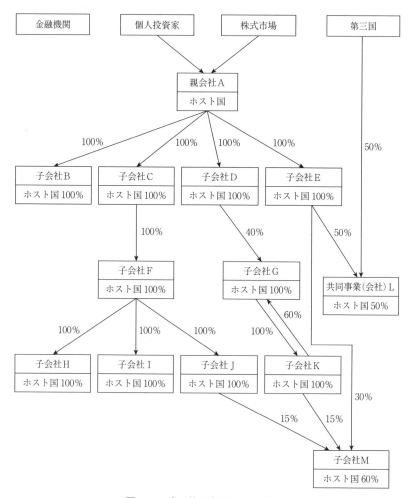

図 5-1　多国籍企業の資本所有構造

出典：World Investment Report 2016, p. 130.

自動車はルノーの30％の株式を所有しており，資本関係上は日産がルノーの連結子会社となっていた。このような経営統合は，産業内での優位な立場を築くための戦略として採用される。

オーナーシップ

親会社と子会社の関係は資本関係に由来し，その資本関係が相互間における

所有・被所有の関係を規定する。すなわち，「親会社は子会社を所有する」という関係が成り立つ。親会社は子会社にとって所有者（オーナー）である。経営学では「会社は誰のモノか」をめぐる議論がいまも行われている。会社は株主のモノであると主張する立場がある一方で，会社は従業員のモノあるいは顧客のモノであるという立場が主張される。株主価値の最大化に基礎を置くコーポレート・ガバナンス（企業統治）の理念が広く受け入れられている今日では，軍配は株主説に上がると言ってよいであろう。

　この流れはそのまま多国籍企業にもあてはまる。多国籍企業の所有者（オーナー）は株主である。経営陣はオーナーから会社の経営を委託されており，その意向に沿った経営をしなければならない。しかしながら，実際には，オーナーシップは株主間で持ち株比率に応じて配分されているため，事は単純ではない。多国籍企業のネットワークが縦横に張り巡らされている状況によって既得権益が生み出され，あるいは一種のロック・オン状態になることがある。株主が経営を支配できる限界値が極端に低くなっている結果，オーナーよりも企業経営陣が優位に立つ状況が生み出されているという分析もある。

　さらに，ヘッジファンドに代表されるような短期指向の投資家が多国籍企業の株主になっている状況がある。この点に関してラギーは次のように苦言を呈している。「それらの投資家は，その言葉のいかなる伝統的な意味においても『所有者』（Owners）ではない。なぜなら，彼らは，自分たちが株式を保有している企業に何の関心も持っていないのだから」（Ruggie 2017：12）。

コーポレート・ガバナンスの影響

　それでも理論的にはコーポレート・ガバナンス理念の優位は否定できない。株主価値の最大化の要求に応えるために経営陣が効率重視，利益最優先の経営を進める結果，次のような影響が出る。すなわち，サプライチェーン上にあるサプライヤー（供給業者）から部品を調達する場合にできるだけ安く調達しようとする姿勢が，サプライヤー側には１つの圧力と感じられる。そのサプライヤーは，原材料を調達する際にも，同様に安く調達しようとすれば，それが調達先に同様の圧力がかかる。こうした圧力の連鎖が行き着く先にある「しわ寄せ」は，往々にして発展途上国に存在する原材料の生産者であったりする。「底辺への競争」（race to the bottom）と呼ばれる負の連鎖メカニズムはこうし

て生み出される。

　ある国で生産を行っていた製造業の多国籍企業が，賃金の上昇等による生産コスト上昇のため低コスト国に生産拠点を移すのは，多国籍企業の典型的な行動と見なされる。それは企業経営陣による合理的な判断の結果にすぎないが，合理的判断を担保しているのは，株主の要請に応えなければならないという意識である。このように，コーポレート・ガバナンスの理念は企業経営者の合理的判断を根底で支えている。コーポレート・ガバナンスと言えば，企業不祥事を防止するための仕組みに焦点があてられることの方が多いが，元来は，株主価値の最大化という思想に支えられていることを確認しておきたい。もっとも，「底辺への競争」の源泉はコーポレート・ガバナンスだけでなく，ほかにもある。たとえば，消費者の安物買いの傾向はその１つである。安いものを求める私たち消費者の合理的な判断は，末端ではこうした影響を生み出す可能性があることは知っておく必要がある。

直接投資がもたらす影響

　企業が工場を建設して生産を行う目的で外国に資本を投下することを「直接投資」という。配当等のインカム・ゲイン，ならびに売却益等のキャピタル・ゲインを得ることを目的とした投資は「間接投資」として直接投資から区別される。経営支配を目的としたM&A（合併および買収）による株式の取得等も，直接投資に含まれる。買収先の企業が存続する場合が「合併」（merger）であり，買収先企業の支配権を握るための過半数株式の取得が「買収」（acquisition）である。

　多国籍企業による外国直接投資は，投資受入国にどのような影響を及ぼすのであろうか。製造業の生産拠点の移転は，進出を決定した当該企業だけでなくその企業に部品を供給する複数の部品メーカーの移転を伴う場合が少なくない。周辺企業の進出も含めれば，短期的には土地の取得と工場の建設による現地社会への資金の流入，長期的には雇用の創出，技術移転，税収の増加，国際収支の改善等，受入国の経済にプラスの効果をもたらす。他方，マイナスの影響としては，外国資本による経済支配への警戒・不信感の強まり，国内の主要産業の収益悪化，立地移転による疲弊などが起こりうる。先進国企業による経済支配に対して一部の途上国では，外国企業資産の接収や国有化が行われ，対立が

顕在化したこともある。

　1970年代までは，多国籍企業には途上国の天然資源の採掘から得た利益を国外に持ち出す側面が強調され，ホスト国の資源を「搾取する」主体として多国籍企業に非難が集まった。1973年，チリの軍事クーデタに米国系の多国籍企業が関与していたニュースは，多国籍企業が政治に関与する可能性を世界に知らしめた。この一件はその後，国際連合における多国籍企業の行動規制を目的とした動きに繋がった。多国籍企業の行動規制をめぐる動きについてはこの先で概観する。

　1990年代には，多国籍企業に対する発展途上国の見方が変わった。投資を受入れる途上国は，環境基準の緩和や税制上の優遇措置の導入等を通じて競って多国籍企業の投資を歓迎するように流れが変わったのである。途上国では汚職や人権，労働基準に関する法律が制定されていた場合でも，当局による法執行が十分に行われない状況があった。他方，多国籍企業の行動に目を光らせるNGO 等市民社会組織が力をつけてきた。市民団体は，多国籍企業による環境破壊や汚職といった問題を取り上げ，対抗キャンペーンを展開するようになった。

　多国籍企業の本国（投資国）において確認されている影響の中に「産業の空洞化」が含まれる。企業城下町を支えていた企業の海外への工場移転は，地域にマイナスの経済的な影響を及ぼすことが知られている。多国籍企業の租税回避や利益の移転が本国における税収の減少を引き起こすことも，投資国が受ける影響として捉えられる。利益移転と租税回避に対する批判は，近年，強まった。たとえば，グーグル社やアップル社は海外利益を低税率のアイルランドに集め，節税をしたと申し立てられ，また，スターバックス社は，スイスやオーストリアに利益を移転し，本来納めるべきイギリスの法人税を大幅に抑えたことが批判を浴び，消費者のボイコットに直面した。OECD は，2012年，「税源浸食と利益移転」（BEPS）の問題を取り上げ，「BEPS 行動計画」を策定した。現在では，OECD 諸国を中心に15のアクションプランに基づいた対策が講じられている。

3　多国籍企業の行動規制の動き

規制努力の経緯

　1970年代の多国籍企業による政治関与のニュースは，多国籍企業の影響力に対する懸念を強め，多国籍企業の行動を規制する必要性を説く立場を後押しした。1974年，国連経済社会理事会の下に多国籍企業委員会が設置され，その後，行動規範（Code of Conduct）の起草作業がスタートしたが，暗礁に乗り上げて結局，規範作りは頓挫した。多国籍企業に国家と同様の国際法上の義務を負わせる原案に対して先進国政府と経済界が強く反対したためであった。

　1970年代にはOECDでも行動規範を策定する取り組みが始まり，その成果は，1976年，「多国籍企業行動指針」という形で結実した。この文書は，多国籍企業を法的に拘束するものではないものの，グローバルに行動する組織として遵守すべき項目が整理されている。行動指針は，その前文のなかで，グローバル企業は進出先の社会に恩恵をもたらすという点を評価しながらも，集中させた権力を乱用する危険性を率直に言い表している。本文では，一般的に企業が尊重すべきルールとして，たとえば，(a)操業地国の政策目標（産業・地域発展，環境・消費者利益の保護，雇用機会の創出など）を考慮すべきである，(b)現地の公務員に対して賄賂や不正な利益を供与してはならない，(c)法律の認めない政治献金等をしてはならず，現地の政治活動に不適切に関与してはならない，といった事項が盛り込まれた。情報開示，納税，雇用と産業関係，環境保護，科学技術等の分野もカバーされた。

　「多国籍企業行動指針」はその後，1996年，2000年と，時代の要請に合わせて改訂されてきた。2000年の改訂は大幅な規定の追加が行われた。消費者に関する規定が追加されたほか，人権と環境に関する規定が拡充された。2011年に行われた改訂では，国連の「ビジネスと人権」フレームワーク，ならびにISO26000等の文書との間での摺合せに相当する表現の採用，補足等が行われている。

「ビジネスと人権」をめぐる規範

　このほかにもILOをはじめとする国際機関が策定した多国籍企業の行動規

範文書があるが，いずれも多国籍企業を法的に拘束する力は与えられていない。文書に法的拘束力を持たせる努力は，1990年代後半以降，国連の場で「ビジネスと人権」をめぐって展開された。当時の国連人権委員会の小委員会に設置された作業部会の下で開始された人権に関する行動規範策定作業は，「人権に関する多国籍企業およびその他の企業の責任規範」案としてまとめられ，小委員会で承認されたが，この案もまた，先進国政府と経済界の抵抗にあって頓挫した。

　その後，国連事務総長によって「ビジネスと人権に関する特別代表」に任命されたジョン・ラギー（John G. Ruggie）が各方面との折衝を経て対策をまとめ，2008年に国連人権理事会に「保護・尊重・救済：ビジネスと人権のための1つの枠組み」を提案した。このいわゆる「ラギー・フレームワーク」を基礎として「ビジネスと人権に関する指導原則」が策定され，2011年3月，国連人権理事会において採択された。ラギー・フレームワークおよび「指導原則」は，ビジネスの自発性を尊重したことから，財界からも広く支持が集まった。市民社会からの評価は割れているが，EUなどの国際機関は内部化する方向に動いてきている。ラギー・フレームワークおよび「指導原則」は，人権に関する国家と企業のそれぞれの役割を明確に規定した「規範的脚本」であるとして，これを評価する見方がある。

　近年，国連人権理事会では，企業の責任に法的基礎を与えることを目的とした条約案を策定するための政府間作業部会を設立する提案が出され，これによって条約化に向けた働きかけが再び動き始めた。一方における，「指導原則」の枠組みでは人権に関する企業行動を十分に規制できていないと考える立場と，他方における，多国籍企業に法的な義務を負わせる必要性を感じる立場との対立がこの先どのように展開するか，注目する必要がある。この点に関して，ラギー・フレームワークを提案したラギー自身は，この種の議論に欠けているのは，グローバル・ガバナンスの文脈において多国籍企業についての体系的で政治的な分析であると説いている。そうした研究こそが，自発性支持派と法的文書の支持派の双方が，何を達成できるのか，それをどのように達成できるのかに対する示唆を提供できるはずであるというのである（Ruggie 2017：2）。

国連グローバル・コンパクト

ビジネスと人権をめぐる行動規範策定の努力が続いていた2000年，当時のコフィ・アナン（Kofi A. Annan）国連事務総長は，「グローバル・コンパクト」を発足させた。舞台裏では，後にラギー・フレームワークを提案することになるラギーがブレーンとしてこのイニシアティブの立ち上げに関わっていた。彼はすでに１つの重要な動きにコミットしていたのである。

国連グローバル・コンパクトは，人権・労働基準・環境・腐敗防止の４つの分野にわたり，企業が尊重すべき10個の原則を掲げている。グローバル・コンパクトは，企業のほか，国連諸機関，市民社会，政府，地方自治体等のマルチステークホルダー・イニシアティブとして設計されたものであり，相互学習，知識創造および自主規制を目的とした１つのプラットフォームであると説明されている。企業は，最高経営責任者（CEO）がサインした書簡を国連事務総長宛に送付すれば，これに参加することができる。NGO，労働組合，地方自治体のほか，大学等の学術研究機関等も参加している。上からの強制ではないこの仕組みについては企業からの支持が集まった。今日までに１万社を超える数の企業がグローバル・コンパクトに参加している。2015年に採択された「国連持続可能な開発目標」（SDGs）の動きと相俟って，今日までに様々なアクターを巻き込んだ世界規模のプラットフォームに発展している。

グローバル・コンパクトの特徴は，個々の企業の誓約を取り付けるプロセスにある。それは，国連との約束という形式を踏むが，多様なステークホルダーを巻き込む以上，社会に対する誓約と見なすことができる。従来にない「コンパクト」という形の誓約方式は，プライベート・レジームを形成するうえで重要な役割を果たしている。コンパクトへの参加企業には，世界規模の社会に対して約束した内容を遵守する意思を表明し，その遵守のために必要な仕組みを組織内に構築・整備していくことが求められる。ほかにも，原則に関する実践を報告する仕組みがあり，これを怠る場合，あるいは，明白なルール違反があるような場合には，市民社会グループから非難される可能性がある。

グローバル・コンパクトの展開ないしその後の発展を観察すると，アナン事務総長の主導的役割もさることながら，いくつかの欧米企業もまた，イニシアティブを発揮した姿が見えてくる。主導的な役割を果たしたこれらの企業には，単に私益のために行動するというよりも，国際社会全体の公益を考えて行動し

たのではないかと思われる節がある。グローバル・ガバナンス論の立場からは，プライベート・レジームの形成に，あるいはそれを超えた先にあるものを形成する方向に，志ある有力な多国籍企業を誘導するような仕組みを作り上げていく必要があるという結論を導くことができる。

4　多国籍企業とガバナンス・ギャップ

　グローバル化が進展した今日の状況下で多国籍企業が引き起こしている争点課題には，以下のものが含まれる。(1)環境破壊，(2)人権侵害（児童労働・紛争鉱物を含む），(3)汚職／腐敗・租税回避・移転価格・マネーロンダリング，(4)個人情報の保護・情報漏洩である。グローバル社会にはこれらの問題に対して実効的に対処する仕組みが整っていない。各国家が自国の管轄権の範囲内で法の執行・法の適用を行う現状には限界がある。法律の域外適用を試みる国家の実践もあるが，一般的な慣行に発展するまでには時間がかかりそうである。

　限界の存在は「ガバナンス・ギャップ」と呼ばれる空白地帯を生む。株主価値の最大化に象徴されるコーポレート・ガバナンス理念は企業経営者に資源の合理的な配分を求める。移転利益や租税回避といった，近年になって浮上した問題もまた，経営者の合理的な資源配分の結果であるとも言える。しかし，社会がそれを問題視する以上，そうした「合理的な判断」を正当化することには無理がある。

　法技術的にも課題がある。グループ企業を主導する親会社と子会社の関係について，グループを総括する経済的な組織である親会社と企業グループの中の子会社は別個の法人格を有する。法律は，法人を規律するのであって，グループ全体を規律するものではないため，子会社が起こした問題は法律上，子会社の責任問題であって，親会社には法的責任は及ばない。対照的に，社会的責任については，逆の現象が起きる。子会社が関与した不祥事について親会社が社会的，道義的責任を負わされることはよくあることである。企業の社会的責任と法律的な責任との間には，明確な線引きがなされていることを覚えておきたい。

参考文献

梶浦雅巳編著『はじめて学ぶ人のためのグローバル・ビジネス［改訂新版］』文眞堂，2014年。

ギャロウェイ，スコット（渡会圭子訳）『the four GAFA——四騎士が造り変えた世界』東洋経済新報社，2018年。

関下稔「多国籍企業の未来像——企業倫理，社会的規範，グローバル民主主義との調和」『立教経済学研究』第71巻第2号，2017年。

徳重昌志・日高克平『グローバリゼーションと多国籍企業』中央大学出版部，2003年。

中川淳司『経済規制の国際的調和』有斐閣，2008年。

西谷真規子編著『国際規範はどう実現されるか——複合化するグローバル・ガバナンスの動態』ミネルヴァ書房，2017年。

ラギー，ジョン・ジェラルド（東澤靖訳）『正しいビジネス——世界が取り組む「多国籍企業と人権」の課題』岩波書店，2014年。

UNCTAD, *World Investment Report 2016: Investor Nationality: Policy Challenges*, United Nations, New York and Geneva, 2016.

Ruggie, John Gerald, "Multinationals as global institution: Power, authority and relative autonomy," *Regulation & Governance*, 2017.

（梅田　徹）

第Ⅱ部

制度と過程

第**6**章
国際レジーム論の系譜
――統合から分散へ――

1 国際政治学と国際レジーム論

　国際レジームという概念は，いつ頃，また，どのような目的で登場したのだろうか。従来，戦争と平和をテーマとしてきた国際政治学にとって，国家間の力関係や利害対立以外の要因である規範や制度に目を向ける必要は，どこから生じたのだろうか。1980年代に国際政治学の分野で国家間協力の可能性をめぐってネオ・リアリズムとネオ・リベラリズムの間で「ネオ・ネオ論争」が展開したことや，1980年代の後半から1990年代にかけてリベラル制度論から派生したコンストラクティビズムが規範や間主観性を重視する制度論を展開したことなどを考えると，国際レジームという概念は国際政治学の理論的な発展に大きく寄与したと言えるのではないだろうか。1990年代以降，世界は，ヒト，カネ，およびモノが自由に国境を越えるグローバリゼーションの時代を迎えたが，戦後アメリカの覇権の下で構築された既存の国際レジームは，その変化にうまく適応できたのだろうか。もし十分に適応できなかったとすれば，これらのレジームに代わって，どのような国際制度が新たに構築されたのだろうか。またそのような制度の台頭を説明するため，どのような概念が作られたのだろうか。

　さらに，新しいミレミアムを迎え，国際社会は気候変動問題のような多面性を持つグローバルな課題に直面するようになったが，そのような問題に対して，国際社会は，どのような制度的な対応を示したのだろうか。そして，それに伴って，国際レジーム概念は，どのような進化を遂げたのだろうか。本章では，これらの問いに答えるべく，経験的な現実と理論の相互作用に注目しながら，これまでの国際レジーム論の系譜を辿ってみたい。

2　国際レジームと国際秩序

国際レジームという概念

　国際レジームという概念は，1970年代の後半に登場した。アメリカの経済力に陰りが見え始め，さらに中東での戦争に起因する石油危機が世界経済に牙を剝いた時代であった。それまでは，アメリカの覇権の下で固定為替相場制と自由貿易体制が維持され，国際経済分野において西側諸国間で利害対立が顕在化することはほとんどなかったが，石油危機によって構造不況となり，とくにアメリカでは輸入を規制しようとする保護主義的な動きが加速し，主要同盟国間でいわゆる「貿易摩擦」が発生した。

　このように国家間の経済関係が悪化するなか，経済自由主義を標榜するブレトンウッズ体制の維持が危ぶまれるようになった。主要国間の「力」関係の変化や国益の変化は，為替の安定や自由貿易といった国際公共財の提供にどのような影響を与えるのか。また，どのような制度的なメカニズムが国際公共財の安定的な供給を可能にするのか。そういった問題提起がなされるようになり，それに答えようとしてレジーム論が登場したのであった（Keohane and Nye 1977；Krasner 1983）。

　国際レジームの定義として最も広く知られているのは，1982年に刊行された『国際機構（International Organization）』誌・特集号においてＳ・Ｄ・クラズナー（Stephen D. Krasner）が示した定義であろう。これによると，レジームは「国際関係における特定の領域において，行為主体の期待を収斂させるような，明示的もしくは暗黙の原則，規範，規則および政策決定手続きのセット」と定義される（Krasner 1983：8）。この定義は，行為主体の期待という主観的要素に重点を置き，国家間の明示的な合意だけでなく，国家の行動に影響を与える暗黙の了解までをも含む定義となっていた。そのことが，国際制度論を従来の静態的な国際法学や国際機構論から解放し，国際政治学あるいは国際行政学の視点から国際制度に動態的にアプローチすることを可能にしたのである（Crawford 1996：138）。

国際レジームの2つの効果──合意の履行と共通知識の形成

　では国際レジームという概念は，国際政治に関する我々の理解をどのように変えたのだろうか。国力や国益を重視する伝統的な見方からすれば，国力に変化が生じた場合，そのような変化は，その国の行動に直接的な影響を与えると考えられていた。たとえば，覇権国の力が衰えた場合，たとえ国際協調から得られる各国の便益がそのコストを上回ったとしても，国際協調は実現しない，とされた。協調しない方が，協調するよりもさらに大きな便益をもたらすからである。そのため，覇権国が衰退すると，国際秩序が不安定化すると考えられていた（Kindleberger 1973；Gilpin 1981）。しかし国際レジーム論は，国際レジームが国力や国益と国家の行動を結ぶ仲介変数として作用することで，覇権国が衰退しても，国際公共財の提供のための国際協調は維持され，国際秩序は持続するという斬新な見方を提供した。

　その当時の経験的な現実を振り返ると，アメリカの経済的な地位の低下が保護主義の台頭を許し，ブレトンウッズ体制の崩壊は避けられないと思われていた。たしかに1970年代後半から1980年代にかけては，アメリカ国内で自国産業の保護を訴え，輸入制限を求める声が急速に高まっていった。しかし，輸入制限措置として採用されたのは，輸出自主規制（VER）や輸出促進目的の補助金の効果を打ち消すための相殺関税（CVD）などであった。前者は，時限的な措置であり，貿易相手国との事前協議を前提としていた。また後者は，GATT（関税と貿易に関する一般協定）で禁止されていた工業製品に対する輸出補助金をやめさせることを目的としていた。その意味では，自由貿易の原則との整合性は保たれていた。またアメリカが金とドルの兌換性を一方的に否定したことにより，IMF（国際通貨基金）体制の1つの柱であった固定為替相場制は変動為替相場制へと移行したが，為替レートの一定範囲内での安定化は，引き続き各国に求められた。さらに1980年代には，各国は，為替レートの安定化を目指して，外国為替市場への介入だけではなく，内需拡大や財政赤字の削減などのマクロ経済政策協調も実施するようになった。このように国際金融の分野でも，国際協調は以前と変わらぬレベルで維持されたのであった。したがって，このような経験的な現実は，伝統的な国際政治学の理論の想定範囲を超えたものであったと言える。

　この理論と現実のギャップを説明できるとして注目を集めるようになったの

が，コヘイン（Robert O. Keohane）が提唱したリベラル制度論であった。リベラル制度論は，GATT や IMF を核とする戦後の国際経済秩序が崩壊しなかったのは，国際レジーム論が存在したからであると説明した。コヘインは，ゲーム理論やミクロ経済学などを手がかりに，GATT や IMF などの国際レジームが「協力」と「非協力」の識別を可能にするルールと多国間交渉の場を提供したため，各国が他国の意図を判断するのに十分な情報が提供され，取引コストが減少したと考えた。その結果，国家間の関係が持続的である国際経済領域では，国際公共財の提供に協力する方が各国にとって合理的であったことから，国際協調が維持されたと，結論づけた（Keohane 1984）。

　この国際協調を促進する効果以外にも，国際レジームは重要な役割を果たしてきた。それは，国際レジームの強化や拡張を可能にするという効果であった。というのは，一定の「政策決定手続き」を兼ね備えた国際レジームが存在することで，国際機関や各国政府が現行の国際レジームのパフォーマンスを評価し，それに基づいてレジームの規則や原則を見直すことが可能になったからである。つまりレジームには，行為主体による自省的な行為を通して新たな共通理解を生成し，国際レジームの内容を変化させるという自己組織化のメカニズムが備わっていたのである。このような視点から国際レジームを捉える先駆的な研究に着手したのが，E. B. ハース（Ernst B. Haas）であった。彼は，国際的課題に関する専門家の知識が拡張し，それが各国に共有されれば，国際社会が目指すべき目標とその実現手段との関係などに変化が生じると考えた（E. Haas 1980；1990）。第3章ですでに見たように，知識共同体は，まさにそのような国家間の共通理解を醸成するのに重要な役割を果たしてきた（P. Haas 1990）。そして，このような，新しい共有知識の生成を重視する視座は，国際レジームが新しい問題規定を可能にしたかどうかという視点からも国際レジームの有効性を評価すべきとするヤング（Oran R. Young）の考え方（Young 1999）や，国際機関の重要性は専門的権威に基づいて社会的現実を規定する点にある，とするバーネット（Michael Barnett）やフィネモア（Martha Finnemore）などの考え方などに受け継がれている（Barnett and Finnemore 2004）。

　行為主体の認識を重視する上記の理論的視座は，「結果の論理」のみを重視する合理主義的なリベラル制度論では説明しきれない国際レジームの変容を捉えるうえで，きわめて重要である。国際レジームが創設時の姿をそのままの形

で残すことはまずないからである。たとえば，GATT 体制にしても，規制範囲を関税障壁などの「水際」措置の撤廃から補助金，技術規格や政府調達市場といった非関税障壁にまで拡げ，自由化の対象も工業製品から農産品やサービス，そして貿易関連投資までをも含むようになった。同様に，IMF 体制も，国際収支不均衡国に対して，当初は金融政策の引き締めや財政赤字の削減だけを融資条件としていたが，融資対象国が先進国から途上国に，そして旧社会主義国へと変化するにつれて，納税制度の確立，物価統制や賃金統制の撤廃，さらには民営化や市場開放までをも融資条件に含めるようになった。その結果，「構造調整」融資を実施するようになったのである。ブレトンウッズ体制の一翼を担う世界銀行も例外ではなく，50年代から60年代までは主に経済インフラの整備と拡充を中心に開発支援を行っていたが，70年代に入ると，小規模農家を支援する農村開発や初等教育の普及といったベーシック・ヒューマン・ニーズ（BHN）を満たす開発支援にも着手するようになった。そして80年代から90年代にかけては，IMF とともに「構造調整プログラム」を実施し，それと並行して，借り入れ国の環境や人権に配慮する持続可能な開発をも目指すようになった。世界銀行（世銀）が自ら定める，持続可能な開発に関するセーフガード政策を世銀に遵守させるための機関として査閲パネルが設立されたのも，この認識変化の所産であった（山田 2007）。このように国際レジームは，自己変革のメカニズムを内包することで，それぞれの問題領域において国際秩序を変化させる効果を発揮してきたのである。

　しかし，1990年代に入ると，ブレトンウッズ体制に代表される国際レジームに限界が見え始めた。第1に，ブレトンウッズ体制下の国際経済レジームが環境問題や人権問題に効果的に対応できず，正統性を失うようになった。そのため，これらの課題に関しては，政府間主義に基づく従来の方法ではないガバナンス手法が模索されるようになった。その結果，企業や NGO などが中心となり一定の行動基準を設定するプライベート・レジームを構築するようになった。つまり，非政府組織がグローバルな公益実現のための権威を持つようになったのである。そして第2に，気候変動のような多面性を有するグローバルな課題に対しては，従来の単一レジームの枠組みでは効果的に対応できなくなった。そのため，複数のレジーム要素を緩やかに連関させる複合的な制度による対応が見られるようになった。そして，このような制度的対応を理解するための分

析概念としてレジーム・コンプレックス（regime complex）という考え方が新たに登場した。以下では，これらの2つの重要な展開について考察する。

3　多国間主義の危機とプライベート・レジームの台頭

経済のグローバリゼーションと多国間主義

　ブレトンウッズ体制の下で貿易や資本移動の自由化が進み，経済のグローバリゼーションが急速に進んだ（Held *et al.* 1999：16；山本 2000：2-21）。国内総生産（GDP）に占める貿易量や海外直接投資額（FDI）の割合を見ると，とくに70年代から90年代にかけて，グローバリゼーションは進展したと言える。しかしグローバリゼーションの進展は，とりわけ発展途上国では国家による公益追求を制約する結果ともなった。なぜならば，外国資本への依存度が増大すればするほど，その国の経済成長にとって外国資本の重要性が高まり，政府は外国資本の参入の妨げとなる規制の撤廃や緩和を余儀なくされたからである。とくに労働基準や環境基準などは生産コストに直結するため，外国資本を誘致しようとして，これらの基準を緩めようとする圧力が働き，その結果，各国が競って規制を緩和する「底辺への競争」が発生したのである（Prakash and Hart 1999：12-13）。途上国において，幼い児童が労働力として雇用されたり，安全で衛生的な労働環境が提供されなかったり，あるいは河川や大気が汚染されたりする傾向が強いのは，このためである。換言すると，経済のグローバリゼーションの負の外部性として，こういった人権侵害や環境破壊が発生し，グローバリゼーションを推進する経済領域の国際レジームに批判の矛先が向けられるようになったのである。

　だが，従来の自由主義的な多国間制度の枠組みの下で，これらの課題に効果的に対応することには限界があった。なぜならば，環境保全や人権保護を目的とする貿易規制であっても，国際経済レジームの下では，経済の自由化に逆行する違法な行為であると見なされるからである。WTOにおいて，多国間環境条約の履行を促すための輸入制限を合法化する試みが失敗したことや，労働基準を遵守させるための輸入制限の是非についての検討が見送られたことは，まさにこの限界を露呈することとなった。その結果，国際法に基づく階層的なガバナンスを前提とするかぎり，環境問題や人権問題の解決には至らないと市民

社会が認識するようになったのである（Lipschutz 1996）。つまり各国間で，これらの問題について優先順位に大きな隔たりがあることから，レジームを形成するための国際的な合意形成が難しいと判断されたのである（Rodrik 2011）。また，仮にそのような合意が形成されたとしても，それは上辺だけのものになり，実効性を欠くものとなる可能性が高かった（Drezner 2007）。その意味でグローバリゼーションの進展は，国際レジームの形成を通してグローバルな課題を解決しようとする多国間主義に未曾有の危機をもたらしたと言える（Mattli and Woods 2009；Levi-Faur 2012；Graz and Nölke 2007；Cashore, Auld, and Newsom 2004）。

プライベート・レジームの台頭

したがって，1990年代の終わり頃になると，環境や人権の領域では，多国間制度に代わるものとして，NGO や企業などの非国家主体が主導するプライベート・レジームが作られるようになった。つまり政府や国際機関の機能を補完もしくは代替するような私的な権威（private authority）が登場し，国家を迂回して企業などを直接規制するようになったのである（Haufler 2001；Hall and Biersteker 2002；山田 2009；阪口 2013；Green 2014）。たとえば，労働の分野では，FLA（公正労働協会）や SAI（ソーシャル・アカウンタビリティー・インターナショナル）などが，そして環境分野では，FSC（森林管理協議会）や MSC（海洋管理協議会）などが，そのような権威主体としてよく知られている。私的な権威には，大別すると，国際機関から委任されてルールを執行する「委任された権威（delegated authority）」と，国際機関からの権限委譲はないが，自ら解決策を模索し，一定の基準を設定する「起業家的な権威（entrepreneurial authority）」の2種類がある（Green 2014：7, 10）。環境や人権などの社会領域で見られる私的な権威の多くは，後者のタイプに属する。そして私的な権威によって創設されたプライベート・レジームには様々なタイプのものがあるものの，市場にある種の公的な機能を求めようとする点では共通性が見られる。

たとえば，労働分野のプライベート・レジームとして知られている SA8000について見ると，きっかけは，1990年代のスポーツ洋品や服飾メーカーの児童労働問題であった。児童労働の使用は ILO 協定によって禁止されていたが，ILO 協定の執行は現地の政府に委ねられていたため，当該協定は必ずしも厳格

には執行されていなかった。そのような状況を打開すべく，小売業界団体，アムネスティ・インターナショナル（Amnesty International）や国際繊維労働者組合（ITWU）などの意見を聴取して設定されたのが，SA8000であった。そのため，SA8000は，ILO の労働基準を参考にしてつくられ，多国籍企業の下請企業をも対象とする検証可能な基準となっている。そして，このレジームの実施母体である SAI は，SA8000の遵守を確保するための監査を実施する監査役の研修や認証を担っている（Bartley 2018：112）。したがって，この制度の下で認証を受ける企業は，それにより自社の評判を高めることができ，小売業者からの発注を受けやすくなるという恩恵を受ける。つまり，この制度は市場メカニズムを利用することにより，労働基準の遵守という公益の実現を可能にしているのである。

　同様に，環境領域でも市場メカニズムを利用するプライベート・レジームが創設されている。そのなかで最も代表的なものが FSC である。これも，やはり企業と環境 NGO や人権 NGO が参加する共同規制という形態を採用する「起業家的な」私的権威である。1980年代の半ば頃からアマゾン流域や東南アジア地域などの原始雨林の破壊が問題視されるようになったが，その後森林保護のための国際条約の締結交渉が頓挫したため，それに代わるものとして1993年に FSC が創設されたのである（Pattberg 2007：103-104）。FSC は，持続可能な森林認証を行うための森林管理（FM）基準と，木材の輸送や加工などのサプライチェーンを対象とする加工・流通（COC）基準を提供し，さらに，これらの基準が遵守されていることを認証する独立認証機関の認定基準を設定している。くわえて，消費者が商品購入時に即座に木材・木工製品が FSC の基準に適合するものであることを認識できるように，そのことを示すラベリングも行っている。大手のホームセンター，家具専門店，文房具会社などは FSC の認証を受けることにより，自社に対するネガティブな評価を回避することができ，結果として，持続可能な森林管理に貢献するという仕組みになっている。したがって，この制度も，SAI と同様に，市場メカニズムを利用するものであると言える。

　もちろん，このようなプライベート・レジームに問題がないわけではない。第1に，このようなレジームに参加する企業は，アメリカやヨーロッパに拠点を置く社会的な評判に敏感な一流ブランド企業に限定される傾向がある。その

ため，プライベート・レジームは必ずしも普遍的であるとは言えない。第2に，一般的に企業は遵守コストの高い基準を避けようとするため，プライベート・レジームは必ずしもすべてにおいて実効的であるとは言えない。たとえば，労働問題に関して言うと，児童労働の撤廃や労働環境の改善にはそれほど大きな遵守コストが伴わないため，これらの基準は遵守されやすいが，生産コストに直結する最低賃金や就業時間などの基準は遵守されにくい。同様に，FSC に関しても，大手の木材製品会社は，遵守コストを森林管理会社に転嫁することができることから，COC 基準を積極的に支持するが，途上国の森林保有者は，持続可能な森林管理に必要なコストを製品の価格に転嫁することができないため，FM 基準の遵守には消極的になる。そのため，森林保有者は，より緩やかな基準を設定する森林認証プログラム（PEFC：Programme for the Endorsement of Forest Certification Schemes）の方を支持する傾向にある。

　しかしながら，これらの分野で伝統的な国際レジームが有効に機能しない以上，プライベート・レジームは，その次善の策であると言えよう。ただし今後，プライベート・レジームの普遍性と実効性の欠如が問題視され，なおかつ各国における人権問題や環境問題の優先順位が高まってくれば，将来，プライベート・レジームによるソフトな規制がハード化する可能性は残されていると言えよう。

4　グローバル・イシューの多面性とレジーム・コンプレックスの台頭

レジーム・コンプレックスとは何か

　もう1つの新たな展開は，グローバルな課題がより複雑になるにつれて，従来の単一国際レジームの枠組では，効果的に課題を解決することが困難になっている点である。とくに環境問題や人権問題の解決には異なる利害を持つ多様な行為主体の関与が欠かせない。また多面的な課題が相互に関連している場合が多いため，課題全体の合理的な解決のためには複数のレジーム要素を関連づけながら，同時並行的に解決策を模索する必要がある。その結果，複雑なグローバル課題の解決には，レジーム・コンプレックス（regime complex）という複数のレジーム要素から構成される制度的枠組みを1つの分析単位として設定する必要があることが指摘されるようになった（Keohane and Victor 2011）。

　高度に多面的な課題に対しては，国際経済領域で構築された国際通商レジームのような包括的かつ階層的な単一レジームでは十分に対応できない。その典型的な事例が，気候変動レジームである。以下では，気候変動レジームを例にレジーム・コンプレックスの特徴を説明することとしたい。

　1997年に締結された京都議定書は，オゾン層保護を目的とする1987年のモントリオール議定書をモデルとして従来型の包括的な国際レジームを目指したが，実効性を持つに至らなかった。EU諸国，アメリカおよび新興国の立場に大きな隔たりがあったため，結局，温室効果ガスの排出量のシェアが最も大きいアメリカと中国が，このレジームに参加せず，同レジームは期待された成果を出せなかった。また温室効果ガスの排出量削減を，低炭素技術の開発，クリーン開発メカニズム（CDM）などによって作られる炭素市場，あるいは途上国に対する財政支援とどう関係づけるのかなど，多くの課題が残されていた。そこで，ポスト京都議定書の交渉過程では，この経験を踏まえて，気候変動レジームを構成する様々な要素をより緩やかに連結させる方法が模索され，2015年にパリ協定の締結に至ったのである。

　パリ協定に至る過程については，第20章で詳細に検討されているため，本章では割愛するが，新たに創設された気候変動レジームは，温室効果ガスの削減という要素を中核に据えるものの，それと途上国支援の要素と技術革新の要素などを緩やかに連結した複合体（complex）を形づくっている。レジームをより普遍的かつ実効的なものにするためには，途上国の参加が不可欠となったため，先進国は，気候変動への適応が重要課題となる途上国に対して巨額な支援を約束した。しかし，その額が各国政府の支援能力をはるかに超えていたため，各国は新たに創設される炭素市場（CDMやREDDなど）と途上国支援を連結させることで投資を呼び込もうとした。しかし，炭素市場を正しく機能させるには当然，温室効果ガスの排出削減量についての正確な測定が必要となるため，排出量の測定に関して気候変動に関する政府間パネル（IPCC）の協力が得られるような仕組みが制度化された。また，低炭素技術の開発は温室効果ガスの削減に効果を発揮すると考えられることから，技術開発に必要となる資金を調達するための財源の1つとして，各国は排出権取引市場を位置づけようとした。そして，炭素貯蔵技術をはじめとする低炭素技術の開発が進めば，新たな環境ビジネスが創出されることになるため，気候変動対策への国内的な支持はさら

に高まると予測された。つまり，気候変動対策に政府がコミットした時の国内の反応を予測可能にする効果が期待されたのである。このように，気候変動レジームを構成する多様な要素を緩やかに関連させることによって，ガバナンス全体の効果を高めようとする制度的な対応が見られるようになったのである（Keohane and Victor 2011：14, 18-19）。

　したがって，パリ協定をベースとするレジームは，温室効果ガスの削減に関するルールを中核的なレジーム要素の１つとして残すものの，対途上国支援，低炭素技術の開発，あるいは炭素市場の形成といった要素もそれぞれレジームにとって重要な核として位置づけた。そのうえで各国は，各要素間の相乗効果を引き出すために，それらを緩やかに連結する制度的なアプローチを採用したのである。コヘインとヴィクター（David G. Victor）は，このような新しいタイプの制度をレジーム・コンプレックス（regime complex）と呼んだ。

　彼らによると，あらゆる国際レジームを，１つの中核要素を擁する「包括的かつ階層的なルール」に基づいて統合された制度と，中核的な要素をまったく持たない高度に断片化された制度を両極とする連続体上に位置づけることができ，レジーム・コンプレックスは，この両極の中間に位置づけられる（Keohane and Victor 2011：8）とされる。つまり，彼らの定義によると，レジーム・コンプレックスとは，１つの核を頂点とする階層的な単一レジームでも，相互に連携する核をまったく持たないレジームでもない制度的空間であり，それぞれが具体的な目標を掲げる，相互に連関するいくつもの小レジームから構成される複合体のことを指す。その意味では，包括的な単一レジームに比べて，不確定な状況により柔軟に対応でき，適応性に優れている（Keohane and Victor 2011：15-16）。また，各レジーム要素を統合するのに必要な共有知識が存在しないなかで，より有効なガバナンスのあり方を試行できるというメリットもあるため，革新的な解決策の模索に繋がる可能性も高い。

レジーム・コンプレックスを必要とする理由

　このようなレジーム・コンプレックスは，なぜ必要とされるのだろうか。レジーム・コンプレックスが形成される原因としては，(1)異なる利益の配置，(2)約束履行に関する不確定性，および(3)イシュー・リンケージの困難性，の３つがあるとされる（Keohane and Victor 2011：8-10）。ガバナンスの対象となる課

題が多面的であり，異なる利害を持つ行為主体がそれぞれ個別の課題を解決しようとする場合に，すべての行為主体を満足させるような単一のレジームを構築することは，そもそも困難である。たとえば，気候変動の場合について見ると，すべての国が温室効果ガスの排出量削減に積極的であるわけではなく，炭素市場に関しても，より高い関心を持つのは，投資を呼び込める途上国である。また，低炭素技術の研究開発のほとんどは先進国で進められているため，低炭素技術の市場発展に関心を持つのは，主に先進国の政府と産業界である。つまり各国の国益が複雑に分布する気候変動のような問題領域では，高度に統合された単一レジームを構築しようとしても，関心の低い国家からの同意を取り付けるのに困難を伴う。

　また約束履行に関するリスクの大きさも，単一レジームの構築の妨げになる。たとえば，京都議定書のように，それぞれの国に数値化された削減目標を設定し，各国に自国経済にとって大きなインパクトを持つかもしれない政策転換を約束させることは，長期的な利益の見通しが立たない限り，大きな国内政治リスクを負わせることになる。また他国が約束を守らないリスクも払拭できないなかで，自らが一方的に政策転換を約束することも政治的に見て容易ではない。それよりは，目標をそれぞれの国に自主的に設定させたうえで，各々が恩恵を受けられる課題に関してのみ，約束の履行を求める方がより現実的である。

　さらに，これらの2つの理由に加えて，確定的な知識に基づいてイシュー・リンケージを実現することができない状況も統合的なレジーム形成の妨げになっている。つまり，レジーム・コンプレックスを構成する要素をどのように統合すれば，有効なガバナンスに繋がるのかを示す包括的な共有知識が存在しない場合に，それらの要素を1つの物差しで統合することは無謀である。それによって，どのような効果が生まれるのかが不確定だからである。むしろ，レジーム・コンプレックスを構成する，それぞれの要素をある種の「クラブ財」と見なし，それらを緩やかな形で相互に連結させる方が，全体としてリスクが低く，より合理的である。なぜならば，各要素を緩やかに連結するのであれば，ガバナンスにおける「実験」が失敗した時に，それぞれの要素を切り離したり，組み替えたりすることができるからである（de Búrca *et al.* 2013：15-21；de Búrca *et al.* 2014）。

　今後ますます，気候変動問題のように多面的で，不確定性の高い課題が増え

ていくであろう。そのような問題に対しては，レジーム・コンプレックスという制度形態は，以上のような理由から適していると言えるかもしれない。もちろん，各レジーム要素の関係性について，より確定的な知識が形成され，各国間の利益もより均質なものになり，さらに約束履行のリスクも低くなるような状況が生まれれば，各レジーム要素の統合が図られ，単一の包括的なレジームが形成される可能性は否定できない。その逆に，各レジーム要素を結合する政治的なインセンティブがまったくなく，各国の利益分布も複雑で，さらに要素間の関係性を正当化するような知識も存在しない場合には，レジーム・コンプレックスを維持することすらできなくなり，国際社会の制度的対応は，より分断的になるであろう。

5　国際レジームの今後の展開

　以上，本章では国際レジーム概念が，主にアメリカの覇権が衰退するなかで，ブレトンウッズ体制がなぜ維持されたのか，という伝統的な国際政治学の理論では答えることができなかった問いから誕生したことを説明した。そして，間主観性を重視する自省的なメカニズムを想定したレジーム概念が国際秩序の変容過程を説明するうえで，理論的な有用性を持っていたことも確認した。

　しかし，1990年代以降，経済のグローバリゼーションが進展すると，環境問題や人権問題といった新たな課題が噴出した。しかしながら，これらの問題に対しては，主要国の利害が激しく対立し，国際的な合意を形成できず，実効的な国際レジームは構築されなかった。この陥穽を埋めるべく台頭したのが，SAIやFSCのようなプライベート・レジームであった。また，1990年代以降，国際社会は，気候変動問題のような多面的で複雑な問題に直面するようになったが，何が有効な解決方法なのかに関しては，不確定要素が多分に存在していた。その結果，多様なレジーム要素を緩やかに連結し，実験的なガバナンスを許容するレジーム・コンプレックスという制度的な対応が見られるようになった。本章では，レジームに関する，この2つの新展開についても経験的な現実と理論の相互作用という観点から検討した。

　今後グローバルな制度がより統合的になるのか，あるいはより分断的になるのかを現時点で予測することは難しい。将来起こりうる制度的な変化をより正

確に理解するには，少なくとも，主要国間の利益分布，統合的な知識の有無，そしてガバナンス・プロセスにおける自省的要素に目を向ける必要があるのではないだろうか。

参考文献

阪口功「市民社会——プライベート・ソーシャル・レジームにおける NGO と企業の協働」大矢根聡編『コンストラクティヴィズムの国際関係論』有斐閣，2013年。

山田高敬「共振する二つのトランスナショナリズムと世界銀行の組織変化」『国際政治』第147号，2007年。

山田高敬「公共空間におけるプライベート・ガバナンスの可能性」『国際問題』第586号，2009年。

山本吉宣「国際システムの変容——グローバリゼーションの進展」『国際問題』第489号，2000年。

Barnett, Michael and Martha Finnemore, *Rules for the World: International Organizations in Global Politics*, Ithaca and London: Cornell University, 2004.

Bartley, Tim, *Rules Without Rights: Land, Labor, and Private Authority in the Global Economy*, Oxford University Press, 2018.

Cashore, Benjamin, Graeme Auld, and Deanna Newsom, *Governing through Markets: Forest Certification and the Emergence of Non-state Authority*, New Haven and London: Yale University Press, 2004.

Crawford, Robert M. A., *Regime Theory in the Post-Cold War World: Rethinking Neoliberal Approaches to International Relations*, Aldershot: Dartmouth Publishing Company, 1996.

de Búrca, Grainne, Robert O. Keohane, and Charles Sabel, "Global Experimentalist Governance," *British Journal of Political Science*, 44(3), 2013.

de Búrca, Grainne, Robert O. Keohane, and Charles Sabel, "New Modes of Pluralist Global Governance," *New York University Journal of International Law and Politics*, 45, 2014.

Drezner, Daniel W., *All Politics is Global: Explaining International Regulatory Regimes*, Princeton and Oxford: Princeton University Press, 2007.

Gilpin, Robert, *War and Change in World Politics*, Cambridge University Press, 1981.

Graz, Jean-Christophe, and Andresas Nölke (eds.), *Transnational Private Governance and its Limits*, London and New York: Routledge, 2007.

Green, Jessica F., *Rethinking Private Authority: Agents and Entrepreneurs in Global*

Environmental Governance, Princeton and Oxford: Princeton University Press, 2014.

Haas, Ernst B., "Why Collaborate? Issue-Linkage and International Regimes," *World Politics*, 32(3), 1980.

Haas, Ernst B., *When Knowledge Is Power: Three Models of Change in International Organizations*, Berkeley, Los Angeles and Oxford University of California Press, 1990.

Haas, Peter M., *Saving the Mediterranean: The Politics of International Environmental Cooperation*, New York: Columbia University Press, 1990.

Hall, Rodney Bruce and Thomas J. Biersteker (eds.), *The Emergence of Private Authority in Global Governance*, New York: Cambridge University Press, 2002.

Haufler, Virginia, *A Public Role for the Private Sector: Industry Self-Regulation in a Global Economy*, Wshington, DC: Carnegie Endowment for International Peace, 2001.

Held, David, Anthony McGrew, David Goldblatt, and Jonathan Perraton, *Global Transformations: Politics, Economics, and Culture*, Stanford, California: Stanford University Press, 1999.

Keohane, Robert O., *After Hegemony: Cooperation and Discord in The World Political Economy*, Princeton: Princeton University Press, 1984.

Keohane, Robert O. and Joseph S. Nye, *Power and Interdependence: World Politics in Transition*, Boston: Little, Brown and Company, 1977.

Keohane Robert O. and David G. Victor, "The Regime Complex for Climate Change," *Perspectives on Politics*, 9(1), 2011.

Kindleberger, Charles P., *The World in Depression 1929-1939*, Berkeley, Los Angeles and London: University of California Press, 1973.

Krasner, Stephen D., *International Regimes*, Ithaca and London: Cornell University Press, 1983.

Levi-Faur, David, *The Oxford Handbook of Governance*, Oxford: Oxford University Press, 2012.

Lipschutz, Ronnie D. with Judith Mayer, *Global Civil Society and Global Environmental Governance: The Politics of Nature from Place to Planet*, Albany: State University of New York Press, 1996.

Mattli, Walter and Ngaire Woods (eds.), *The Politics of Global Regulation*, Princeton and Oxford: Princeton University Press, 2009.

Pattberg, Philipp H., *Private Institutions and Global Governance: The New Politics of*

Environmental Sustainability, Cheltenham, UK and Northampton, MA: Edward Elgar, 2007.

Prakash, Aseem and Jeffrey A. Hart (eds.), *Globalization and Governance*, London and New York: Routledge, 1999.

Rodrik, Dani, *The Globalization Paradox: Democracy and the Future of the World Economy*, New York and London: W. W. Norton & Company, 2011.

Young, Oran R., *Governance in World Affairs*, Ithaca and London: Cornell University Press, 1999.

（山田高敬）

第 7 章

国際関係の法化, ソフト・ロー, プライベート・スタンダード
―― ガバナンス手段の多様化 ――

1　国際関係の法化

国際関係における国際法

　国際関係論ではかつて, 国際法や国際制度の重要性が長らく軽視されていた。たとえば, 国際政治学者のＥ・Ｈ・カーやモーゲンソーは, それぞれの著書『危機の20年』(1939) と『諸国家間の政治』(1948) において, 国際法や国際制度に基づく理想主義を批判し, 国際関係においては国家によって行使される力が重要な意味を持つと主張した。こうして, リアリズムが優位にあった国際関係論において国際法は重要ではないものとされてきた。他方で国際法学においても, 「実務の需要に応える技術的な法解釈」に任務を限定するいわゆる「実定法主義」が支配的となり, 法と政治が区別されてきた (大沼 2001)。

　しかしその後, 国際関係論と国際法学とを架橋する研究が現れる。そのきっかけとなったのは, 国際制度や国際法規則の役割を否定するリアリズムの考え方に反して, 国際条約の数の増加という国際社会の変化である。それを受けて1970年代に登場したのが「国際レジーム」論である (第6章参照) この理論の下, 国際関係論の研究者は, 国家はなぜ国際制度を形成するのかという課題に取り組み, その理由として, 国際制度によって国家間で情報が共有され, 取引コストが下がるという相互利益があるので, 国家間の協調が促進されると考えた。こうして, 制度は重要である, 国際法は重要である, ということが国際関係論においても認識されるようになったとされる。次にみる「法化 (legalization)」という概念も, そのような国際社会の制度化を背景に生まれたものであり, 「国際レジーム」論の延長線上にある考え方である。

図7-1　リーガライゼイションの
　　　　　3つの指標

出典：Abbott *et al.* (2000).

「法化（legalization）」の概念の登場

　国際関係の「法化」の分析概念は，*International Organization*（*IO*）誌において2000年に組まれた特集 "Legalization and World Politics" で発表され，この特集号自体，国際関係論において国際レジーム論を唱えたコヘイン（Robert O. Keohane），構成主義者のシキンク（Kathryn Sikkink），国際法学者のアボット（Kenneth W. Abbott），リベラリズム的主張を展開するスローター（Anne-Marie Slaughter）などの研究者らによって，様々な理論的立場を越えて成立しているところが注目された。「法化」の概念の特徴は，次の2点にある。

　第1に，「法化」の概念は，多数国間条約の増加と，国際裁判所など履行確保手段の普及という「現象」に具体的に着目し，法化の「程度」を説明するものである。国際法学ではこれまで，「国際社会の組織化」という表現がたびたび用いられてきたが，それは多数国間条約や国際組織が国際社会の共通利益を基礎として設立され，国際社会の構造が転換した一般的な現象を意味した。他方，「法化」の概念は，「義務（obligation）」「明確性（precision）」および「委任（delegation）」という3つの評価軸で，より具体的に制度化の現象と程度を説明する（図7-1）。「義務」は，法的拘束力の度合い，「明確性」はルールによる明確な定義の度合い，そして3つ目の「委任」の概念は，国際裁判所など第三者に紛争解決を付託する度合いを意味している。

　第2に，この分析概念は，3つの評価軸を用いて法制度の「多様性」や「差異」を説明するものである点に特徴がある。現実に，国際条約の形態は多様であり，制度化の度合いも分野ごと・地域ごとに偏りがある。法化のモデルはそうした制度の多様性や違いをよく説明できる点においても評価された。国際法学においても，国際司法機関の多様化が「司法制度化（judicialization）」という概念によってしばしば議論されてきた。他方，制度の多様性を認識するということは，法化の推進をよりよいものとするのではないことを意味する。法化も最適レベルを超えると「反発（backlash）」が出てくる可能性が指摘されており，法化の負の作用についても認識されている点も重要である。法化の事例として，

当時から世界貿易機関（WTO）の紛争解決制度の高度な法化が注目されていたが，2000年の *IO* 誌「法化」特集号の中にすでに，高度な WTO 紛争解決制度へ警戒を促す指摘があった（Goldstein and Martin 2000）。このことは，現在，WTO 紛争解決制度が直面している機能不全の問題と米国政府による不満に照らすと，たいへん興味深い指摘である（内記 2020）。

　法化の概念の登場は，前述の「国際レジーム」論との関係で言えば，もはや議論の中心は，国家はなぜ国際制度を形成するのか，国際制度の役割は何なのかという点を超えて，「どのような場合に，どのように，国際制度は重要なのか」という問いにある。すなわち，国家がその制度をなぜ選択したのか，あるいは，なぜ様々な形態の国際制度が存在するのか，という「原因」を探り，その選択の「効果」を分析することの重要性であり，法化をめぐる実証的な研究を後押しすることとなった。

2　国際関係とソフト・ロー研究

法化の概念とソフト・ロー

　前述の通り，法化の概念によって，多様な国際制度の具体的な効果を検証することが重要とされるようになったことと並んで，近時，「国際レジーム」の典型例として注目を集めてきた，国際条約の締結が困難になるという現象がみられるようになった。国際条約が最も多いと言われた経済分野においても，WTO のラウンド交渉は停滞し，アメリカが離脱した TPP（環太平洋パートナーシップ）協定の発効も困難となったのはその例である。国家間の合意に基づいた法的拘束力のある国際条約が難しくなると，そうした形態ではないそのほかの制度が使えないかどうかを探ることとなるし，実際，制度は多様なのであるから，多様なオプションの中から望ましい制度を選択できればよい。その中で注目されるようになってきたのが，ソフト・ローである。

　ソフト・ローの「定義」であるが，ソフト・ローの概念は多義的であると言われてきた。かつては，法的拘束力の有無でハード・ローとソフト・ローを区別してきたが，現在は，法的拘束力のある条文でも明確性のないものをソフト・ローとして扱ったり，法的拘束力のないソフト・ローが附随的に拘束力を持つ場合（ハード化）が対象となったり，さらには条文ではなく履行メカニズ

ムといった制度自体のソフトさに注目することもあり，範囲は実に多様である。

　ソフト・ロー研究の第1期の研究としては，国際法学における1970〜80年代のソフト・ローの法規範性をめぐる論争（ソフト・ローと呼ばれた国連の決議などが，法的な効果を生むかどうかの議論）があるが，本章ではその時期の研究には触れず，2000年代以降のソフト・ロー研究に焦点をあてる。2000年代以降のソフト・ロー研究のきっかけとなったのも，前述の法化の概念にある。法化の概念は，前述の通り，義務・明確性・委任の3つの評価軸を用いて制度化の程度を測るものであるが，つまるところ，義務・明確性・委任の3点が最も高い地点に，最もハードな制度があり，この3点のいずれかがソフトな方向に下がれば，それは「ソフトな法化（soft legalization）」として捉えられる。

　2000年の *IO* 誌「法化」特集号の中に，アボットとスナイダル（Duncan Snidal）による「国際ガバナンスにおけるハード・ロー，ソフト・ロー」という論稿があり，最近のソフト・ロー研究で同論文に触れていないものはない（Abbott and Snidal 2000）。同論文は，ハード・ローとソフト・ローは二分できるものではなく，ハードかソフトかは連続的な次元にある概念であって，法化の3つの評価軸を用いて表現される空間のどこかに位置づけられるという見解を示した。また，ソフト・ローという用語には，「ソフト（あるいはハード）」と「ロー（法）」という2つの側面があるが，同論文では「ロー」の部分についてはほとんど議論がなく，むしろ「ソフトさ（softness）」の多面性に焦点をあてている点が特徴的である。

ソフト・ローの機能

　アボット・スナイダル論文の意義は，ソフト・ローの定義を多様化させて，ソフト・ロー自体が「多様な形態（different forms of soft law）」で存在することを指摘しただけではない。さらに，ハード・ローとは異なる，ソフト・ローの独自の機能・役割を主張した点も重要である。とりわけ，なぜソフト・ローがハード・ローよりも望ましいとされ選択されたのか，という点に着目する重要性を指摘している。すなわち，ソフト・ローは次のような理由により，ハード・ローよりも「望ましい選択肢」となるとされる。まず，ハード・ロー形成に伴う「コスト」がソフト・ローの場合には小さい点である。つまり，交渉コスト（会議召集，情報共有，バーゲニングなど）が小さくて済むので迅速な交渉が

可能であること，あるいは，主権コスト（国際制度への権威委譲）が小さくて済むことである。また，ハード・ローとは違い，「不確実性」の高いイシューへ柔軟に対応することができたり，各国の特殊事情や大国・小国それぞれの思惑など様々な利害に対応するために「妥協点」となったりすることも可能である。

　このようなアボット・スナイダルによるアプローチは，それまで根強く存在していた「ハード・ローへのバイアス」（すなわち，ハード・ローの方がソフト・ローよりも手段として優越するという考え方）を払拭することになった。「ソフト・ローはそれ自体で価値あるもの」であり，ハード・ローへ合意に至ることが常に最適な解となるわけではない，という考えを広めることに繋がった。

ソフト・ローの実効性——ハード・ローとの比較という視点から[*]

　しかし，ソフト・ローが望ましい選択肢であったかどうかは，その実効性の検討をしなければ分からない。具体的には，(1)ソフト・ローの影響プロセスのメカニズムの解明の必要性，および，(2)ソフト・ローによって何が変化したのか（すなわち，既存の政策を変更させるものであるか，など）という実際の効果についての評価，の2つを行うことが求められる。

　　[*]ソフト・ローとハード・ローの比較や関係性については，本章が扱った国際関係の
　　　文脈だけでなく，国内法の文脈でも検討され，議論されており，相互に参考になる
　　　（清水 2018）。

　ソフト・ローの影響プロセスのメカニズムとしては，次のような要因が挙げられることが多い。すなわち，「外部からのプレッシャー（評判・辱め）と長期的利益」「利益に基づく政策競争」「対外的な財政的支援の存在」「対話による相互学習」「国内アクター間の相互作用」等である。興味深いことにこれらは，国際条約の遵守要因としてしばしば挙げられる要因と同じである。つまり，これらは制裁や強制的な制度がない国際条約の遵守要因として挙げられるものであり，ソフト・ローに，制裁や強制といった制度が（あるいは国際裁判所のような制度も）具備されることがほとんどないことに照らせば，こうしたメカニズムに頼るしかないのはある意味，当然である。

　他方で，国際条約（ハード・ロー）の影響メカニズムにはソフト・ローにはない，次のような特性があるとも言われる（Simmons 2010）。すなわち，条約には通常，（ソフト・ローにはない）批准手続が必要であり，その意味で，条約

を批准するということは，国内と国外に条約にコミットするというシグナルを発する表示的・象徴的な効果がある。いわゆる，国際条約の「シグナリング・パワー」である。また，影響力が期待されている条約であるからこそ，「外部からのプレッシャー（評判・辱め）と長期的利益」が影響メカニズムとして機能しやすいという説明がされることもある。さらに，国際条約は，とりわけ「国内アクター間の相互作用」を刺激し，国内アクター（私人，企業，NGOなど）の運動によって国内政治過程が変化するという特性も指摘されている（Simmons 2009）。もともと国内アクターは，ソフト・ローよりもハード・ローに選好があると言われ，それは条約締結がもたらす，国内的な政策変更の「理念，動機と手段」が明確であるからとされる（Raustiala 2005）。つまり，ハード・ローの場合は，一定の条件が整っていれば，ソフト・ローの場合よりも，国内アクターの影響力で大きな政策変更がなされる可能性がある。このように，ハード・ローとソフト・ローの影響メカニズムの違いについては，同じようなところもあれば，違いもあるので，慎重に検討する必要がある。

　次に，ソフト・ローによって実際的に何が変わったのかという効果の評価については，次の3つの視点からの議論がある。

　まず，何をもって効果があったと判断するかであるが，たとえば，実際に国内の法制度の改正が見られたというきわめて具体的な影響がある一方で，政策上の具体的な変化までには至らなかったが政策に関するアジェンダ・レベルでの影響が見られたということもあろうし，政策プロセスの制度的・手続的な変化（国内の多様なアクターを参加させるようになった，あるいは制度上の調整のあり方に変更があった等）が見られる場合もあろう。

　また，ソフト・ローの影響力の「程度（重大さ）」についての見極めも重要である。すなわち，なんらかの変化が，ソフト・ローの影響による変化であったのか，その他の要因によって生じた変化であったのか，区別する必要がある。たとえば，国内政策に影響を与えたのは，ソフト・ローである可能性もあるが，そのほかの国際的な要因によるものであったり，純粋に国内的な行政改革によるものである可能性もある。

　最後に，ソフト・ローの評価にあたっては，（ハード・ローである）国際条約の遵守研究でもしばしば指摘される，「効果（effectiveness）」と「遵守（compliance）」の違いの議論を思い起こすことが必要である（Raustiala and Victor 1998）。つま

り，評価が必要なのは，国家行動がハードあるいはソフト・ローによってどれくらい変更されたかであって（＝効果），ハードあるいはソフト・ローに一致した行動をとっているか（＝遵守）ではない。求める行動に一致していなくとも，ある程度の影響と変化が見られれば，そこにはハードあるいはソフト・ロー「効果」があったと評価できる。重要な点は，どのような変化が国内で生じたかを分析することであり，ソフト・ローの場合，ソフト・ローであるからこそ野心的な高いレベルのコミットメントがなされる可能性があり，その点からも遵守（約束との一致）を評価するよりも（つまり，野心的な約束であればそれと完全に一致することはあまり期待できないので），国家行動の変化（＝効果）を見たほうが，意義があると考えられる。

3　国際関係におけるプライベート・スタンダードの拡散

　前述の通りソフト・ローの定義は多様化しているが，ソフト・ロー研究では，国家の合意に基づいた規範が扱われていることが多かった。その一方で，国際レジームと並んでプライベート・レジームが台頭してくると（第6章参照），企業やNGOなどの非国家アクターによるスタンダード設定の例が増加するようになった。ソフト・ローの定義の中には，策定アクターを国家に限定せずに，非国家アクターによる法的拘束力のない民間基準（以下，プライベート・スタンダードという）が含まれる傾向もある。ここでは，これまで国家が使ってきた国際条約あるいはソフト・ローというガバナンスの手段に比べて，非国家アクターがガバナンス手段として利用しているプライベート・スタンダードがグローバル・ガバナンスにどのような意義をもたらしているのか，考えてみよう。

プライベート・スタンダードの拡大
　プライベート・スタンダードの拡大は，プライベート・レジームの台頭と同じ背景があり（第6章参照），ここでは詳しく説明しないが，次の点をおさえることが重要である。
　まず，スタンダードを策定しているのは，前述の通りNGO・業界団体・企業といった非国家アクターである。策定されたスタンダードは，これも内容的に多様であるが，国際関係の文脈では，環境や労働者保護など，近時，サプラ

イチェーン規制上，重要だとされる目的で策定されているものに注目が集まっている。そうしたスタンダードの実施あるいは遵守の確認のために，「認証（certification）」制度や認証に基づいたラベル制度といった仕組みが存在する場合もある。非国家アクターによって形成されたスタンダードや認証の制度や合意のことを「プライベート・レジーム」と呼んでいる。

　では，なぜプライベート・スタンダードが拡大してきたのか。プライベート・スタンダードが現れてきた背景には，国家が担ってきた役割や機能を非国家アクターが担うようなパワー・シフトが生じたと理解されている。通商の分野ではWTOを中心に高度な法化が見られたのに対して，環境や人権の分野ではパブリック・レジームが不十分なガバナンスしか行ってこなかったところ，市民社会やNGOがプライベート・スタンダードを支持し普及させようと動いたと説明される（山田 2009）。こうした動きに加えて，プライベート・スタンダードに従って認証を得られた製品を輸入し販売する（主として欧米の）マーケットが存在し，そうしたマーケットに製品を販売することが，名声やブランド価値の向上に繋がるメリットがあると考える企業が存在していることも要因となっている（阪口 2013）。

　国際条約やソフト・ローと同様に，プライベート・スタンダードの効果の要因は何にあるか，という点も議論されるが，これは主として「情報」によるパワー（透明性と情報公開によって，影響力を行使すること）と説明される。つまり，プライベート・スタンダードを設定し，それを遵守している製品とそうでない製品を区別し，それをマーケットに伝えることによって，環境や労働者保護をめぐる企業行動に影響を与えようとしているのである。具体的な例として，フェアトレード，森林管理協議会（FSC）あるいは海洋管理協議会（MSC）などがある（第21章も参照）。

プライベート・スタンダード間の競争とフラグメンテーション

　プライベート・スタンダードの拡大にも課題がないわけではない。多くの分野で，スタンダードの数が増え，認証の拡大をめぐってスタンダード間に競争が見られる状態になってきていることも事実である（他方，少数のスタンダードによる寡占状態にある分野もある）。スタンダードの過密状況がもたらす問題点は次のような点が指摘されている。すなわち，スタンダード間の競争が激しくな

ることで場合によっては「底辺への競争（race to the bottom）」に向かう危険性，生産者が欧米の市場のスーパーや小売業から複数の認証を受けることを要求されるコスト増加の問題，さらには製品を購入する消費者における混乱である。また，プライベート・スタンダードと類似の規制が国家や国際レベルで存在する場合もあり，そのような場合は，秩序の分断化状態（フラグメンテーション）が生じる，という懸念もされている。

　こうした問題に対応するために注目されるのが，プライベート・スタンダード間の比較・格付けの試みである（Naiki 2020）。こうした試みは，プライベート・レジームについてもグローバル・ガバナンスに対する影響力を勘案するならば「正統性」が求められるべきであるという議論に対応するものと考えられる。グローバル・ガバナンスの担い手としての国際レジームに正統性が求められるという議論に照らせば（第10章参照），ガバナンスの担い手として台頭するプライベート・レジームについても，そのスタンダード策定のプロセスにおいて透明性・参加・アカウンタビリティ等を確保することが求められ，さらには，スタンダード・認証制度の実効性までもが問われる必要がある。

　この点において近時，複数のプライベート・スタンダードの基準内容やガバナンスを比較できるデータベースやレポートが存在している。たとえば，ITC（International Trade Centre）による ITC Standards Map のデータベースは，約200のプライベート・スタンダードの情報が扱われており，産品や，生産国・輸出先等から，スタンダード・認証制度を特定，その中で特徴が比較できるようなものとなっている（ITC Standards Map〈https://sustainabilitymap.org/home〉(as of April 20, 2020)）。また，The State of Sustainability Initiatives のプロジェクトは，農産品と水産物に関するスタンダード・認証制度を比較する調査報告書を公表している（SSI Reviews〈https://www.iisd.org/ssi/ssi-reviews/〉(as of April 20, 2020)）。

　また，スタンダード間の比較検証という方法とは別の方法として，より信頼性のあるスタンダード・認証制度にメンバーシップを認めるという ISEAL Alliance の取組みもある。ISEAL では，3つのコードを遵守したスキームに Full Membership を認める形で，信頼できる制度の差別化を図っている。ISEAL では，3つのコードによって，スタンダード策定の手続的プロセス，スタンダードを策定した後のスタンダードの遵守の監視・評価システム，さら

に認証発行に関するシステムの評価の3点から，スタンダード・認証制度のガ
バナンスを厳格に審査している。[*]

> ＊ISEAL Codes of Good Practice〈https://www.isealalliance.org/credible-sustainability-
> standards/iseal-codes-good-practice〉（as of April 20, 2020）.

パブリック・プライベート・パートナーシップ

　前述の通り，プライベート・スタンダードの登場と国家によるパブリック・
ガバナンスの関係については，有効なパブリック・ガバナンスが機能していな
いところで，その代わりをプライベート・レジームが担っている，という説明
がなされることが多い。しかし，プライベート・スタンダードが登場した当初
はそういう説明が妥当であっても，前節で見たようにプライベート・スタン
ダードが増加し拡大した近時，プライベート・レジームとパブリック・レジー
ムの間にはインタラクティブな関係性が生じている。

　たとえばEUでは，EU法のルールを遵守していることの証明の1つの方法
として，プライベート・スタンダードと認証制度が活用できるケースがある
（Naiki 2016）。EUは，非国家アクターが策定したスタンダードと認証制度を，
専門的な知識とリソースと見なして，EUが担うはずのルールの遵守の確認プ
ロセスを，非国家アクターに「委託（delegation）」している，と説明される。
その1つの例が，EUが行っている持続可能なバイオ燃料の利用促進である。
EUは，温暖化対策の一環としてバイオ燃料の利用を促進しているが，バイオ
燃料の原料が農産物（サトウキビ，小麦，菜種油，パーム油等）であることから，
その生産・使用に関しては様々な持続可能性に関するリスクが伴う。たとえば，
バイオ燃料の使用は，原料によっては必ずしも温室効果ガスの削減に繋がらな
いことや，農地を拡大したことによって起こる森林・生態系・環境の破壊，土
地の権利の侵害，そのほかプランテーションで雇われる作業者の権利の侵害，
食料価格高騰の問題などがある。そこでEUは，2009年の「再生可能エネル
ギー利用促進指令」の中でバイオ燃料の「持続可能性基準」を定め，この持続
可能性基準を遵守していることの証明（verification）として，事業者が民間の
認証制度を利用することを認めている（なお，2018年に新指令が作成されている）。

　こうしたパブリック・レジームとプライベート・レジームの関係性は，近時，
パブリック・プライベート・パートナーシップの1つの形態と捉えられている。

今後は，多様な事例を検証し，それをパートナーシップという視点で捉えるほか，本書の他章で扱っている関連概念，たとえばオーケストレーション（orchestration）として捉えたり，あるいは実験的ガバナンス（experimentalist governance）として捉えたりする可能性についても検討することが求められるだろう（第8章も参照）。

4　ガバナンス手段の多様化の時代

　本章では，グローバル・ガバナンスの手段として主に使われてきた，国際条約，ソフト・ロー，プライベート・スタンダードの特性に注目し比較検討してきた。国家は主として国際条約とソフト・ローを利用してきたが，新しくガバナンスの担い手となった非国家アクターはプライベート・スタンダードを活用している。ガバナンス手段は多様で，これらに限られない。近時，国家と非国家アクターが共に利用しているのが，「指標とランキング（indicators and rankings）」という方法である（Davis *et al.* 2012；内記・加藤 2020）。これは，グローバル・ガバナンスに関する様々な課題（たとえば，法の支配の度合い，気候変動への取り組み，腐敗根絶への取り組みなど）に関して，それを測る指標を策定しそれに従って関係アクターをランキングして公表する，という手法である。この手法も，プライベート・スタンダードと認証制度と同様に，情報を公開することで関係アクターにより良いランキングを目指して行動を変えさせるインセンティブを与えようとするものである。ガバナンスの担い手は，多様なガバナンス手段からどれを選択して効果的なガバナンスに繋げようとしているのか。様々な成功・失敗事例を比較しながら，より適切なガバナンス手段の使い方についての研究が求められている（Schneiberg and Bartley 2008）。

参考文献

大沼保昭「国際社会における法と政治」国際法学会編『日本と国際法の100年1　国際社会の法と政治』三省堂，2001年。

小寺彰・道垣内正人編『国際社会とソフトロー』有斐閣，2008年。

齋藤民徒「国際社会におけるソフトロー──規範の重要性と概念の有用性」『法学セミナー』第64巻第9号，2019年。

阪口功「市民社会　プライベート・ソーシャル・レジームにおける NGO と企業の協働」

大矢根聡編『コンストラクティヴィズムの国際関係論』有斐閣，2013年。

清水真希子「ソフトロー——民事法のパースペクティブ（三・完）」『阪大法学』第68巻第3号，2018年。

チェイズ，エイブラム／アントーニア・H・チェイズ（宮野洋一訳）『国際法遵守の管理モデル——新しい主権のあり方』中央大学出版部，2018年。

内記香子「書評論文：遵守研究の展開——国際法の遵守への国際関係論からのアプローチ」『国際法外交雑誌』第109巻第1号，2010年。

内記香子「国際政治における国際裁判所——国家と国際裁判所の関係性の捉え方」『国際政治』第200号，2020年。

内記香子・加藤暁子「指標とランキングによるグローバル・ガバナンス——製薬企業の医薬品アクセス貢献度ランキングを事例として」『国際法外交雑誌』第118巻第4号，2020年。

山田高敬「公共空間におけるプライベート・ガバナンスの可能性——多様化する国際秩序形成」『国際問題』第586号，2009年。

Abbott, Kenneth W., Robert O. Keohane, Andrew Moravcsik, Anne-Marie Slaughter, and Duncan Snidal, "The Concept of Legalization," *International Organization*, 54-3, 2000.

Abbott, Kenneth W. and Duncan Snidal, "Hard and Soft Law in International Governance," *International Organization*, 54-3, 2000.

Auld, Graeme, *Constructing Private Governance: The Rise and Evolution of Forest, Coffee, and Fisheries Certification*, New Haven: Yale University Press, 2014.

Davis, Kevin, Angelina Fisher, Benedict Kingsbury, and Sally Engle Merry, *Governance by Indicators: Global Power through Quantification and Rankings*, Oxford: Oxford University Press, 2012.

Goldstein, Judith and Lisa L. Martin, "Legalization, Trade Liberalization, and Domestic Politics: A Cautionary Note," *International Organization*, 54-3, 2000.

Marx, Axel *et al.* (eds.), *Private Standards and Global Governance: Economic, Legal and Political Perspectives*, Cheltenham: Edward Elgar: Publishing, 2012.

Naiki, Yoshiko, "Bioenergy and trade: Explaining and assessing the regime complex for sustainable bioenergy," *European Journal of International Law*, 27-1, 2016.

Naiki, Yoshiko, "Meta-Regulation of Private Standards: The Role of Regional and International Organizations in Comparison with the WTO," *World Trade Review*, 19-3, 2020.

Raustiala, Kal, "Form and Substance in International Agreements," *American Journal of International Law*, 99-3, 2005.

Raustiala, Kal and David G. Victor, "Conclusions," in David G.Victor, Kal Raustiala, and Eugene B. Skolnikoff (eds.), *The Implementation and Effectiveness of International Environmental Commitments*, Cambridge, Mass.: MIT Press, 1998.

Schneiberg, Marc and Tim Bartley, "Organizations, Regulation, and Economic Behavior: Regulatory Dynamics and Forms from the Nineteenth to Twenty-First Century," *Annual Review of Law and Social Science*, 4, 2008.

Shelton, Dinah, "Soft Law," in David Armstrong *et al.* (eds.), *Routledge Handbook of International Law*, London: Routledge, 2009.

Simmons, Beth, *Mobilizing for Human Rights: International Law in Domestic Politics*, Cambridge: Cambridge University Press, 2009.

Simmons, Beth, "Treaty Compliance and Violation," *Annual Review of Political Science*, 13, 2010.

Trubek, David M., Patrick Cottrell and Mark Nance, "Soft Law, Hard Law and EU Integration," in Gráinne de Búrca and Joanne Scott (eds.), *Law and New Governance in the EU and the US*, Oxford: Hart Publishing , 2006.

The American Society of International Law, "International Law and International Relation Theory: Building Bridge," *Proceedings of the 86th Annual Meeting*, 1992.

Vogel, David, "Private Global Business Regulation," *Annual Review of Political Science*, 11, 2008.

（内記香子）

第8章

ガバナンス・モード
——グローバル・ガバナンスの変容——

　今日のグローバル・ガバナンスには，多様な形態のガバナンス・システムが並存している。ガバナンス過程のトランスナショナル化（民間主体による国境を越えた規範形成・実施）やマルチステークホルダー化（政策形成過程への多様な主体の包摂）により，国家間のフォーマルな取り決めで運用される政府間主義（intergovernmentalism）が顕著に相対化されてきたのである。その結果，多中心性（polycentricity），間接性（indirectness），包摂性（inclusiveness），非公式性（informality），自発性，非強制性などを特徴とした新しいガバナンス・モード（様式・方式*）が注目されるようになってきた。

　　＊ガバナンス・モードは，制度的構造，統治手法，権力関係を包含した広範な概念であり，文脈や論者によって強調される要素が異なる。

　ガバナンス・モードは理念型にすぎず，現実には各様式の特徴を融合させた形でガバナンスが行われることが多い。しかし，ガバナンス・モードの類型化によって，制度（ガバナンス・システム）の体系的な比較分析が可能になり，「主権国家体制下の国際秩序はどのように変化しているのか」，「どのような理由で特定のガバナンス・モードが選択されるのか」，「なぜある領域ではガバナー（統治者）間で競合が多く，他の領域では協力が多いのか」，「どのような制度デザインが（特定の条件下で）効果的か，また，正統か」といった重要な問いを理論的に検討しやすくなるのである。本章ではいくつかの類型化の試みを紹介しながら，上記の問いを念頭に置いて現代グローバル・ガバナンスの制度的特徴を整理したい。

1　国家性，包摂性，委譲性による分類

　国家の役割が相対化された現代の世界政治を分析するにあたり，国際制度論

ベースのグローバル・ガバナンス論は，とりわけ3つの点を重点的に議論して
きた。第1に，国家主導のガバナンスと，非国家主体主導のガバナンスはそれ
ぞれどのような条件で発生し，また，どのような効果を持つのか。第2に，国
際機構の対外的および対内的な権力はどのような性質を持ち，他の行為主体と
どのような権力関係にあるのか。第3に，国家はどのような条件下で，どのよ
うな効果を期待して，国際機構へ権限委譲するのか。これらの論点を踏まえ，
ケーニッヒ‐アーキブージとツールン（Koenig-Archibugi and Zürn 2006）は，国家
性（publicness），包摂性（inclusiveness），委譲性（delegation）に応じたガバナン
ス様式の類型化を行っている。

　ここで，publicness とは国家機関の関与度合いを意味し，非国家主体の役割
が大きければ低いと位置づけられるため，「公共性」ではなく「国家性」と意
訳している。包摂性とは，ガバナンス参加者の範囲の広さを意味する。一般に
包摂性が低い（排除性が高い）と，当該ガバナンス・システムと他の行為主体
との権力の非対称性が大きくなるため，包摂性と権力性とは密接に連関する。

　最後に，委譲性の高さは，当該機構の自律性を規定する。権限委譲される機
構には，国家間機構（政府間機構），超国家（supranational）機構，トランスナ
ショナル機構の3種類があるが，一般的に超国家機構は政府間機構よりも権限委
譲の程度が大きい。また，委譲性の高さと質は，三権（司法，立法，行政）のど
の範囲で権限委譲がなされているかによっても左右され，一般的には，立法分
野の権限委譲は行政や司法に比べると弱い。他方で，行政および司法への権限
委譲の大きさは，システムの中央集権度合いと提供する財の性質（公共財，準
公共財，私的財）に規定される。たとえば，自由貿易体制という公共財の提供
を目的とした集権的なシステムである世界貿易機関（WTO）に対しては，権
限委譲の程度が高く，機関の自律性も高くなる。

　以上の制度的特徴の組み合わせにより，グローバル・ガバナンスは8つの
モードに分類できる（表8－1）。

1990年代～2000年代初頭のグローバル・ガバナンスの特徴

　ケーニッヒ‐アーキブージとツールン（Koenig-Archibugi and Zürn 2006）は，
前記の分類を用いて，貿易，遺伝子組み換え食品，金融市場，企業間紛争（国
際商事紛争），個人情報保護，サイバー・セキュリティ，環境保護の領域を分析

表 8-1　国家性，包摂性，委譲性による分類

国家性	包摂性	委譲性	グローバル・ガバナンス・モード
高	高	低	①グローバル政府間主義　例：国際郵便連合
高	高	高	②グローバル超国家主義　例：WTO
高	低	低	③直接的ヘゲモニー　例：G7
高	低	高	④間接的（権限委譲型）ヘゲモニー　例：IMF
低	高	低	⑤直接的グローバル・トランスナショナリズム 例：銀行間融資協定
低	高	高	⑥間接的（権限委譲型）グローバル・トランスナショナリズム 例：国際商事調停
低	低	低	⑦直接的独占体制　例：ダイヤモンド・カルテル
低	低	高	⑧間接的（権限委譲型）独占体制 例：ICANN（インターネット・ガバナンス）

出典：Koenig-Archibugi and Zürn（2006：17）.

した結果，1990年代から2000年代初頭のグローバル・ガバナンスのいくつかの
トレンドを明らかにしている。第1に，伝統的な政府間主義（表8-1の①）は
地球規模課題にまずまずの対応を行ってきたものの，国家は国際機構への追加
の権限委譲や新制度の創設に抵抗したり，拠出金を滞納したりして，政府間主
義を制限する傾向がある。第2に，超国家化（表8-1②），トランスガバメン
タル化，トランスナショナル化が進展した。トランスガバメンタル化とは，各
問題領域の所轄官庁（およびその職員）が国境を越えて連携し，問題に対処する
ことである。表8-1①～④のガバナンスを実質的に機能させているのは，こ
のようなトランスガバメンタル・ネットワークである（第9章参照）。トランス
ナショナル化とは，非国家主体が国境を越えて連携し，プライベート・レジー
ムを作って規制活動を行うことを意味し，表8-1⑤～⑧のモードが該当する
（第6章参照）。このような変化の結果，第3の特徴として，パブリック・プラ
イベート・パートナーシップ（PPP）など，公共政策形成・実施過程の包摂性
を高める趨勢が出てきた（第7章参照）。

近年のトレンド

　上記第3のトレンドは2010年代になるとさらに昂進し，PPPやマルチス
テークホルダー・プロセスへの非国家主体の参画がより広範かつ実質的になっ
たことで，公私に峻別できないガバナンス・システムが増大した。このため，

国家性によってガバナンスを区別することの意味が希薄化すると同時に，国家や国際機構が，権威ある非国家主体を中間者（中間組織）としてガバナンスに実質的に関与させる間接的なガバナンスが注目されるようになってきたのである。規制における間接的ガバナンスは，規制者（Regulator），中間者（Intermediary），ガバナンス対象（Target）の三者モデル（RIT モデル）として一般化されており，トランスナショナル・レジームや認証制度の増大という環境変化に適応したガバナンス・モードとされている（Abbott *et al.* 2017）。

　また，プライベート・レジームのような，非強制的・非拘束的（ソフト）な手法で運用するインフォーマル（非公式）ガバナンスの増加と並行して，近年は，公的機関の政策においてもソフトなガバナンス手法の重要性が高まっており，公的機関がハード・ガバナンスとソフト・ガバナンスを状況に応じて使い分ける現実も関心を集めるようになってきた。

　他方で，超国家化については懐疑的な潮流が目立つようになっている。超国家機構の代表とされる EU に対する，加盟国の反発やイギリスの離脱（いわゆるブレグジット）は最たるものであるが，グローバル・レベルでも，WTO 紛争解決制度の超国家性に疑義が付されるようになっている。加盟国が裁定に従うという意味では超国家性は高いと言えるが，裁定の公正性には懐疑的な加盟国が増えており，二国間交渉への回帰も見られるようになっている。審理期間の長期化や，上級委員の欠員による機能不全も現実のものとなっている（第19章参照）。このような状況は，機構的な超国家化が頭打ちになっていることを示していると言えるだろう（超国家化の課題については，改めて後述する）。

2　直接性／間接性とハード／ソフトな手法による分類

ガバナンスの4類型

　以上の結果として，ガバナンス・モードを区別する軸も，直接性／間接性とハード／ソフトへと重心を移してきた。これを，国内や地域レベルも含めたガバナンス全般のモードとして整理したのが表8-2である（Abbott *et al.* 2015）。

　ハード・ロー，軍事力，経済制裁等を用いた強制によって対象を直接的に統制するのが「階層制（hierarchy）」ガバナンスである。中央政府による国内支配や企業統治（コーポレート・ガバナンス）で通常用いられるガバナンス方法で

表8-2　直接性／間接性とハード／ソフトによる分類

	直接的	間接的
ハード	階層制	権限委譲
ソフト	協　働	オーケストレーション

出典：Abbott, *et al.* (2015：9).

あり，国際政治においては，覇権国や超国家機構を頂点とした国際制度が階層型ガバナンスの典型である。また，大国による中小国への実力による影響力行使も，階層的なガバナンス方式と言えるだろう。世界銀行（世銀）のように大国の意向が反映されやすい国際機構は，実質的に途上国に階層的なガバナンスを行っているとも言えるだろう。つまり，法的であれ，実力であれ，権力の非対称性が構造化している制度は，基本的に階層的に運営されるのである。

　これに対し，原則として対称的な権力関係においては，制裁を伴わないソフトな手段で相互に協働しあうガバナンス・モードが選択されることも少なくない。これを「協働（collaboration）」と呼ぶ。G7を通じた主要国間の経済政策協調や，協調的安全保障システムなど，国家間の政策協調はこの典型例である。また，非対称的な権力関係であっても，水平的な協調が必要な場合にはこのモードが選ばれよう。PPPやマルチステークホルダー・イニシアティブの多くは，このタイプである。

　他方で，ガバナンス対象を直接的に規制するのではなく，中間者（中間組織）を仲立ちとして間接的に規制するのが「権限委譲（delegation）」型と「オーケストレーション（orchestration）」型である。権限委譲の場合，中間者は規制者（規制機関，規制当局）からハード・ローによる統制を受けるのに対し，オーケストレーションは，中間者の自発的な協力に依拠して対象に影響を及ぼす。

　間接的な経路もソフトな手法もガバナー（統治者）の統制力を弱めることになるため，ガバナンス対象への影響は小さいと一般的に信じられ，国際法学でも国際政治学でも軽視されがちであった。しかし，実際には，持続的開発，企業の社会的責任（CSR），気候変動，保健衛生，競争政策等の多様な分野において随所で観察されている。ガバナーの統制力が落ちるにもかかわらず，なぜソフトなガバナンスは採用されるのだろうか。

ソフト・ガバナンスの有用性

　ソフトなルールの代表例は，紳士協定，宣言，声明などだが，一般的にルールのソフトさは，委譲性（delegation），ルールの明確性（precision），義務性（obligation）によって決定される（Abbott and Snidal 2000；第7章参照）。3要素ともに高ければその制度はハードであると言えるが，ハード・ローの形式をとりながらも，一部の要素が低くなるように実質的にソフト化されることも少なくない。それは，ソフトなルールやガバナンス手法に有用性があるからである。

　国家の権限が侵害されたり国際的に不利な立場に置かれるなどの，主権コストの高い取り決めの場合，国家は委譲性の低いルールを選好する。また，将来的な不確実性が高い場合には，将来の変化のリスクを回避しての様子見と学習を可能にするために，解釈の余地の大きい不明確な合意が選ばれやすい。主権コストも不確実性も高い状況では，3要素ともに低いソフトなルールやガバナンス手法が選ばれるだろう。

　たとえば地球環境問題のように，集合行為が必要にもかかわらず，主権を侵害される可能性や不確実性が高い場合には，ソフトなガバナンスが選好されることが多い。逆に，同じ環境問題であっても，国によって被害の程度が著しく異なるような場合には，フリーライダーが発生しやすいため，法的拘束力の有るハードなガバナンスが有効とされる（Abbott and Snidal 2000；第21章参照）。

　また，ハードなルールやガバナンスは，国家間の立場の相違が大きすぎる場合には合意の成立が困難であるし，また合意したとしても，ハード・ローの形式をとりながら実質的なソフト化により法的進化の可能性を閉ざすこともある（第14章参照）。このような問題を回避するため，人権領域に顕著にみられるように，まずは宣言などのソフト・ローで大枠の合意を作り，時間をかけて共通認識を醸成してから条約にハード化する方法がとられることが多い（第1章参照）。

　以上のように，ソフトなガバナンスが採用されるのには合理的理由がある（ソフトローの実効性については，第7章参照）。同様に，間接的なガバナンスもガバナーによる統制不足を生む可能性があるが，その採用の理由は何だろうか。

3　間接的ガバナンスにおける能力と統制の緊張関係

　アボットほか（Abbott *et al.* 2020）は，統制と能力の緊張関係から，上記の問

いを考察している。ここで能力とは，専門性，事業遂行能力，信用，正統性等を意味する。ガバナーは，中間者の能力によって自身の能力を補完することができるがゆえに，間接的なガバナンス手法をとる。たとえば，OECD加盟国の議会は政府開発援助（ODA）の意思決定権限を持っているが，途上国の現場でそれを実施するための能力は持っていないため，開発援助機関やNGOに委託して開発業務を遂行させるのである。他方で，ガバナンス目標を確実かつ適切に達成できるように，ガバナーは中間者に対し，制裁または誘因を用いたなんらかの統制を行う必要がある。ここに，能力と統制の緊張が発生する。

　中間者にその能力を最大限発揮させるためには，大きな権限と自律性を認めるのが効果的かもしれないが，その場合，厳しい統制は難しくなり，逆に，統制しすぎると，中間者の能力を生かすことが難しくなるかもしれない。アボットらは，このような能力と統制のトレードオフの度合いが間接的ガバナンスの性質を規定するという，「能力－統制論」（Competence-Control Theory：CC Theory）を展開している。統制はガバナンスの正統性を確保するうえでも重要であるため，能力と統制のトレードオフは，ガバナンスの中核的な課題である正統性と有効性にも重なる緊張関係と言えるだろう（第10章参照）。

間接的ガバナンスの類型

　能力と統制の緊張関係を考察する前提として，まず間接的ガバナンスを類型化してみよう。どのタイプも前述のR-I-Tの形をとっているが，ガバナー（規制者を含む）が制裁を用いて中間者を事後的に統制する権限を持っているかどうか，また，事前（ガバナンス開始前）にガバナーが中間者を統制することができるかを基準として，間接的ガバナンスを4種類に分けることができる（表8-3）。

　前節で触れた権限委譲型はガバナンス前・後の最終的権威がガバナーにあり，したがって，統制の度合いが大きい。このようなモードは「本人・代理人（principal-agent）関係」とも呼ばれる（第1章参照）。国際場裏では，「本人」たる主権国家が「代理人」たる国際機構に業務を委託しガバナンス対象を規制するのが，典型的な権限委譲型である。国内では，立法府が行政府に政策実施の権限を付与して国民を統治する形である。また，行政府による民間組織への業務委託なども典型例である。

表8-3　間接的ガバナンスの4つのモード

管理（事後統制） 動員（事前統制）	階層的	非階層的
権限付与	権限委譲	信　託
協力要請	取り込み	オーケストレーション

出典：Abbott *et al.* (2020：25).

　対照的に，オーケストレーションは，事前・事後とも中間者の権威はガバナーから与えられるのではなく，自身の能力に由来するため，統制の度合いは最も小さい。オーケストレーションの基本形は，主導機関^{オーケストレーター}（orchestrator）と呼ばれるガバナーが，規制や実施活動に関与する公的または私的な中間者に協力を要請し，ガバナンス対象に間接的に影響を与えるという様式である（OITモデル）（Abbott *et al.* 2015）。そのバリエーションとして，マクロ（メタ）・オーケストレーションや協働型オーケストレーションなどのモデルもある（西谷2017）。オーケストレーション型ガバナンスは，もともとは，欧米諸国内の公共サービスの提供を民間主体に委ねる行政手法として注目されたものであるが，国際場裏では，国際法事務局がNGOに加盟国の遵守状況についてモニタリングを依頼したり，国連の環境関連機関が民間の環境基準（プライベート・スタンダード）を公的に承認し，政府や企業にその受け入れを勧奨するなどが典型例である。また，援助機関間の政策協調を促すプラットフォームを提供する事例や，外国政府が現地武装勢力に武器・資金を供与して政府転覆を促すような事例も，オーケストレーションの一例とされる。

　このほか，最終的権威が中間者からガバナーに移行するようなガバナンスは「取り込み」（cooptation）と呼ばれ，権限委譲型と同様，ガバナーによる事後的な統制が大きい。労働組合や業界団体を政策形成過程に組み込んだコーポラティズム体制や，先住民の首長を国家の統治体制に取り込んで，中央政府の授権の範囲内での自治を認めるような方法である。逆に，事前にガバナーから付与された権威が，ガバナンス過程を通じて実質的に中間者に移るようなモードは「信託」（trusteeship）である。この場合，権限はガバナーから与えられるものの，中間者の裁量幅が大きく，ガバナンス目標の達成は中間者の能力に依存している。中央銀行や公正取引委員会のような，独立性の高い規制機関に対する中央政府のガバナンスがこの典型例である。

　なお，アボットらはここに含めていないが，非階層的な間接的ガバナンス方法として，とくに EU ガバナンスの文脈でよく知られているものに，「実験的ガバナンス」（experimentalist governance）と呼ばれるものがある。これは，関係者間で大まかな目標を共有したうえで，現場の知識を豊富に持つローカル・アクターに広範な裁量を与えて目標達成のためのプロジェクトを立案・施行させ，定期的な報告書の提出（レポーティング）とそれに基づいたピア・レビューを通じて，事業内容やルールを継続的に修正していくガバナンス方式である。技術的・社会的な不確実性への対処として，多様なアイディアを実験的に施行することで，フレキシブルで継続的な学習を可能にする制度とも言える。多様なステークホルダーに開かれた包摂的な制度，インフォーマルで非階層的なガバナンス，決定および実施過程における関係者間の熟議を特徴としており，ローカル・アクターの権限が大きく非階層的な間接ガバナンスという点で，オーケストレーションあるいは信託の一手法と言うこともできるだろう（de Búrca *et al.* 2013 ; 2014）。

能力－統制のバランスと動態的なモード変化

　権限委譲型は，統制と能力との間に矛盾が無い。統制することによって，ガバナンス目標を達成するための能力を，中間者に確実に発揮させるシステムだからである。取り込みもまた，事後の統制によって，中間者の能力をガバナンス目標達成に利用するものである。これらのモードでは，ガバナーによる統制がガバナンス目標の達成に不可欠であることから，本人・代理人理論では，代理人の逸脱行為（エージェンシー・スラック）は解決すべき問題として否定的に捉えられている。

　それに対し，信託やオーケストレーションでは，ガバナンス目標の達成は中間者の自発的協力に依存することから，実質的な権威は中間者にあると言える。このため，中間者に対して階層的な統制を事後的に及ぼすことが難しいが，本人・代理人理論と違い，オーケストレーション論ではエージェンシー・スラックをむしろ肯定的に捉え，その利点を最大化しようとするのである。

　では，統制力の弱い信託やオーケストレーションが選ばれるのは，どのようなときだろうか。それは，ガバナーが十分な統制能力を持たない場合や，ガバナーに不足している特定の能力を中間者が持っている場合や，中間者の自発性

が重視される場合などである。逆に，権限委譲型や取り込みのように，中間者の能力よりも統制が優先されるのは，中間者がガバナーに挑戦できるような権力を持っているときや，中間者の目的がガバナンス目標と乖離しているときなどである。このような状況下では，ガバナーの権威が中間者に奪取される危険性が高いため，その予防のために統制を強化しようというインセンティブが働くのである。

　したがって，ガバナーは目的と力関係に応じて能力と統制の最適なバランスを取るために，様々な形態の間接的ガバナンスを使い分けることになる。しかし，ガバナンス過程で，ガバナーおよび中間者の目的，能力，影響力が変化し，両者の力関係が変化するため，ガバナンス・モードは移行しやすい。たとえば，オーケストレーションの過程でガバナーが統制能力を強化した場合，フォーマルに権限委譲する形に移行するかもしれない。逆に，権限委譲型ガバナンスの過程で中間者の能力が強化された場合，中間者の自律性が拡大し，信託型に移行するかもしれない。本人・代理人モデルはガバナンスの安定性を前提としているが，能力−統制論から分かることは，実際の間接的ガバナンスは非常に動態的で流動的なシステムだということである。

4　多中心的ガバナンス

　前節の議論は，グローバル・ガバナンスの多中心性（polycentricity）の特徴をよく表している。間接的なガバナンスは，中間者が専門能力等に起因する権威を有することで可能になる。したがって，ガバナーと中間者の双方が権威を持つことになり，両者間の力関係に応じて様々な間接的ガバナンスのモードが採択されることになるのである。ガバナーを上位とする階層的な指揮統制がなされているならば権威は一元的であるが，ガバナンスが中間者の権限に依存しているのであれば，権威は多元的である。さらに，中間者が別の中間者を用い，その中間者がまた別の中間者を介してガバナンスを行うというように，間接的ガバナンスが複数連結した複雑な規制チェーン（regulatory chains）が構成されていることも少なくない。その場合，権威はよりいっそう多元化することになる（Abbott *et al.* 2017）。

　一般的に，権威が多元化すればするほど，制度間の調整や行為主体間の協調

は不足しやすくなる。さらに，行為主体間の関係性はガバナンス過程を通じて動態的に変動することから，一度設定した調整の仕組みも次第に機能しなくなる可能性がある。第 1 節で触れた RIT モデルは，この点を権威奪取（capture）の問題として論じている（Abbott *et al.* 2017）。たとえば，ガバナンス対象である企業が，プライベート・レジームの理事会メンバーとなってレジームを私物化するなど，ガバナンス対象が中間者やガバナーを乗っ取ったり，また，中間者として機能していた国際機関が影響力を拡大してガバナーの権威を奪取したりすることが，間接的ガバナンスではしばしば起きるのである。このため，最終的な権威の所在と，権威間の調整方法がいっそう不確実になる。

　また，多中心状態は，正統性と有効性の問題も孕みやすい。多中心性を構成する市民社会やビジネス・セクターの権威者には，本来的に正統性に関する疑義が生じやすいうえ，権威奪取によって権威者間の権力関係が変動することで，制度が所期の目的・機能から逸脱し，システムの正統性と有効性が損なわれることもある。さらに，レジーム・コンプレックス論では，制度の断片化（fragmentation）によって制度の競合，重複，不足（欠缺）などの非効率が発生したり，関係者が自己利益を優先してフォーラム・ショッピングやレジーム・シフティングを行うことで「底辺への競争」を引き起こすなどにより，レジーム・コンプレックスの有効性が損なわれる可能性が高いと論じられてきた（第 6 章参照）。

　これに対して，多中心的ガバナンス論では，制度間の整合性・一貫性を確保するような制度デザインを持つ「多中心的ガバナンス・システム」（polycentric system of governance）によって，多中心状態から生じる問題——調整の困難さ，制度の不確実性，正統性および有効性の問題——に効果的に対処できると論じられている（Ostrom 2010）。これは，1960年代初めよりオストロム夫妻（Vincent & Elinor Ostrom）を中心としたグループ（オストロム学派）が発展させてきた政治経済学の概念であり，⑴管轄の重複する中心的権威が複数併存し（構造），⑵それらがフォーマルまたはインフォーマルな取り決めを通じて相互に調整を行い（過程），⑶それらの相互作用を通じて，多様性・自律性と自発的協力を促進する社会規範が形成される（結果）ようなシステムとされる（McGinnis 2016）。多くの場合，前節で触れた実験的ガバナンスが，多中心的システムの重要な部分をなしている。

　多中心的システムは，都市行政の分析から始まり，国内政策や国際行政を含めた様々なレベルと分野で研究されてきたが，その多くは多中心性のプラス効果を無条件の前提とする楽観的・規範論的な議論に留まっており，有効性の条件については十分に検討されてこなかった。グローバル・レベルの研究は，環境・資源分野，とりわけ気候変動関連に偏っているが，その議論もまた，有能なローカル・アクター（民間事業者）による自己組織化，アクター間の自発的な相互調整・協調，相互信頼の速やかな醸成，実験的ガバナンスの成功，多様性や相互調整を促進する規範の共有など，予定調和的な想定をしている（Jordan *et al.* 2018）。

　しかし，現実には，多中心的システムにおいても，参加者間の機会や権限の不均等，セクター間や制度間の調整の困難さ，責任の所在の不明確さ，多様性尊重規範を軽視する傾向，インクリメンタリズムによる革新の起きにくさ，財源の不安定さなどの構造的な問題が指摘されており（McGinnis 2016；Galaz *et al.* 2012），それらの具体的な解決策については研究が十分に進んでいるとは言い難い。多中心的ガバナンス論によれば，これらの構造的問題は，政策を適切に実施する有能な民間事業者が居ること，関係者間の調整が恒常的に促進されること，政策実験が適切に行われることによって解決できるというが，これらの条件が長期にわたって維持されるためにはなんらかの仕組みが必要である。

　そのような仕組みとして，アボットは，先述のオーケストレーションを挙げている（Abbott 2018）。公的権威者（政府や国際機関等）がオーケストレーターとして，関係者間の調整・協調費用を負担しつつ戦略的に介入することで，制度間の競合や重複を予防・解決しつつ，関係者の能力や正統性を強化し，シナジー効果を創出するようなメタ・ガバナンスが行われるというのである（Abbott and Snidal 2009）。また，プライベート・レジームのメタ・ガバナンスの方法として，NGO も含めた外部主体が，助成金付与，ベンチマーキング，ガイドライン作成などを通して，一定方向に誘導するようなものもある（第21章参照）。

　とはいえ，グローバルな多中心性の問題は，このようなメタ・ガバナンスによってもそう簡単に低減されるものではない。主権国家体制は，国家および国家から権限を委譲された機構が権威を持つシステムであるため，国家の能力不足により一時的に非階層的な管理方式をとったとしても，最終的には国家が統

制権を握ることを目指している。このため，超国家化，トランスガバメンタル化，トランスナショナル化を通じた非国家主体への権限拡散が見られる一方で，主権国家や国際機構への権力の揺り戻しが起きるなど，多元的な権威秩序は常に変動しながら錯綜した進展をみせているのである。主権国家を基礎単位と見るウェストファリア型はもはや多くの場面で説明力を失っているが，その先にある世界像が不明確なのはこのためだといえるだろう。

5　「機構」から「機能」へ，フォーマルからインフォーマルへ

　以上概観してきたように，ガバナンス・モードは，制度構造の静態的比較から，権威者間の関係性とガバナンス手法の変化を捉える動態的な分析へと重点が移ってきた。このことは，現実の反映でもある。国家と社会の境界線が曖昧になって，社会が脱国家化（denationalize）している状況においては，ハードな階層的ガバナンスは，有効性の面からも正統性の面からもデッドロックに直面することが多くならざるをえない。ゆえに，ソフトで多中心的なガバナンス・モードの可能性が問われるようになってきたのである。

　同様のことは，超国家性についても言えるだろう。超国家性とは，制度的構造としては，EUのような超国家機関に主権を一部委譲して，国内干渉的な政策を許可することであり，ハードで階層的な制度の最たるものである。しかし，第1節で触れたように，2010年代には超国家への懐疑や反発が目立つようになった。他方で，形式的・機構的には超国家要件を満たしていなくても，機能としては，超国家制度が目指しているような協調や調和化が実質的に実現されているものもある。たとえば，欧州評議会（CoE）の人権保障制度のように，法的な均質化による統合がなされているものがある。また，市民レベルでのインフォーマルな交流，議員間連携，国内法の調和化による分権的統合を進める北欧共同体などもある（最上 2016）。

　このような例と，超国家機構に対する反発とを勘案すれば，制度的には超国家機構を持たずとも，機能として超国家的でありえるかどうかは検討に値する課題であろう。本章のガバナンス・モードの分析が示唆しているものは，フォーマルな制度だけでなく，インフォーマルな過程（プロセス）への重点移行と，分権的な機構的特徴を持ちながら，機能的統合を果たす可能性である。

　現代のグローバル・ガバナンスでは，調整，遵守，正統性のトリレンマがみられる（序章参照）。とりわけ，多中心的なグローバル・ガバナンスでは様々な制度が多元的に運用されているため，制度間の調整は恒常的課題である。WTO の紛争解決制度のような部分的な超国家メカニズムは存在するが，異分野レジーム間の競合・衝突を調整するメカニズムは未発達であるし，また，グローバル・レベルと国内レベル間の調整はある程度は達成されているが，十分ではない。しかし，主権コストの問題から，すべての国家を階層的に拘束するフォーマル・システムは現実的でない。

　このため，インフォーマルでアドホックな協議を通じて調整・同期するインフォーマル・ガバナンスがしばしば行われている。G7（8）やG20などのクラブ的な協議枠組みや，所轄官庁間のトランスガバメンタル・ネットワークは，インフォーマル・ガバナンスの典型的な仕組みと言える。インフォーマル・ガバナンスは，法的拘束力のあるフォーマルな取り決めを伴わないという意味で，実質的にはソフト・ガバナンスと同義であり，このようなガバナンス・モードは，主権の壁に阻まれて実現の困難な課題を解決するのに有用である。しかし，反面，非メンバー国や国民に対する透明性とアカウンタビリティの低さから，その民主的正統性が疑問視されることもある。

　もともと，国際レジーム論の中でも知識社会学の系譜は，共通了解，共有知識，規範的合意といったインフォーマルな制度の重要性を強調していたが，他方で，レジーム論の主流となっていった合理主義的なネオリベラル制度論はフォーマルな制度デザインに重点を置くようになっていった（第6章参照）。しかし，近年は，国際制度論研究者の間でも，インフォーマルな制度への回帰が起こっている。2019年の国際学学会（ISA）でも，世界政治におけるインフォーマル・ガバナンスの役割をテーマとしたパネルが開催され，不文律，暗黙の了解，ソフト・ロー，非公式な実践（プラクティス），トランスナショナルやトランスガバメンタルなネットワーク等，広範なインフォーマル・ガバナンスの手法が論じられた。調整，遵守，正統性のトリレンマを回避するようなインフォーマル・ガバナンスの追究は，今後ますます重要性の高まるテーマと言えるだろう。

参考文献

大芝亮「パワー・シフトとグローバル・ガバナンス——パワー・ポリティクスから自由
　なのか」大芝亮・秋山信将・大林一広・山田敦編『パワーから読み解くグローバ
　ル・ガバナンス論』有斐閣，2018年。

西谷真規子「多中心的ガバナンスにおけるオーケストレーション——腐敗防止規範をめ
　ぐる国際機関の役割」西谷真規子編著『国際規範はどう実現されるか——複合化す
　るグローバル・ガバナンスの動態』ミネルヴァ書房，2017年。

最上敏樹『国際機構論講義』岩波書店，2016年。

山田高敬「多中心的グローバル・ガバナンスにおけるオーケストレーションと政策革新
　——企業と人権をめぐる実験」『年報政治学』2017-Ⅰ，2017年。

Abbott, Kenneth W., "Orchestration: Strategic Ordering in Polycentric Climate Governance,"
　in Andrew Jordan, Dave Huitema, Harro van Asselt, and Johanna Forster (eds.),
　Governing Climate Change: Polycentricity in Action?, Cambridge: Cambridge
　University Press, 2018.

Abbott, Kenneth W. and Duncan Snidal, "Soft and Hard Law in International
　Governance," *International Organization*, 54(3), 2000.

Abbott, Kenneth W. and Duncan Snidal, "Strengthening International Regulation
　Through Transnational New Governance: Overcoming the Orchestration Deficit,"
　Vanderbilt Journal of Transnational Law, 42, 2009.

Abbott, Kenneth W., David Levi-Faur, and Duncan Snidal, "Theorizing Regulatory
　Intermediaries: The RIT Model," *The ANNALS of the American Academy of
　Political and Social Science*, 670, 2017.

Abbott, Kenneth W., Philipp Genschel, Duncan Snidal, and Bernhard Zangl (eds.),
　International Organizations as Orchestrators, Cambridge: Cambridge University
　Press, 2015.

Abbott, Kenneth W., Philipp Genschel, Duncan Snidal, and Bernhard Zangl (eds.), *The
　Governor's Dilemma: Indirect Governance Beyond Principals and Agents*, Oxford:
　Oxford University Press, 2020.

de Búrca, Grainne, Robert O. Keohane, and Charles Sabel, "New Modes of Pluralist
　Global Governance," *New York University Journal of International Law and
　Politics*, 45, 2013.

de Búrca, Grainne, Robert O. Keohane, and Charles Sabel, "Global Experimentalist
　Governance," *British Journal of Political Science*, 44(3), 2014.

Galaz, Victor, Beatrice Crona, Henrik Österblom, Per Olsson, and Carl Folke, "Polycentric
　Systems and Interacting Planetary Boundaries — Emerging Governance of Climate

Change-Ocean Acidification-Marine Biodiversity," *Ecological Economics*, 81, 2012.

Jordan, Andrew, Dave Huitema, Harro van Asselt, and Johanna Forster (eds.), *Governing Climate Change: Polycentricity in Action?*, Cambridge: Cambridge University Press, 2018.

Koenig-Archibugi, Mathias, and Michael Zürn (eds.), *New Modes of Governance in the Global System: Exploring Publicness, Delegation and Inclusiveness*, New York: Palgrave MacMillan, 2006.

McGinnis, Michael D., "Polycentric Governance in Theory and Practice: Dimensions of Aspiration and Practical Limitations," paper for the Polycentricity Workshop, 2016.

Ostrom, Elinor, "Polycentric Systems for Coping with Collective Action and Global Environmental Change," *Global Environmental Change*, 20(4), 2010.

Zürn, Michael, "Global Governance as Multi-Level Governance", in Henrik Enderlein, Sonja Wälti, and Michael Zürn (eds.), *Handbook on Multi-Level Governance*, Cheltenham: Edward Elgar, 2010.

（西谷真規子）

第9章

ネットワーク
───ネットワーク化したガバナンスの特徴と課題───

1 ネットワークの定義と類型

　今日，国内・国際を問わずあらゆるレベルのガバナンスにネットワークの関与が見られるようになり，それとともに，国際関係論を含む政治学の分野でもネットワークに関する研究が盛んになされている。ネットワークの定義は論者により様々だが，「相互行為の過程で生じる紛争を仲裁・解決する正統な制度的権威を持たずに，持続的なやりとりを相互に繰り返す2つ以上のアクターの集合」(Podolny and Page 1998) という定義に見られるように，複数アクター間の水平的な相互作用を中核とする点で共通している。柔軟性，分権性，自発性，互恵性が強調されることも多い。しかし，ネットワークには様々な種類があり，単一の定義自体にはそれほどの重要性は無く，また，分析対象や分析目的により重点は必然的に異なってくる。したがって，本章では定義問題には立ち入らず，ネットワークの類型と，国際関係論でネットワークを分析する際の論点を整理することとしたい。

　国際関係論で概念化されているネットワークの主な理念型には，知識共同体（認識共同体とも呼ばれる：epistemic communities），トランスナショナル・アドボカシー・ネットワーク (transnational advocacy network：TAN)，トランスガバメンタル・ネットワーク (transgovernmental network：TGN)，グローバル公共政策ネットワーク (global public policy network：GPPN) などがある。このうち，知識共同体とTANはコンストラクティヴィズムの系譜に位置づけられ，国家や国家間の意思決定に影響を及ぼす際の知識，アイディア，規範などの観念的要素の役割を強調する。それに対しTGNとGPPNは，国際的な政策形成や実施の過程において，各国の省庁・職員および民間アクターが国境横断的に連携し独自の影響を及ぼす側面を捉える。これらのネットワークは理念型としては

区別されるが，実際の現象としては複数の理念型に跨った特徴を持つことが多い。

政策ネットワーク／ガバナンス・ネットワーク

　国際関係論で発展してきた上記ネットワークのモデルは，国内政治・行政におけるネットワークの概念を国際的政策形成および行政過程に拡大適用したものであるため，ここで国内ネットワークについて若干の説明をしておきたい。

　政治学では，シンクタンクや研究者などの民間の専門家を中核としたネットワークが政策アイディアを提供し，時には政策革新を起こすメカニズムとして，「イシュー・ネットワーク」「政策ネットワーク」「政策コミュニティ」といった概念が構築され，理論・実証両面で研究が蓄積されてきた（Heclo 1978；Marsh and Rhodes 1992）。さらにこの系譜上に，公共セクター（政府機関），ビジネス・セクター（企業や業界団体など），市民社会セクター（NGOや民間専門家など）を取り混ぜた「ガバナンス・ネットワーク」の概念が，90年代後半から行政学の新公共経営論で発達してきた（Sørensen and Torfing 2009）。

　政策ネットワークは，アメリカやイギリス，欧州で1960年代以降に顕著化した現象をモデル化したものである。一般的に政策ネットワークの参加者は流動的で，政策への影響はケースにより異なるが，マーシュとローズ（Marsh and Rhodes 1992）は，政策ネットワークのうち，より開放的・流動的でメンバー間の関係が水平的なものをイシュー・ネットワーク，より閉鎖的・限定的で階層性の高いものを政策コミュニティと理念的に区別している。このようなネットワークは，政策執行の外部委託の増加に伴って，政策過程の周辺に徐々に構築されてきたと考えられている。それまで一般的だった政官財の癒着構造（「鉄の三角形」）とは別に，公的な政策形成の外部にいる民間の専門家や政府機関職員が連携し，特定の問題について情報や専門知識を共有し，非公式に政策過程に関与するようになってきたのである。

　さらに，90年代以降には，国内政治における「ガバメントからガバナンスへ」の動き，すなわち公共政策の執行における分権化と民間アクターの参画を特徴とする「ニュー・ガバナンス」が欧米諸国で顕著に見られるようになった。このメカニズムを支えるものがガバナンス・ネットワークであり，政策ネットワークよりも，行政に力点を置いたネットワークである。また，政策ネット

ワークが単一の争点領域で形成されるのに対し，ガバナンス・ネットワークは複数争点領域に跨って展開されることもある。先に触れた知識共同体と TAN は，どちらかと言えば政策ネットワークの系譜に属し，TGN と GPPN はガバナンス・ネットワークのほうに親近性があると言えよう。

知識共同体

　知識共同体の概念は，1970年代から国際関係論に登場していたが（Ruggie 1975；Haas 1990)，理論的概念として本格的に議論されたのは，1992年の *International Organization* 誌の特集でのことであり（後に編著として出版：Haas 1997)，そこでは「特定の争点領域における専門知識と能力を認められ，その領域の政策について権威ある専門的発言をする専門家のネットワーク」と定義された。実態としては，科学者を主な構成員としたトランスナショナルな政策集団であり，国家や国際機構を動かして国際的政策形成に実質的な影響を及ぼす。意思決定者の説得が主たる手法であるため，単純に専門知識を持っていることだけでなく，政府および国際機構の公的地位についたり，権力者との有力なコネクションをもったりすることが影響力行使の要となる。それによって，知識の力を梃子として関係者の利害を調整し，交渉の落としどころを発見し，現実的な（政治的に妥当な）政策提言をするのである。

　たとえば，国連環境計画（UNEP）事務局によって設置された国際専門家パネル（「オゾン層に関する調整委員会」）は，オゾン層保護を推進するための国家間条約の成立に中核的な役割を果たした知識共同体と言える。各国の大気学者や気象学者に加え，UNEP，米国環境保護局，米国国務省の海洋国際環境科学局などの公的機関の職員が，知識の収斂を図るとともに，フロンガスの生産停止に消極的な各国政府や産業界を説得し，フロンガスの生産を10年で半減させることを目的としたモントリオール議定書を成立させたのである。モントリオール議定書以降のオゾン層保護レジームもまた，独立性の高い知識共同体（アセスメント・パネル）の提言が締約国の政策を規定・拘束する仕組みになっている。

　このような専門家ネットワークが国家や国際機構の意思決定に大きな影響力を持つようになった背景には，いくつかの要因がある。1つには，欧米先進国の行政国家化と高度専門化によって，知的エリートへの需要が拡大したことが

ある。これにより，省庁職員の専門性が向上するとともに，民間の専門家との非公式な交流および協力が緊密化し，政策ネットワークが国内の意思決定に実質的な影響を及ぼすようになった。2つには，技術進歩とグローバル化の進展に伴い，多くの争点領域で複雑性と不確実性が増大したことがある。技術的かつ政治的に不確実性の高い状況下では，何が国益になるかが不透明ゆえに交渉が困難になりがちで，専門的情報と革新的アイディアの提供が国家間合意の形成に必要とされることが多いのである。このため，技術的・政治的に不確実性の高い，環境，金融，貿易，情報技術，軍事などの様々な領域で知識共同体が観察されている。

　ハースの編著以降，知識共同体それ自体の理論的研究は下火になり，また，広義の研究者ネットワーク（「知識ネットワーク」とも呼ばれる）を指す一般的な用語として用いられることも少なくない。しかし，情報工学や人工知能などの科学技術が急速に進歩し，新興国やIT企業が台頭してきたことで，科学的にも政治的にもよりいっそう不確実性の高まっている今日において，知識共同体の実態を見直すことの重要性はますます高まっていると思われる。また，複雑化するグローバル・ガバナンスにおいては，知識共同体間および他ネットワークとの相互関係を捉える視座も必要であろう。それは，1つには，異なる分野のレジーム間相互作用に伴い，異分野の知識共同体の間でも相互作用が発生するからである。2つには，単一領域内でも複数の知識共同体が鼎立・競合していることがあり，それらの関係性によって政治的影響が異なってくるからである。3つには，専門家と活動家が同一ネットワーク内で協働することが増えていることから，行動原理や戦略・戦術の異なる両者間での協力や競合によって，影響の与え方や大きさが違ってくるためである。これらも含めて，知識共同体研究のより一層の進展が望まれるところである（知識共同体の詳細は第3章参照）。

トランスナショナル・アドボカシー・ネットワーク（TAN）

　TANとは，「主に規範的信念や価値観に動機づけられて形成された活動家のネットワーク」と定義される（Keck and Sikkink 1998）。知識共同体よりも規範的信念に重きを置いたネットワークで，規範的言説で世論を動員しつつ，国際機構や政府に情報提供や説得を行うことで，規範の履行を促進するものである。国際合意の作成に直接関わるよりは，人権抑圧国に人権規範の遵守を促す

よう圧力をかける場合など，標的とする政府を攻撃して政策を変更させ，規範の確実な実施を確保することを目的とする。たとえば，人権基準を設定した国際法律家委員会は知識共同体の側面が強いのに対し，アムネスティ・インターナショナルはそれ自体が TAN の要素を強く持ったネットワーク組織として，人権侵害国に規範遵守を働きかける。TAN の構成員は，調査やアドボカシーを行う国際 NGO，国内の NGO や草の根社会運動，財団，マスメディア，宗教団体，労働組合，消費者団体，知識人などの市民社会を中心とし，公的機関の一部署や職員が加わることもある。参加者が多様であるため，凝集性の高い共同体のような形にはなりにくく，知識共同体よりも分散的で開放的なネットワーク形態をとる傾向がある。

　TAN は，規範の履行・遵守促進および監視・評価に中核的な役割を果たすが，それは，国際関係の法化（legalization）の進展に伴って，規範を推進するネットワークの道義的正統性と国家に対する影響力が高まったことと，主権の壁を越えやすい NGO などの情報収集能力が監視・評価に不可欠であるという事情から可能になっていることである（Risse 2013）。したがって，彼らの政治力の源泉は規範（道義的立場）と情報であり，それを使って4つの戦術を展開する。1つは，事実の発掘・普及・共有とフレーミング（事象に特定の意味を与えること）による「情報の政治」である。人権，女性，子ども，先住民，公民権など，弱者への物理的加害や不平等などに関わる争点で，単純・明快で具体的なフレーミングをすると，説得と動員を効果的に行うことができる。また，現地の規範と共鳴するようなフレーミングも重要であり，現地文化への感受性の低さは運動失敗の要因となる。2つは，ノーベル平和賞，生誕百年記念行事などの象徴的事象・人物を利用した「象徴の政治」である。3つは，物質的（軍事支援，経済援助など）または道義的な圧力をかけることで，相手に効果的に影響を与える「レバレッジ（梃子）の政治」である。最後に，言行の不一致を批判するなどの「説明責任の政治」である。

　TAN が規範の履行を促進するにあたっては，「ブーメラン・パターン」（または「ブーメラン・モデル」）と呼ばれる過程をとることが多い。国内で抑圧されている市民社会が国外の市民社会（国際 NGO など）に協力を要請すると，要請を受けた NGO は国際機構や諸国家と協働して抑圧国に外圧をかけ，抑圧を緩和させようとする。この一連の過程をブーメラン・パターンと呼ぶ（図9-1）。

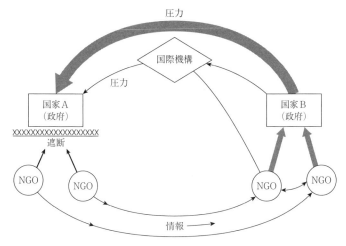

図 9-1　ブーメラン・パターン

出典：Keck and Sikkink（1998：13）.

人権保護活動の事例が典型例である。

　また，このような過程によって抑圧国の態度が変化することを織り込み，複数のブーメラン・ラウンドによって規範の受容と遵守が進展していくという「規範の螺旋モデル」も提示されている（Risse *et al.* 2013）。近年の研究では，人権抑圧国政府だけでなく，企業，反政府組織，軍閥，宗教団体などの非国家主体に対しても当該モデルがある程度当てはまることが明らかにされている（Risse *et al.* 2013）。

　もともとは，このブーメラン・パターンを伴うものを TAN と呼んでいたが，今日では，当該パターンをとらないものも含め，アドボカシー活動を行う市民社会組織を中核としたトランスナショナルなネットワークを一般に TAN と呼ぶことが多くなっている。また，活動家の専門性が高まった今日では，知識共同体との境界は必ずしも明確ではなく，とりわけ，ヒューマン・ライツ・ウォッチやトランスペアレンシー・インターナショナルのような専門的なアドボカシー NGO がネットワークの中核を担う場合には，両者の混合形態（ハイブリッド型）をとることが多くなっている（Nishitani 2015）。

トランスガバメンタル・ネットワーク（TGN）

　TGN は，公共機関間の国境横断的なネットワークであり，行政，司法，立法のそれぞれに成立するが，このうち質量ともに最も発達しているのが規制官庁（行政）のネットワークである。環境規制，競争政策，通信政策，出入国管理，警察など，各分野で TGN が形成され，制度間の 調 和 化〔ハーモナイゼーション〕を実質的に担っている。

　このようなネットワークの重要性はすでに1970年代に指摘されていたが，冷戦後に顕著になった，テロ，犯罪，戦争，マネーなどのトランスナショナル化した脅威への対抗策として，財務官，法執行官，税関職員などのトランスナショナルな連携の重要性が高まった。この結果，TGN はその規模，対象範囲，種類において大幅に拡大してきたとともに，多くの政府間組織を支えるものとして制度化されている。たとえば G 7（8）の立役者は財務官のネットワークであるし，中央銀行間の非公式ネットワークは，バーゼル委員会などを通して，ブレトンウッズ体制を支えてきた。EU は競争政策や環境政策など様々な領域で，指令や規制の実施に非公式な規制官庁ネットワークを活用しているし，他の国際機構や地域機構，たとえば WTO や NAFTA などでも，各種委員会や紛争パネルで TGN が形成されている。APEC，イギリス連邦，北欧共同体などは，閣僚や議員のネットワークを通じて規範形成や政策協調を行う国家グループということができる（Slaughter 2004）。

　TGN は政府間組織に代わるものではなく，伝統的な政府間組織の枠内で，あるいはそれらと並行して機能する。現行の主権国家体制では，グローバル問題に関する政策協調や人権侵害への介入が必要な状況でも，原則として国内干渉は認められない。このため，各国内の規制官庁が連携することで，主権を侵さない形で国際法の不備を非公式に補っているといえる（ネットワークを構成する政府機関は，国際法の名宛人ではないという意味で非公式である）。彼らは国益を代表しつつ，国内と国際の両方の場で活動し，情報共有，国内法の執行，法制度の調和化によって共通の問題に取り組むことで，政策の収斂，国際ルールの遵守促進，政府間協力の範囲や質の向上，さらには，業界内の自己規制を促進する機能を果たしているのである。

　他方で，冒頭で触れたように，司法・立法に比して行政ネットワークが伸長していることは，民主的正統性を欠いたグローバル・テクノクラシーに繋がる

のではないかという懸念を引き起こす。この問題への対策の基本は，国内の民主的メカニズムを活用すること，すなわち立法府と国民からの監視によって国内でのアカウンタビリティを強化・拡大することである。とりわけ，立法府による統制を強化したり，規制ネットワーク監視のための立法ネットワークを拡大したり，活動の「見える化」を推進したり，国内の多様な政策ネットワーク間の調整役として TGN を制度的に位置づけるなど，TGN が社会の多角的な監視下に置かれる工夫が必要とされよう（Slaughter 2004）。

グローバル公共政策ネットワーク（GPPN）

　TGN に民間アクターを含めた形態のネットワークが GPPN である。官民協力を軸としたガバナンス・ネットワークのグローバルな展開と見ることもでき，とりわけ2000年代以降，国際機構や政府間事業の多くを担うようになった。公共，ビジネス，市民社会のうち2つ以上（多くは3つすべて）のセクターが参加して公共政策の策定および実施を促進する事業形態であり，マルチセクター・ネットワーク（multi-sectoral networks），パブリック・プライベート・パートナーシップ（public-private partnership：PPP），マルチステークホルダー・パートナーシップ（multi-stakeholder partnership）などと呼称されることもある（奥迫 2013）。たとえば，国連グローバル・コンパクト（UNGC），世界ダム委員会（WCD），オープンガバメント・パートナーシップ（OGP），採取産業透明性イニシアティブ（EITI），ワクチンと予防接種のための世界同盟（GAVI）など，同様の現象は様々な領域に見られるようになっている。

　GPPN は非常に包括的で理論的に未発達な概念であり，その実態，目的，メンバーシップ，ネットワーク内の凝集性や権力分布，影響力の与え方は，事例により千差万別である。しかし，共通の特徴として，第1に，セクター間の相互依存，第2に，柔軟性と開放性，第3に，参加者間の能力や資源の相補性が挙げられる。基本的な役割としては，グローバルな政策形成のアジェンダに乗せること（グローバル議題設定），知識の集積と普及，条約の履行促進，公共財提供のための調整，グローバル・スタンダード交渉のプラットフォームの提供，問題解決のための革新的手法の創出・実行，などが指摘されてきた（Reinicke et al. 2000）。

　これまでの研究では，グローバル・ガバナンスにおける GPPN の意義を肯

定的に評価する傾向が強かった。たとえば，多様なアクターの知恵や資源を有効活用できる，多様なプログラムや利益の間の調整を促進することができる，参加者の恒常的な学習を可能とする，政策の実現に必要な市場の開拓を促進するなどの，効率性・有効性の観点からの評価がなされている。また，周縁化されがちな人々がグローバルな政策過程に参加する機会を促進することになるといった，民主的観点からの評価も多い。

　他方で，多様な GPPN が乱立することでかえって政策が断片化し，有効性を損なってしまうという批判や，影響力の大きい参加者（大企業など）が他の参加者（NGO など）を圧倒してしまうといったネットワーク内の権力の非対称性問題もたびたび指摘されている。さらに，国内法や国際法の統制に服さないネットワークのアカウンタビリティをどう確保するのかという，TGN と同様の問題もある。ネットワークが負うべきアカウンタビリティの対象には，ドナー，被援助国，プロジェクトの影響を被る現地の人々，他の NGO や企業，消費者，投資家，関係学界など，様々なものが含まれる。また，説明すべき内容も，経済的責任や法的責任（法令遵守）に留まらず，近年では環境的責任（自然環境への配慮）や社会的責任（人権・労働権や地域社会への配慮）なども求められるようになっている。これらの多様なアカウンタビリティ・メカニズムの間で抑制均衡（チェックアンドバランス）を働かせることで，重層的にアカウンタビリティを確保することが重要であるとの議論もある（Benner *et al.* 2004）。

分散型社会運動ネットワーク

　前項までのネットワークはいずれも，特定の国，国際機構，企業等の政策形成・実施・変更を目的として，具体的な解決策を打ち出していくための目標特定的なネットワークである。これに対して，大枠のスローガンは共有しているものの，具体的目標や活動方法，活動のタイミングなどについて統制のとれていない，分散型の社会運動ネットワークもある。これは1990年代後半から目立つようになってきたタイプである。1930年代に高揚した階級闘争系社会運動を第1波，1960年代以降の環境運動や女性運動等のいわゆる「新しい社会運動」（new social movements）を第2波として，第3波社会運動とも呼ばれる，直接行動的な反グローバリゼーション運動（オルタ・グローバリゼーション運動）に顕著に見られるものである。1999年にシアトルで開催された世界貿易機関

(WTO）閣僚会議に対して行われた5万人規模の抗議行動が，最初の事例とされる。

　分散型運動は，多様性の高さを保つことを重視して民衆に広く開かれており，伝統的な社会運動の手法，組織構成，目的に反対して独自の運動形態をとることが多い。ネットワークは中央統制不在で，メンバーシップが定まっておらず，後述の非意図的ネットワークを形成している。参加者は，多国籍企業をターゲットとした不買運動，労働基準や森林認証の監視，フェア・トレード・キャンペーン，ファイル・スワッピングによる音楽業界への揺さぶりなど，多様な行動を自律的かつ断続的に行っている。ベネット（Bennett 2005）は，このような運動形態を「永続的キャンペーン」と呼んでいる。政策提言型のNGOネットワークも，現在はこのような分散型のネットワークに埋め込まれる形で機能していることが多い（Bennett 2005）。

　さらに2010年代には，IT技術（とりわけSNS）の進展によって「繋がり行動（connective action）」と呼ばれる運動形態が顕著になってきた。ハイパーリンク，アーカイブ，メルマガ，ブログ，ウェビナー等の従来のインターネット技術に加え，ハッシュタグなどを駆使して，フェイスブック等のソーシャルプラットフォームをベースとした情報の交通整理と誘導が行われることで，多様なネットユーザーを運動に動員することが可能になってきたのである。2011年の「ウォール街を占拠せよ」運動や2014年の香港雨傘運動（「オキュパイ・セントラル」）などのいわゆる「オキュパイ運動」のように，複数の運動組織が緩やかに連携して，SNSなどを駆使して大衆動員をかけるハイブリッド型と，分散した民衆がデジタルメディアをハブとして繋がる大衆組織型があるが，ネットワーク技術が，情報の普及や共有だけでなく，組織化・動員の必須のツールとして活用される点が，従来型の運動と異なる（Bennett and Segerberg 2012）。「繋がり行動」におけるオンライン・プラットフォームの役割は，近年注目を浴びている研究分野の1つである（Margetts *et al.* 2015）。たとえば，「逃亡犯条例」をめぐって2019年に発生した香港での大規模な市民運動（のちに急進的な民主化運動に発展）は，中心的なリーダー不在のまま，参加者がSNSでやり取りをしながら運動の方向性を決めていくという，非常にアモルファスで分散性の高い大衆組織型運動形態をとり，注目を集めた。

2　ネットワークの対外関係とネットワーク内政治過程

　これまで述べてきたネットワークには，グローバル・ガバナンスにおけるアクターとしての役割（対外的側面）と，アクターを繋ぐ場（プラットフォーム）としての機能（対内的側面）がある。アクター分析の際には，影響力の大きさ・態様・源泉と，他のアクター（とりわけ国家，国際機構，他のネットワーク）との連携や対抗などの相互作用が主な論点となる。また，影響力の大きさには，政策サイクルの段階も関係する。たとえば，知識共同体や TAN は議題設定には強い影響を及ぼせても，国家間交渉によって決定される国際合意形成に対する影響は限られていることが多いと考えられている（もっとも近年では，国家や国際機構と連携することで国際交渉にも実質的な影響を及ぼす事例が増えてきている）。

　他方で，プラットフォームとしてのネットワークは，メンバーシップの特質や範囲，ネットワーク内での権力関係および資源分布に応じて，参加者の能力を強化したり制限したりする機能を持つ。ネットワーク組織論では，対等な取引と競争の市場メカニズムと，上意下達の階層組織との中間に位置する組織形態がネットワークであると定義されるが（今井・金子 1988；Hafner-Burton *et al.* 2009），組織構造がどの程度階層的／水平的であるかには，アクターの性向とネットワーク内の権力関係が反映される。このようなネットワークの対内的側面を分析するには，構造に着目するアプローチとアクター（ネットワーク構成員）に着目するアプローチの2種類があり，本章でこれまで述べてきたネットワークの特質は，主にアクターに重点を置いた説明であった。それに対し，構造に着目した分析手法が，社会ネットワーク分析（social network analysis）と呼ばれるものである。

　社会ネットワーク分析は，1970年代以降，社会学の分野で盛んに研究されるようになったが，1990年代からは国際関係論にも本格的に取り入れられるようになり，2000年代初めの10年ですでに一定の研究成果が蓄積された。社会ネットワーク分析の主眼は，特定のアクターがどのような動機でネットワークを形成したかではなく，没個性的な「ノード」（結節点）の間でどのような繋がりのパターンが形成されているかの解明である。したがって，ここで分析の対象となるネットワークは意図的に形成されたものではなく，研究者によってその繋

がりを発見された非意図的なネットワークと言うことができる。

　政治学では，個人間のネットワークがソーシャル・キャピタルとして民主政治の質を決定するという議論や，議員や利益集団間の関係性を分析したものなどがあり（Putnam 2001；土屋 2009），国際関係論では，人権諸機関間のネットワーク，貿易協定を結んでいる国家間のネットワーク，テロリストのネットワークや犯罪ネットワークなどで，社会ネットワーク分析が行われている（Hafner-Burton *et al.* 2009；Kahler 2009）。

　しかし，ノード間の繋がりパターンに着目した純粋なネットワーク構造分析は，アクターの動機（公益追求，経済的利潤や政治的利益の追求，知識共有・創出など）や影響力の態様（交渉力，問題発見力，議題設定力，規範設定力など）を捨象して，ネットワーク上のポジションだけで関係性を特定してしまうため，ネットワークの実態を捉えにくい。このため，近年は構造分析にアクター分析を統合したアプローチが増えてきている（Kahler 2009）。たとえば，人権や軍縮ネットワーク内でハブ（繋がりの中心）として機能する大手国際NGOや国際機関が，ネットワーク内外で取り上げられる議題を事実上決定してしまうという，いわゆる「ゲートキーパー」論は，ネットワーク内の繋がりパターンから生じる議題設定力の非対称性を具体的に解明している（Carpenter 2011；Bob 2010）。

　以上のように，分析上はネットワークの内と外を区別することが有用であるが，実際には両者は密接に連関している。上記のゲートキーパー論でも，ネットワーク内で重要と認識した問題がネットワーク外でも注目を浴びるとして，内的ダイナミズムによって対外的影響力が決定されるプロセスを論じている。また，ネットワークの対外的影響力の質と量は，ネットワーク構成員の特性やネットワークの凝集性に左右される。たとえば，主たる構成員が専門家である場合と活動家である場合とでは，グローバル公共政策や国際規範に対する影響の及ぼし方が異なるし，ネットワークの凝集性の高さは交渉力を高める反面，民主的正統性の点からグローバル・ガバナンスを損なうなど，ネットワーク内の条件が対外関係を規定する面も大きい。

　さらに，今日のネットワークは重層構造を成していることが多い。たとえば，広範な人権ネットワークには，メンバーシップの特定された複数のネットワークが包含される。その中では，各ネットワークや機構の間で，人員のオーバーラップを通じた非公式な交流が恒常的に行われており，それが非意図的なネッ

トワークの緩やかな整合性を保っている（Nishitani 2015）。また，目的を共有した市民社会組織が自律性を保ちながら緩やかに連合した，アンブレラNGOまたはネットワークNGOと呼ばれる組織構造は，現代のグローバル・ガバナンスでは広範に見られる（第4章参照）。たとえば，大手NGOであるトランスペアレンシー・インターナショナル（TI）は，それ自体が独立性の高いNGOによる分権的なネットワークでありつつ，TI本部および各国支部がそれぞれにUNCAC連合などのアンブレラNGOのメンバーとして活動し，さらにそれらのアンブレラNGOは，より広範な腐敗防止の非公式なネットワークの一部として機能しているのである（第14章参照）。

　したがって，グローバル・ガバナンスにおけるネットワークの実証分析においては，対内的側面，対外的側面，そして構造分析とアクター分析とを適宜融合させた柔軟な分析の有用性が高いといえよう。

3　グローバル・ガバナンスにおけるネットワークの課題

　多中心化と断片化の進んだグローバル・ガバナンスにおいては，制度間の調整，アクター間の協調・協力，規範の遵守・履行促進，正統性の確保，問題解決のための知識創造が課題である。本章で概観してきたように，ネットワークはこれらの課題に効果的に対処できると考えられている。たとえば，知識共同体は，不確実性の高い問題に対処するための専門知識を提供し，国家間の協調・協力を促すことができる。TGNは，制度間やガバナンス・レベル間の調整機能を果たせる。TANは各国および非国家主体による規範の遵守を促進できる。GPPNは，セクター間の協力を促進し，多様なプログラム間の調整を促すことができる。また，意思決定に市民社会やビジネス・セクターを参画させることで，民主的正統性を確保する効果もある。

　他方で，ネットワークがうまく機能しない場合には，期待される効果を発揮できないのみならず，ネットワークの乱立がかえって調整を困難にするなど，逆効果を生むこともある。ネットワークはコンセンサス重視の水平的な調整を基軸とするため，参加者間の利益や規範の多様性が大きい場合には調整が難しく，交渉に時間がかかったり，合意内容が総花的な妥協の産物になったり，物別れに終わったりしやすい。逆に，同質的なメンバー間では，インクリメンタ

リズム的な意思決定になりやすく，革新的な知識の創出が難しいかもしれない。また，メンバーをエリート専門家に限れば，有効性の高い政策を策定できる反面，民主的正統性が下がるなど，メンバーシップの範囲に応じて有効性と正統性のトレードオフが生じやすい。

　このような「ネットワークの失敗」への対処として，ネットワークに垂直的な統制・管理を加えるメタ・ガバナンス（ネットワーク・マネジメントとも呼ばれる）が必要であるとの議論が，ガバナンス・ネットワーク論で積み重ねられてきた。ネットワークの柔軟性と自律性を最適化し，ネットワーク内のトランザクションコストを軽減し，目標を明確化し，対立を調整するような介入の方法などが論じられている（Sørensen and Torfing 2007；2009）。

　国際関係論では，「オーケストレーション」が同様のメタ・ガバナンス機能を持つとされ，適切なオーケストレーションがなされれば，調整，遵守向上，知識創造，合意形成を促進し，多中心化した制度の利点（多角的な問題解決，革新的な知識の創出，相補的な規制，多様な選択肢の提供など）を最大化することができると期待されている（Abbott 2013）。しかし，アナーキー下で複合化と多層化，多主体化の進んだグローバル・ガバナンスでは，そのような調整は国内よりも難しい。とくに，垂直的な統制・管理はなんらかの権力を伴うため，オーケストレーターの権限の有効性と正統性が問題になりやすい。オーケストレーターに必要な資質は何か，また，どのような条件下で，どのようにオーケストレートするのが適切かは，今後追究されるべき重要課題である（第8章参照）。

参考文献

今井賢一・金子郁容『ネットワーク組織論』岩波書店，1988年。

奥迫元「グローバル公共政策ネットワークに関する一考察――グローバル化時代における政治の再生を求めて」『早稲田社会科学総合研究』第14巻第2号，2013年。

土屋大洋「ネットワーク分析による政治的つながりの可視化――米国議会上院における日本関連法案を事例に」『国際政治』第155号，2009年。

山田高敬「地球環境領域における国際秩序の構築――国家の選好と知識」石田淳ほか編『国際政治講座4　国際秩序の変動』東京大学出版会，2004年。

Abbott, Kenneth W., "Strengthening the Transnational Regime Complex for Climate Change," *Transnational Environmental Law*, 3, 2013.

Benner, Thorsten, Wolfgang H. Reinicke, and Jan Martin Witte, "Multisectoral

Networks in Global Governance: Towards a Pluralistic System of Accountability,"
Government and Opposition, 39(2), 2004.

Bennett, W. Lance, "Social Movements beyond Borders: Understanding Two Eras of
Transnational Activism," in Donatella della Porta and Sidney Tarrow (eds.),
Transnational Protest and Global Activism, London: Roman and Littlefield, 2005.

Bennett, W. Lance and Alexandra Segerberg, "The Logic of Connective Action,"
Information, Communication & Society, 15(5), 2012.

Bob, Clifford, *The International Struggle for New Human Rights*, Philadelphia:
University of Pennsylvania Press, 2010.

Carpenter, R. Charli, "Vetting the Advocacy Agenda: Network Centrality and the
Paradox of Weapons Norms," *International Organization*, 65(1), 2011.

Davis-Cross, Mai'a K., "Rethinking Epistemic Communities Twenty Years Later,"
Review of International Studies, 39(1), 2013.

Haas, Ernst, *When Knowledge Is Power*, Berkeley: University of California Press, 1990.

Haas, Peter M. (ed.), *Knowledge, Power, and International Policy Coordination*, South
Carolina: University of South Carolina Press, 1997.

Hafner-Burton, Emilie, Miles Kahler, and Alexander H. Montgomery, "Network
Analysis for International Relations," *International Organization*, 63(3), 2009.

Heclo, Hugh, "Issue Networks and the Executive Establishment," in Anthony King
(ed.), *The New American Political System*, Washington DC: American Enterprise
Institute, 1978.

Kahler, Miles (ed.), *Networked Politics: Agency, Power, and Governance*, Ithaca:
Cornell University Press, 2009.

Keck, Margaret E. and Kathryn Sikkink, *Activists beyond Borders: Advocacy Networks
in International Politics*, Ithaca: Cornell University Press, 1998.

Margetts, Helen, Peter John, Scott Hale, and Taha Yasseri (eds.), *Political Turbulence:
How Social Media Shape Collective Action*, Princeton: Princeton University Press,
2015.

Marsh, David and R. A. W. Rhodes (eds.), *Policy Networks in British Government*,
Oxford: Oxford University Press, 1992.

Nishitani, Makiko, "The Coordination of the Global Anti-Corruption Governance via
Hybrid Polycentric Networks," *The Study of Global Governance*, 2, 2015.

Podolny, Joel M. and Karen L. Page, "Network Forms of Organization," *Annual Review
of Sociology*, 24, 1998.

Putnam, Robert D., *Bowling Alone: The Collapse and Revival of American Community*,

New York: Simon & Schuster, 2001.

Reinicke, Wolfgang H., Francis M. Deng, Jan Martin Witte, Thorsten Benner, Beth Whitaker, and John Gershman, *Crirical Choices: The United Nations, Networks, and the Future of Global Governanc*, IDRC, 2000.

Risse, Thomas, "Transnational Actors and World Politics," in Walter, Carlsnaes, Thomas Risse, and Beth A. Simmons, *Handbook of International Relations, 2nd ed.*, Los Angels: Sage Publications, 2013.

Risse, Thomas, Stephen Ropp, and Kathryn Sikkink, *The Persistent Power of Human Rights: From Commitment to Compliance*, Cambridge: Cambridge University Press, 2013.

Ruggie, John G., "International Responses to Technology, Concepts and Trends," *International Organization*, 29(3), 1975.

Slaughter, Anne-Marie, *A New World Order*, Princeton: Princeton University Press, 2004.

Sørensen, Eva and Jacob Torfing, *Theories of Democratic Network Governance*, New York: Palgrave Macmillan, 2007.

Sørensen, Eva and Jacob Torfing, "Making Governance Networks Effective and Democratic through Metagovernance," *Public Administration*, 87(2), 2009.

（西谷真規子）

第10章
ガバナンスの正統性
——正統化の政治と動態——

1 グローバル・ガバナンスの正統性問題

国際秩序と正統性

　正統性（legitimacy）とは，制度や権力の影響を受ける者が，権力行使を適切であると承認し，自発的（強制されず）にルールに従う原理である。正統性の中核的な基準は，誰がガバナンスに参与すべきか，また，どのような行為が適切であるかについての社会の規範的合意によって決定される（Clark 2005）。他方で，「ルール形成を行う組織やルール自体が，妥当なプロセスの要件と一般的に容認されている諸原理に従って運用されていると，ルールの名宛人から認識されていること」（Franck 1990）と，実質よりも手続き面の妥当性を強調する考え方もある。

　実質面にせよ手続き面にせよ，その妥当性要件は社会的合意に基づくため，正統性はガバナンス対象者（被治者，有権者）から承認されることで社会的に構築されるものといえる。この点を捉え，正統性を「ある政治制度による権威行使が適切であると有権者が信じていること」と定義するものもある（Tallberg and Zürn 2019）。つまり正統性の確立には，「誰が・何を・どのように」を決定する規範的要件だけでなく，社会的承認の事実も必要だということである。

　正統性は，国内においては政府（治者）が国民（被治者）を支配・統率する権利として理解されてきたが，ウェストファリア体制下の国際社会では中央政府が不在（いわゆる「アナーキー」状態）で，公的な治者−被治者関係が成立しない建前であるため，正統性問題は長く看過される傾向にあった。しかし，制度的に強制力を独占する中央政府が存在しないからこそ，国際社会においては正統性が重要になるともいえる。それは第1に，正統性は国際法遵守の条件になるからである。とりわけ，実質的な強制力がない場合に諸国家が国際法に従う

には，その法が正統であると認識されていなければならない。したがって，正統性を確保できるのはどのような法かという問いは，強制力なしに法の実効性を確保するうえで欠かせない重要性をもつ。

第2に，権力者を統制する原理として正統性が機能するからである。国際場裏では軍事力や経済力の大きい国家が，上位権威による統制を受けることなく恣意的に権力を行使することができる。また，国際機構や多国籍企業，大手NGO等も事実上の権力をもつことがある。これら事実上のガバナー（統治者）の行為が正統かどうかの判定は，権力行使に一定の歯止めをかけることになる。

第3に，上記の結果として，正統性は国際秩序の安定化に不可欠だからである。各ガバナーはその行為やルールを正統化しなければ，国際社会から協力を得ることができず，安定的な秩序維持が困難になる。しかしながら，第4に，多元的な国際社会においては，誰が・何が正統であるかの基準は所与でなく，高度に政治的な産物であるため，正統性が政治化されやすいのである。

さらに，グローバル・ガバナンス特有の要因も正統性の重要性を高めている。国内では政府が意思決定と執行の両方を担うため，国民は自らに影響する政策の形成過程を，民主的手続きによって統制する制度を発達させてきた。これに対し，グローバル公共政策は，国家間合意や国際機構のレベルで決定されるにもかかわらず，国家内で執行されるという2段階プロセスを踏む（Zürn 2004）。自国の意に反し，他国や国際機構の意向が強く反映された政策が国内で執行されることも少なくない。にもかかわらず，グローバルな意思決定過程を直接的に統制する公的メカニズムが存在しないため，グローバル・ガバナンスの民主的統制は困難なのである。

また，国民および政府の資格要件が明確で比較的固定している国内と異なり，グローバル社会ではガバナーとそのガバナンスの影響を被る対象範囲が明確でない。このため，グローバル・ガバナンスを動かしているルールや行為主体は正統かどうか，また，どのような正統性が必要なのかについて，合意を得るのは容易ではないのである。

正統化の政治

以上の要因のため，誰に対してどのような論理で正統化（legitimation）を図るか，また逆に，誰に対してどのような正統性を付与するかという「正統化の

政治」は，グローバル・ガバナンスの中核的な政治過程をなすに至っている（Zürn 2018；Tallberg and Zürn 2019）。

　このことは，社会の変容過程においてとりわけ先鋭化する。前記のように，正統性には規範的側面（何が正統であるかの客観的基準）と社会的側面（ガバナンス対象者からの承認）とがあるが，その相互作用により正統性要件は変化する。ガバナンス対象者の政治的影響力が増大したり，民間主体がガバナーとして実質的に参画したりするにつれ，既存の正統性要件と社会的承認の離齬が顕在化して，正統化の政治が活性化するのである。

　現代のグローバル・ガバナンスは，急速なグローバリゼーションの拡大と深化を受け，そのような変容の渦中にある。1999年の世界貿易機関（WTO）閣僚会議への大規模な抗議行動を嚆矢として，多国間制度に対するトランスナショナルな反グローバリズム運動が世界各地で見られるようになった。このことは，格差拡大や国内産業・労働市場への圧迫を受けて，新自由主義的な政策を推進する国際機構と政府に対する抗議行動が国内で頻発するようになったことの反映でもある。このような運動には，人権，開発，環境問題などに携わる国際NGOや有識者だけでなく，組織化されていない一般の消費者や労働者も活発に参加することで，国内の動きがトランスナショナルに連動する「社会の脱国家化」（societal denationalization）を進展させている（Sassen 2003；Zürn 2004）。このため，ブレトンウッズ体制で国際的に権威を保証されていた世界銀行や国際通貨基金（IMF）なども，政策の影響を被る人々やNGOに対してその正統性を証明する必要が出てきたのである。

　また，ガバナーの面でも変化が生じている。冷戦終結によって国連への期待が高まり，国連平和維持・構築活動の強化や，貧困削減アプローチの推進など，国連の業務範囲と国内への影響が拡大したことで，国内干渉的な政策に対する不満が噴出するようになった。また，2000年代初めから国連機関の不正が表沙汰になるようになり，国連のガバナンスが厳しい批判に晒されるようになった。さらに，1999年に行われたNATO軍によるコソボ空爆や2003年のイラク戦争など，欧米諸国による一方的な権力行使が頻発するようになったことで，行動の正統性が厳しく問われるようになってきた。

　他方で，NGOやビジネス・セクターが作ったプライベート・レジームが事実上の権威として機能したり（第6章，第7章参照），マルチステークホル

ダー・プロセスによって公的機関と民間主体とが協働する事例が多くなるなど，公的・法的な正統性だけでは説明できない新たな権威が台頭してきた。以上のような状況を受けて，誰の，どの政策・行為が，どのようなプロセスで行われれば正統と言えるのかが，実務の現場でも学界でも盛んに論議されるようになり，正統化の政治が昂進していったのである。

2　正統性の動態

流動的権威と自省的正統化

　前節で論じたように，現代のグローバル・ガバナンスでは，ガバナンスの対象者とガバナーの両サイドで変動が起きているため，新たな権威者が台頭したり，既存の権威者の正統性が疑問視されたりする状況が頻発している。権威が特定の制度に固定化されておらず，権威の所在や大きさが変動するような権威のあり方を，クリーシュ（Krisch 2017）は「流動的権威」（liquid authority）と名付けた。一般に，政府機関は法的手続きによって権威が固定されているため，その正統性は比較的安定している。しかし，権威が流動化すると，ガバナンス対象者からの恭順を得られなくなったり，他のガバナーとの競争の中で権威が落ちたりするため，社会的承認による正統化の必要性が高くなる（Krisch 2017；Black 2017）。

　とくに，インフォーマルな制度は流動的権威になりやすい。その典型は，NGOやビジネスによって形成・運用される規範やスタンダードなどである（第6章，第7章参照）。これらは法的な裏付けを欠くだけに，恒常的な正統化を必要とする。また，技術的あるいは政治的な不確実性の向上に伴い，専門家がガバナンスに実質的に関与するようになっているが（第3章参照），それらの多くは，信託やオーケストレーションのような非公式性を帯びたガバナンス・モードで行われる（第8章参照）。ガバナンス対象者や有権者は，問題の複雑性・専門性に鑑みて専門家の関与を容認するものの，ガバナンスの過程や結果を継続的に監視して正統性評価を更新していくため，専門家は恒常的に権威の正統化を必要とする。ガバナンス対象者・有権者からの監視・評価を踏まえてガバナンスを正統化し続けることを，ツールン（Zürn 2018）は「自省的正統化」（reflexive legitimation）と呼んでいる。

　他方，公的制度であっても，ガバナンス対象者からの支持・承認を得られな
くなれば，権威が流動化する可能性がある。たとえば，世界保健機関（WHO）
は保健ガバナンスの公的なガバナーの役割を法的に保証されているが，その実
質的な権威の大きさは，ユニセフや世界銀行（世銀）など他機関との関係や，
加盟国からの支持の度合いによって変動している（第15章参照）。流動化の局面
で権威を維持するためには，インフォーマルな制度の場合と同様に，ガバナン
ス対象者に対して自省的正統化をし続ける必要があるのである。

　それでは，正統化のためには，具体的にどのような要素を重視しなくてはな
らないのだろうか。グローバル・ガバナーの権威は，法的・制度的正統性（合
法性をもつ組織の公的地位），主権国家や国際機構などの既存権威からの権限委
譲，専門性・合理性，規範性・道義性，実績・能力，カリスマ，イデオロギー
などを源泉として付与される（Avant *et al.* 2010）。しかし，影響力の大きい権
威者は複数の源泉から正統性を得ていることが多いことから，異なる源泉が衝
突して有効性の低下をもたらす可能性もある。たとえば，人権規範を推進する
国連の道義的立場が加盟国からの支持を得られなかったルワンダ大虐殺の失敗
や，専門的な財政知識と貧困削減規範が対立して効果的な貧困削減策をとれな
かった IMF のように，異なる源泉間の衝突が政策の有効性を低下させる事例
は少なくない（Avant *et al.* 2010）。さらに，有効性の低下が正統性の低下をも
たらすこともあり（後述），確立された権威であっても，源泉間の競合によっ
てその有効性と正統性は変動しうるのである。

　また，自省的正統化にあたってどの源泉が相対的に重視されるかは，社会が
何を重視するかによって変化する。とりわけ多中心的秩序においては，特定の
権威者に正統性を付与する社会も複数あり，正統性基準の競合が起きやすい。
たとえば，開発 NGO であれば，ドナーが第一義的な正統性付与者であるが，
活動先のローカル・コミュニティや，NGO を査定する第三者機関なども，NGO
の活動に正統性を付与する重要な「正統性共同体」（legitimacy communities）で
ある。したがって，権威者がどの正統性共同体をより優先するかに応じて，正
統化戦略も必然的に変化することになる（Black 2008）。

　以上のように，インフォーマルな制度はもちろんのこと，確立した権威であ
っても，その正統性は静的・固定的に査定できるとは限らず，ガバナンス対象
者や他のガバナーとの関係において動態的に捉える必要があるのである。

システム段階に応じた正統性——入力，出力，スループット

　社会の脱国家化が進展して既存権威が揺らいでいる近年では，民主的な手続きが重視されるようになり，ガバナーの「民主主義の赤字」がしばしば槍玉に上がることになった。合法性，専門性，道義性，能力などが権威者の資質に関する要素であるのに対し，民主的特質や政策の有効性は主にガバナンス・システムの特徴であり，政策の立案・執行・評価のサイクルの中で変動するものである。したがって，能力等の面で正統性の高い行為主体でも，その政策形成・執行システムに問題があれば，正統性が低下することになるのである。

　ガバナンス・システムの民主的特質と有効性は，入力（input），スループット（throughput），出力（output）の各段階で測定される。入力正統性は代表制民主主義の度合いによって測られ，その指標は様々であるものの，選挙制度を通じた代表制と，利益集団や市民社会組織との協議制度に大別できる。グローバル・ガバナンスにおいては民主的な選挙制度が整っていないため，国家代表によるガバナーの統制・監視がそれを代替する建前ではあるが，大国の意向が優先されたり，国際機構職員が実質的な決定をするなど，必ずしも主権国家の統制が適切に効くとは限らない。そのため，利益集団や市民社会組織の代表が政策形成に参加する制度が整備されているかどうか，さらに，その制度がいかに実質的かつ包摂的（inclusive）であるかが，入力正統性を評価するポイントとなる。包摂性とは，多様な利害関係者が参加できるということである。

　他方で，出力正統性は，有効性（ガバナンス目標がどれだけ達成できたか）によって測られる。有効性の指標も様々だが，大まかには，短期・中期・長期のそれぞれについて，コスト面からみた効率性，政策の実施状況，規範の遵守状況，最終的な問題解決の程度で成果が測られる。第1章では，このような複数の出力正統性の指標に基づいて，国際機構の正統性が論じられている（第1章参照）。なお，出力正統性は，通常は民主的正統性とは区別されるが，政策目標が民主化促進である場合や，民主主義を促進する効果を期待される場合は，民主的正統性の判断指標に含められることもある。

　さらに近年，この二分類に加えて，スループット正統性も注目されるようになってきた。スループットとは入力と出力の間，すなわち政治過程のことを指す概念で，正統性の構成要素として注目されるようになったのは，2000年代にEU研究で本格的に議論されるようになってからである（Schmidt 2013）。その

後，国内政治・行政の分野でも使われるようになったが，グローバル・ガバナンスでは少数の例外を除き，いまだ十分に検討されていない（Buhmann 2017；Erman and Uhlin 2011；Dingwerth 2007）。スループット段階は絶え間ない入出力サイクルの連続ともいえるため，ガバナンス過程が民主的かつ効果的に運営されることによってスループット正統性が発生する。その指標は，入力・出力正統性の要素と一部重なっており，包摂的な参加，公正で効果的な熟議，透明性とアカウンタビリティ（説明責任），組織内ガバナンスの公正性および有効性，に大別される。

　ところで，なぜスループット正統性なる新しい概念が必要とされるようになったのだろうか。1つには，入力と出力の段階だけでは正統性を維持できなくなったからである。国際機構は，各国政府に比べると一般的に入力正統性が低いが，そのぶんガバナンスの有効性すなわち出力正統性で補完することが許されてきた。ところが，EU においてもグローバル・ガバナンスにおいても，民主主義の赤字が政治化されるようになると，出力の有効性だけでガバナンスの正統性を維持することが難しくなってきたのである。

　また，出力正統性自体の低下も危惧されることが多くなった。技術進歩とグローバル化の進展に伴い，環境，金融取引，越境犯罪，武器取引，人権・人道問題等々，多くの領域で複雑性と不確実性が増したことで，国際機構による効果的な問題解決が困難になってきたからである。

　他方で，入力正統性と出力正統性はトレードオフの関係になることもある。すなわち，政策形成過程への関与主体が多様化する（入力正統性が上がる）と，意見の相違から様々な妥協を余儀なくされる結果，有効性の低い政策に落ち着きがちである。逆に，専門家や一部の国家・国際機関による閉鎖的な政策形成過程は有効な政策を打ち出せる（出力正統性が上がる）一方で，民主的コントロールの面で問題がある（Börzel and Risse 2005）。

　スループット正統性は，このような関係を変容させる可能性があるとして注目されている。第1に，成果（出力）が出るまでの間，スループット正統性が入力正統性の不足を補填することができる。スループットは絶え間ない入力の過程と捉えることもできるため，民主的入力の制度が乏しくとも，ガバナンス過程の運営方法が民主的で効率的であれば，ガバナンスの正統性が高いと関係者は判断するのである。ただし，成果が出てしまえば，出力評価が正統性評価

の主軸にとってかわることになる。

　第2に，スループット正統性には出力の有効性を高める効果もある。規範や
ルールを作る際に，その規範の適用対象（名宛人）が熟議の過程に参加すると，
強制力に頼ることなく，規範遵守の牽引力（compliance pull）を高めることがで
きると言われている（Buhmann 2017）。このため，スループットの包摂性向上
は，指針・原則・スタンダード等のソフト・ローの遵守を高める方策として有
効とされ，また，包摂性の高いマルチステークホルダー・プロセスの正統化根
拠としても重視されるようになっているのである。

　とはいえ，政策過程は外部から見えにくいため，スループットに対する関係
者からの評価は高くとも，公衆からはそれほど注目されない傾向がある。逆に，
スループット正統性が低いと，どれだけ入力・出力段階の正統性が高くても，
そのガバナンス・システム全体の信頼性は公衆の目から見ても大きく損なわれ
る（Schmidt 2013）。スループット正統性が低下するのは，手続きやルールが不
公正だったり非効率だったりする場合や，熟議の質が低い，参加が限定されて
いる，アカウンタビリティが確保されていないなどの場合である。典型的には，
ワンマン議長によって独裁的な運営が行われ少数意見が無視されている場合や，
関係者の腐敗・汚職，選挙不正，成果のわりに審議時間が長すぎるといった場
合で，このような問題が発覚すると，ガバナンス全体への不信感が強まるだろ
う。したがって，特定の権威を非正統化（delegitimize）するには，出力（政策）
の失敗だけでなく，スループットの問題点を政治化するのが有効な戦略となる。
前政権や政敵への信頼を失墜させ，政治基盤を掘り崩すためには，その不正を
喧伝し，反腐敗政策を強化するのが効果的だということである。逆に言えば，
ガバナンスへの不信が強まった場合には，スループット正統性を改善すること，
すなわち，腐敗の撲滅や，政策過程の効率化や民主化を通して，非正統化の論
拠を覆すことが重要になるのである。

　スループット正統性が注目されるようになったのは，入力正統性の低いガバ
ナーを国内類推の正統性概念で評価するのは不当であるという認識を反映して
いると同時に，国際機構の入力制度の形骸化が批判され，その内実が重視され
るようになったことの結果とも言えるだろう。国際機構は国家の代理人にすぎ
ないという，従来型の「本人・代理人」モデル（第1章，第8章参照）に従えば，
国際機構が負うべき一義的なアカウンタビリティ相手は「本人」＝加盟国であ

る。これは，権限を委譲した管理者に対する説明責任の次元である。他方で，国際機構の活動範囲の拡大に伴い，政策の影響を被るあらゆる利害関係者<ruby>利害関係者<rt>ステークホルダー</rt></ruby>——たとえば，開発の現場の地域社会，消費者，関連産業，NGO，学界など——に対してアカウンタビリティを果たすべきであるとの議論が強くなってきている。このような社会的要請に対する応答責任は，アカウンタビリティの「参加型モデル」と呼ばれ，近年ますます重視されるようになっているのである（Grant and Keohane 2005；蓮生 2012）。このような参加型モデルを採用することで，正統性共同体間の競合による不確実性が高まり，なおいっそう，スループットに対する精査が要求され，自省的正統化の反復が行われる結果になると言えるだろう。

3　グローバル・ガバナーの正統性

　以上の議論をもとに，グローバル・ガバナンスにおける影響力が大きく，その正統性に論議のある，国際機構，企業，市民社会組織について簡単に考えてみよう（国際機構論の観点から論じた第1章も参照）。

　国際機構の特徴は，主権国家による権限委譲と国際法に裏付けられた公的地位を持っていることと，ある程度の自律性を持っていることである。通常は加盟国間の合意に基づいてその権限を行使しているが，不確実性の高いグローバル問題群においては，国によって慣行や規範遵守の度合いが異なるため，加盟国間の合意が形成されにくいことがある。また前節で述べたように，国際機構の持つ専門性や道義性が，加盟国の国益と衝突して有効な行動をとれず，出力正統性の不足が問題化されることも多い。このため，国際機構がより自律的に機能できるように権限を強化すべきだとの議論がなされてきた。

　他方で，とりわけ欧米主導の国際金融・開発機関は，途上国の国内社会に多大な影響を与えるにもかかわらず，その国民に対して十分な説明責任を負っていないとして，その正統性に深刻な疑義を突き付けられてきた。ここでは，入力およびスループットの正統性が問われている。

　また，社会の脱国家化を背景として，国際機構はより能動的に民主的価値を推進しなければ正統性を確保できないとする議論もある。そのため，一方で，包摂性と熟議の促進により入力およびスループット正統性を向上させ，他方で，

各国の民主制度の構築や国境を越えた社会間の連携を支援することで，出力正統性を向上させることが提案されている（Zürn 2004）。国際機構自体の民主化と，国際機構による民主化促進の両方が求められているのである。

　企業は入力面で正統性を確保するのは難しいが，近年はスループット正統性の向上を要請されることが多くなってきた。コーポレート・ガバナンスの考えでは，企業は第1に出資者（株主や投資家）に対してアカウンタビリティを果たす義務があると考えられるが，近年では，活動の影響を受ける広範な利害関係者にもアカウンタビリティを果たす社会的責任があるとの議論が高まっている（第5章；第17章参照）。従業員や取引先，さらには，事業の影響を受ける地域社会や消費者に対してアカウンタビリティを求められることも多い。説明すべき内容も，財務状況だけでなく，環境に対する影響（土壌・大気・水質汚染や資源の枯渇など）および社会に対する影響（労働者の人権や地域社会の経済社会状況など）も含めて開示すべきとの考えが広まってきている。

　出力面についても，企業活動に環境への配慮と社会・人権への配慮を求める「企業の社会的責任（CSR）」の規範が広がったことで，環境および社会面で悪影響を与えるような場合には出力正統性が低下する可能性が出てきた。逆に，いわゆる「トリプル・ボトムライン」（経済，環境，社会の三側面における貢献）が企業の出力評価にプラスに算入されることも多くなった（第17章参照）。近年では，紛争鉱物の規制など国際的な規範枠組み設定に産業界が中核的な役割を果たしたり，国際社会が十分な介入を行えない破綻国家において，企業が地域社会の安全保障に貢献したりする事例も増えてきた。ビジネス・アクターによるこのようなガバナンスへの自発的な関与を，国家による権限委譲などの法的根拠によらずに，道義性・規範性，能力，専門性，有効性などに基づいて肯定的に評価しようという動きも出てきている。

　同様に，市民社会組織の活動も，その能力や道義性，有効性に基づいて評価されることが多い。他方で，非欧米社会では，部族社会や現地住民が社会運動の主力となることが多く，欧米 NGO の入力正統性の不足が批判されることが多い（第4章参照）。また，近年では市民社会組織についても，企業と同様のスループット正統性の向上が求められるようになっている。国際機構や欧米の開発機関から資金を得たり，NGO のグローバル・ネットワークに加入したりするためには，民主的な意思決定手続き，民主的に定められた定款，民主的なガ

バナンス構造，透明性とアカウンタビリティといったスループット要件が必要とされることが多い。

　しかし，たとえば旧共産圏など，国家主導の政治文化を持つ国では，市民社会組織の運営は現地特有の非公式慣行に依拠していることが多く，欧米型の民主的要件を満たすのは容易ではない。また，出力面についても，欧米のドナーは短期的な成果を求めることが多いため，草の根の市民社会組織の活動は，啓発・教育など比較的成果を示しやすいプロジェクトに偏りやすく，社会や政治に巣食っている問題を抜本的に解決するような活動をしにくいという問題がある。このため，民主的で効率的なスループットや短期的成果重視の出力評価は，市民社会内での国際NGOの優位性と草の根運動の周縁化を助長することになるとの批判もなされている。

　以上のように，多様な行為主体がガバナーとしてグローバル・ガバナンスに参与する今日では，その正統性を画一的に判断するのは困難になっている。正統性は動態的に変化するとの前提のもと，それぞれのプロジェクトごとに，正統性の源泉は何か，各段階の正統性要件は満たされているか，ガバナンス対象から承認されているかをつぶさに検討し，ガバナーの権威と行為の適切性を動態的に判断することが求められよう。

参考文献

蓮生郁代『国連行政とアカウンタビリティーの概念——国連再生への道標』東信堂，2012年。

Avant, Deborah D., Martha Finnemore, and Susan K. Sell (eds.), *Who Governs the Globe?*, Cambridge: Cambridge University Press, 2010.

Black, Julia, "Constructing and Contesting Legitimacy and Accountability in Polycentric Regulatory Regimes," *Regulation & Governance*, 2, 2008.

Black, Julia, "Says Who? Liquid Authority and Interpretive Control in Transnational Regulatory Regimes," *International Theory*, 9(2), 2017.

Börzel, Tanja A. and Thomas Risse, "Public-Private Partnerships: Effective and Legitimate Tools of Transnational Governance?" in Edgar Grande and Louis W. Pauly (eds.), *Complex Sovereignty: Reconstituting Political Authority in the Twenty-first Century*, Toronto: University of Toronto Press, 2005.

Buhmann, Karin, *Power, Procedure, Participation and Legitimacy in Global*

Sustainability: A Theory of Collaborative Regulation, Oxford: Routledge, 2017.

Chayes, Abram and Antonia Handler Chayes, *The New Sovereignty: Compliance with International Regulatory Agreements*, Harvard: Harvard University Press, 1995. （エイブラム・チェイズ／アントーニア・H・チェイズ〔宮野洋一監訳〕『国際法遵守の管理モデル──新しい主権のありかた』中央大学出版局，2018年）

Clark, Ian, *Legitimacy in International Society*, Oxford: Oxford University Press, 2005.

Dingwerth, Klaus, *The New Transnationalism: Transnational Governance and Democratic Legitimacy*, Palgrave MacMillan, 2007.

Erman, Eva and Anders Uhlin (eds.), *Legitimacy Beyond the States?: Re-examining the Democratic Credentials of Trasnational Actors*, New York: Palgrave MacMillan, 2010.

Franck, Thomas M., *The Power of Legitimacy Among Nations*, Oxford: Oxford University Press, 1990.

Grant, Ruth W. and Robert O. Keohane, "Accountability and Abuses of Power in World Politics," *American Political Science Review*, 99(1), 2005.

Krisch, Nico, "Liquid Authority in Global Governance," *International Theory*, 9(2), 2017.

Sassen, Saskia, "Globalization or Denationalization?" *Review of International Political Economy*, 10(1), 2003.

Schmidt, Vivien, "Democracy and Legitimacy in the European Union Revisited: Input, Output and 'Throughput'," *Political Studies*, 61(1), 2013.

Tallberg, Jonas and Michael Zürn, "The legitimacy and Legitimation of International Organizations: Introduction and Framework," *The Review of International Organizations*, 14, 2019.

Uhlin, Anders, "Democratic Legitimacy of Transnational Actors: Mapping Out the Conceptual Terrain," in Eva Erman and Anders Uhlin (eds.), *Legitimacy Beyond the States?: Re-examining the Democratic Credentials of Trasnational Actors*, New York: Palgrave MacMillan, 2010.

Zürn, Michael, "Global Governance and Legitimacy Problems," *Government and Oppositions*, 39(2), 2004.

Zürn, Michael, *A Theory of Global Governance: Authority, Legitimacy, and Contestation*, Oxford : Oxford University Press, 2018.

（西谷真規子）

第Ⅲ部

グローバル・ガバナンスの現状

第11章

国際開発

——新興国の台頭とガバナンス構造の変動——

1 「ポスト貧困削減ガバナンス」の胎動

　国際開発をめぐるグローバル・ガバナンスは，変容を迫られている。第2次大戦後に生み出された国際開発ガバナンスは，1970年代以降，先進国主導の貧困削減を最優先とする「貧困削減ガバナンス」へと発展してきた。しかし2010年代に入り，新興国・途上国が顕著な経済成長を達成すると，先進国主導の「貧困削減ガバナンス」を揺さぶるようになった。2011年，中国のGDPは，アメリカに次いで世界第2位となり，インド，ブラジルなどの諸国がこれに続く。そして新興国・途上国の平均経済成長率は，4.9％を誇る。新興国・途上国は，まさに今，急速な経済成長の途上にあり，その経済成長を促進するための支援を必要としている。途上国全体を深刻な貧困問題が覆っていたという時代は遠い昔のことである。また新興国・途上国の中には，経済成長に伴い，自らも開発援助を開始する国や，その開発援助を大幅に増大する国も出てきた。多様な開発援助が併存することになり，既存の貧困削減を目的とした援助に対する疑義を生じさせ，その効果を相殺するようになった。つまり，「貧困削減ガバナンス」は，その優先課題，協力形態の点で，修正を迫られるようになったのである。

　国際開発をめぐるグローバル・ガバナンスは，複数のイシューごとに成立したガバナンス（サブ・ガバナンス）が並び立つ，分権的なガバナンスである。その主なものには，開発援助委員会（Development Assistance Committee：DAC）が牽引する「政府開発援助（Official Development Assistance：ODA）ガバナンス」，世界銀行や国際通貨基金（International Monetary Fund：IMF）を中心とする「開発金融ガバナンス」，国連を中心とする「技術援助ガバナンス」がある。「貧困削減」という課題を共有しつつも，それぞれが独自の領域を保つ。新興

国・途上国の顕著な経済成長は，これらのガバナンスに少なからぬ影響を与える。これら一連の動向は，「ポスト貧困削減ガバナンス」の胎動と捉えられるものであろう。

　本章は，「ポスト貧困削減ガバナンス」の胎動となる，主なガバナンスの動向を論じるものである。第2節では，「ODA ガバナンス」の境界消滅の動きを述べる。第3節では，アジアインフラ投資銀行（Asia Infrastructure Investment Bank：AIIB）による新ガバナンス創出の動きを論じる。第4節では，環境領域，開発領域，社会領域の目標を束ねる持続可能な開発目標（Sustainable Development Goals：SDGs）の成立により，国際開発ガバナンスが複合化の様相を呈してきたことを述べる。そして第5節では，国際開発ガバナンスの構造変動のメカニズムについて知見を提示する。

2　ガバナンス境界の消滅——DAC

　第2次世界大戦後，開発援助は国益を増大させる外交手段として供与されるようになった。アメリカを中心とする西側諸国は，冷戦戦略として開発援助政策を位置づけた。そして同時に，援助国はその商業利益の増進をも図った。贈与ではなく借款が好まれた。利子が高い，返済猶予期間が短いなど，その融資条件は厳しいものであった。また援助資金が援助国の財やサービスと結び付く，タイド・ローンが多く用いられたため，援助資金が援助国に還流し，途上国の経済成長や貧困削減に対する貢献は乏しかった。

　そこで，1960年代に入り，ODA ガバナンスが作られることになった。1961年，アメリカは西側諸国に呼びかけ，DAC を創設した。DAC は，「共通の援助努力に関する決議」を掲げた。同決議では，DAC メンバーは，途上国国民の生活水準の向上を開発援助の増大と質の向上によって支援することが共通の目的として定められている。またそのためには，贈与ないし有利な条件での借款の形態による援助の拡充を目指すべきこと，定期的に相互の援助を点検すること，良質な援助原則について提言をすることも定めている。ODA ガバナンスは，被援助国の経済開発促進を推奨するシステムとして創設されたのである。

　その後，ODA ガバナンスは，その開発援助領域と商業領域との境界を明確化する。1969年，DAC は ODA 概念を生み出した。ODA とは，(1)政府によっ

て供与される，(2)途上国の経済開発や福祉の向上を主たる目的とする，(3)グラント・エレメント，すなわち贈与比率が25％以上であること，の条件を満たす資金の流れのことである。開発援助は「慈善」に基づくべきであり，それによって商業的利益を得てはならないという考えから，贈与が推奨された。そして1974年，DAC はアンタイド化を開発援助の新しい指標に加えた。ODA のアンタイド化，すなわち，援助国が ODA を自国の財やサービスと結び付けないことを推奨し，ODA を商業活動と切り離すことを狙ったのである。

　さらに ODA ガバナンスは，貧困削減を開発援助の優先的な目的に掲げるようになる。1960年代，DAC 諸国は経済成長と産業化を促進し，貧困削減や基本的人間のニーズ（Basic Human Needs：BHN）の充足は強調してこなかった。70年代に入り，多くの援助国，世銀，国連などが貧困削減の重要性を認識し，それを指導原則に採択するようになると，1977年，DAC もまた貧困削減を指導原則として採択した。1996年には，DAC は BHN の充足を通じて，2015年までに絶対的貧困にある人口を半減することなどを目的に掲げた。2000年，DAC はピア・レビュー（Peer Review）システムを開始し，メンバーの貧困削減努力を監視・報告することになった。

　2010年代に入ると，ODA ガバナンスを取り巻く状況は大きく変わった。新興ドナーが国際開発協力に与える影響が急速に大きくなってきたのである。新興ドナーには，中国，インド，ブラジルといった新興大国，南アやサウジアラビアなどの地域大国，タイやトルコなどの急速に産業化する諸国，ロシア，ポーランド，チェコ共和国などの旧社会主義国がある。新興ドナーの中には，DAC に加盟する国もいるが，その多くは DAC に加盟することなく，独自の開発援助活動を展開している。非 DAC 諸国の ODA 総額は，全 DAC30ヵ国の ODA 総額の４分の１にすぎない。しかし何より懸念されるのは，非 DAC ドナーが DAC ルールを無視して，ODA ガバナンスに混乱を与えることである。

　とりわけ中国に対する懸念は大きい。中国は，DAC と対照的な価値観をもち，DAC の諸ルールを尊重しない。中国はそもそも開発援助という言葉を使わない。平等・互恵を原則とする経済協力なのである。つまり，援助国と被援助国は対等なパートナーであり，経験と技術の共有を通じて経済開発を支援し，相互に利益を得るのである。このような考え方の基に，中国は，急速な経済成

長を遂げる途上国に対し，インフラ整備プロジェクトのための有償借款を活発に供与する。しかしそのグラント・エレメントは低く，利子は高く，返済期間は短い。その上，タイドである。中国は，貧困削減よりも経済成長にプライオリティを与え，援助と貿易と投資の間に明確な区別をしない。DAC が，国益追求に歯止めをかけ，市場機能を損なわないよう，それらの間に区別をしてきたのとは対照的だ。

　DAC は ODA ガバナンスを維持するために，非 DAC ドナーの取り込みを図る。DAC は，非 DAC ドナーと共に勉強会を開催したり，それら諸国を日常業務や政策決定過程に参加させたりした。それらの活動を通じて DAC の開発援助モデルや手法を教え込もうとしたのである。しかしその結果，新興ドナーの多くは，DAC の最高意思決定機関であるハイレベル・フォーラム (High-Level Forum：HLF) への参加を要求するようになった。2008年，アクラで開催された HLF では，参加メンバーは，援助国のみならず，被援助国，国際機関，市民社会組織にまで拡大することが決定された。また南北共同議長システムが導入され，諮問委員会も開始されることになった。

　HLF の参加メンバーの増加は，ODA ガバナンスに変容を余儀なくした。2011年，釜山で開催された第4回 HLF では，4つの共有原則が採択された。それら原則とは，(1)オーナーシップ，(2)結果志向，(3)パートナーシップ，(4)透明性と共有された責任，である。(2)の結果志向とは，経済成長を達成するという結果こそが重要なのであり，結果を出せるなら，貿易も融資も活用してよいのだ，援助は開発協力の唯一の手段ではない，という考え方である。これら共有原則の採択は，新興ドナーの援助活動を承認したものであり，DAC が頑なまでに守ってきた開発援助領域と商業領域の境界線を消すことを意味する。ODA ガバナンスの境界はまさに消えつつあると言える。

3　新ガバナンスの誕生？——AIIB

ブレトンウッズ

　ブレトンウッズ体制とは，第2次世界大戦後に構築された国際金融・経済を管轄するシステムである。その名称は，1944年，アメリカのニューハンプシャー州ブレトンウッズで開催された国際会議に由来する。当時，通貨が安定す

れば，対外民間投資が促進され，自由貿易も復活することが期待された。そこ
で国際金融を安定化するために，IMFが設立された。そして対外民間投資を
促進するために，民間投資を保証し，その補完的融資を行う公的機関として世
界銀行（世銀）が設立された。世銀は，当初，主に欧州諸国に対する復興支援
を展開したが，60年代以降，本格的に途上国の経済開発支援に乗り出した。70
年代以降には，IMFもまた世銀に追随し，途上国開発融資に着手するように
なったのである。

　途上国の経済開発に乗り出した世銀とIMFは，激しい批判に晒されるよう
になった。世銀もIMFも，途上国の経済開発を主な目的として設立されたわ
けではない。世銀の融資条件は途上国にとっては厳しく，返済負担が重い。ま
たインフラ整備のための融資を展開したが，途上国の貧困問題は解決しなかっ
た。IMFの構造調整融資は，貧困問題を解決するどころか，国内の貧困層の
増大やインフレの高進などの混乱を招くことになった。世銀やIMFは途上国
の貧困削減に重点を置くべきだと批判されるようになったのである。

　90年代に入ると，世銀とIMFは貧困削減を最優先課題に掲げるようになっ
た。とくに，世銀の方向転換は顕著だ。世銀は，1950年代，60年代にかけて，
融資の7割がインフラ整備に向けられていた。しかし1999年までに，インフラ
融資比率を19％にまで縮小させ，それに代わって，衣食住，教育，行政などの，
技術や知識の移転に対する融資を増加させたのである。

　ブレトンウッズ機関は，途上国開発に乗り出した後も，先進諸国が主導する
体制に変わりはない。世界経済における新興市場および途上国の役割の増大と
いった変化を反映させるために，2010年，世銀，IMFともに，ガバナンス改
革に着手した。世銀は，862億ドルの増資と，途上国の投票権の比率変更など
を承認した。その結果，2018年には，世銀の投票権比率は，第1位のアメリカ
が16.3％，第2位の日本が7.0％，第3位の中国が4.5％となった。IMFは，
各国の出資割当額，すなわちクォータを倍増するとともに，新興市場国，途上
国にクォータが6％以上移行するよう大規模な再調整を行うことを決めた。そ
の結果，IMFの投票権比率は，2016年，第1位のアメリカが16.7％，第2位
の日本が6.2％，第3位の中国が6.1％となった。これら改革は，新興国の発言
力を増加させたと言われるが，アメリカが圧倒的に大きな発言力を有する状況
を覆すわけではなかった。

AIIB

2010年代に入ると，先進国主導のブレトンウッズ体制は，新興国主導のガバナンス新設の動きに直面する。2013年，習近平中国国家主席は，アジアインフラ投資銀行（Asian Infrastructure Investment Bank：AIIB）の創設を宣言した。AIIBは，アジア地域のインフラ整備プロジェクトに投資する多国間金融機関である。急速な経済成長を遂げる新興国，途上国では，インフラ融資に対する莫大なニーズが生じている。しかし既存の多国間金融機関は，その融資の大半を水道，病院，学校などの社会インフラに割り当て，輸送，エネルギー，通信などの経済インフラ融資に資金を割り当てなくなった。そこで新興国，途上国のニーズを充足するために，AIIBの新設が企図されたのである。

AIIBに対しては懸念が表明された。第1に，AIIBは中国外交の道具であり，将来的に中国の覇権確立の足掛かりになるのではないかというものである。AIIBは北京に置かれ，中国の金立群（Jin Liqun）前財務次官が総裁を務めた。AIIBの投票権は，中国がその28.7%を保有し，その他のアジア諸国が投票権の多くを保有する。AIIBは，ブレトンウッズ機関に不満をもつ新興国を満足させるものであった。それゆえAIIBは，中国が国際政治経済に対する影響力を増大させるのに貢献するのではないかと考えられたのである。第2に，AIIBは援助効果を損なうのではないかというものである。AIIBの融資は，コンディショナリティ，すなわち援助の使途に対する条件をつけない。そのためAIIBの融資は，その出資国の商業的利益を増進させたり，被援助国政府による人権侵害や環境破壊を促進したりする可能性がある。それゆえアメリカなどの先進諸国は，AIIBへの参加を躊躇した。

しかし結果的に，AIIBの船出は順調なものとなった。2015年，イギリスが加盟を表明すると，オーストリア，ドイツ，ルクセンブルク，オランダ，ノルウェーが相次いで加盟を表明し，2017年には84ヵ国にまで増えた。アフリカ開発銀行の81加盟国，アジア開発銀行の67加盟国と比較すると，その多さが分かる。アジア諸国のみならず，ヨーロッパ諸国も多く加盟し，国際開発金融機関としての色彩を濃くする。2017年10月までに，21のプロジェクトを承認し，約35億ドルを融資した。AIIBは，西側が牽引する国際金融機関のオルターナティブとして自らをアピールする。AIIBは多くの国から期待を集めることに成功しているといえる。

　ただし，AIIB がブレトンウッズ体制を代替する，あるいはそれと並立する新ガバナンスを構築しうるかについては，今のところ否定的とならざるを得ない。2017年，世銀の融資額が226億ドル，アジア開発銀行が201億ドル，第二世銀と言われる国際開発協会が195億ドルであるのに対し，AIIB は25億ドルである。世銀の約10分の 1 にすぎない。また AIIB が融資した15件のプロジェクトのうち11件が，世銀などの既存の国際開発金融機関との共同融資である。現時点では，ブレトンウッズ体制に大きな影響を与えることはないと言える。しかし，非欧米諸国が事実上の拒否権を持つ国際開発金融機関が創設されたことは注目すべき事実であり，AIIB の今後の展開を注視していく必要があろう。

4　ガバナンスの複合化——SDGs

MDGs

　2000年，貧困削減ガバナンスは 1 つの完成形を見せる。2000年，国連ミレニアム・サミットにて，147の国家元首を含む189の国連加盟国代表が，21世紀の国際社会の目標として，「国連ミレニアム宣言」を採択した。そしてこの宣言と1990年代に開催された主要な国際会議やサミットでの開発目標をまとめ，「ミレニアム開発目標（Millennium Development Goals：MDGs）」が作成された。MDGs は貧困削減を最終的な目的とし，その目的を達成するための 8 つの目標から構成される。2015年を達成期限とし，その達成状況を国際機関によりモニタリングすることが定められた。MDGs は援助国の援助政策に組み込まれ，MDGs 達成のための協力体制が生み出されたのである。

　MDGs は，貧困削減に少なからぬ効果を上げた。MDGs が提唱されると，DAC 諸国のほぼすべての国が，ODA の最優先目的として，MDGs や貧困削減への貢献を掲げる。その結果，DAC 諸国の ODA 総額は，2000年に710億ドルであったが，2015年には約 2 倍の1320億ドルに達した。極度の貧困に苦しむ人々の割合は，1990年には世界人口の約36％（約19億人）を占めていたが，2015年には約12％（約8.4億人）と，当初の 3 分の 1 にまで減少した。

　その一方で，MDGs は課題も積み残した。教育，母子保健，衛生といった分野において目標は達成されなかった。たとえば母子保健の分野では，5 歳未満児死亡率が1990年から2015年の間に世界全体で53％減少したが，1990年水準

の3分の1まで削減するという目標の達成には至らなかった。さらに，MDGs
の達成状況には国や地域ごとにばらつきが見られる。目標を達成している地域
がある一方で，サブサハラ・アフリカ，南アジア，オセアニアなどの地域では，
全般的に問題の改善が遅い。たとえばサブサハラ・アフリカ地域では，人口の
41％が依然として極度の貧困状態に置かれている。

　さらにMDGsには多くの批判が寄せられている。MDGsは，コフィ・アナ
ン事務総長特別アドバイザーを務めていたジョン・G・ラギーによって草案が
書かれ，国連，世銀，IMF，DACの上層部スタッフが結集して具体化された。
これは，MDGsが一部の先進国エリートにより作成されたこと，その政治過
程は不透明であったことを意味する。その結果，社会開発を重視するあまり，
経済開発を犠牲にしたり，貧困の根本的な原因の解決ではなく対処療法的取り
組みにとどまったり，などの偏りが修正されないまま，完成した目標として提
示されることになったとされる。

SDGs

　MDGsの後継目標，すなわち，「ポスト2015開発アジェンダ」の策定に向け
た主な動きの1つは，開発領域，すなわち開発業務に従事する国連機関から生
じた。2011年冬，国連開発計画（United Nations Development Programme：
UNDP）と国連経済社会局が主導する国連タスクチームが発足した。UNDP主
導の下，100以上の国別コンサルテーションや，11のテーマ別コンサルテーシ
ョンが世界各地で行われ，多様な関係者からの意見収集を図った。この動きを
吸い上げる形で，2012年，潘基文国連事務総長が，少数の有識者からなる賢人
ハイレベル・パネルを立ち上げ，MDGsの後継目標，いわば改良版MDGsを
作り上げた。

　ポスト2015開発アジェンダの策定に向けたもう1つの動きは，環境領域にお
いて生じた。2012年，国連持続可能な開発会議（リオ＋20）において，外交手
腕を発揮したいコロンビアは，新奇性に富むアイデアの考案に取り組む。コロ
ンビア外務省経済社会環境問題担当大臣であった，ポーラ・カバレロ（Paula
Caballero）は，持続可能な開発目標（Sustainable Development Goals：SDGs）を提
案した。MDGsが開発領域に特化した目標であったのに対し，SDGsは，経済，
環境，社会領域をカバーする複合的な目標にすべきであるというものであった。

そしてSDGsは，リオ+20の成果文書「私たちの望む未来」(*The Future We Want*) に挿入され，SDGsの具体化に向けて始動することが合意された。

「ポスト2015開発アジェンダ」の策定に向けた開発領域における動きと環境領域における動きは，環境領域における動きに統合される形となる。SDGs構想会議であるオープン・ワーキング・グループ (Open Working Group：OWG) は，公開性，透明性を原則とした。その原則の下，新興国・途上国は積極的に議論に参加し，17の目標と169のターゲットの中に彼らの要求を最大限詰め込んだ。潘基文国連事務総長の主導の下，少数の有識者が中心となって作成した改良版MDGsは，多数の国家・非国家主体が作成したSDGsの民主主義的正当性に勝てなかった。OWGは，国連加盟国の大多数を占める新興国・途上国が積極的に参加し，民主主義的な政治過程を経て策定された。新興国・途上国が団結し，SDGsの民主主義的正当性を訴えたことで，SDGsに対する支持が増大する。任期満了を目前に控え，功績を立てたい国連事務総長らは，自らが推す改良版MDGsである，ポスト2015開発アジェンダを見限り，SDGs支持に乗り換えた。SDGsは政府間交渉での討議を経て，2015年，国連総会において「我々の世界を変革する：持続可能な開発のための2030アジェンダ」として採択されることになった。

SDGsの採択は，ガバナンスを複合化に向かわせる。SDGsは，開発，環境，社会の3つの領域を横断する17の目標と169のターゲットを持つ。開発領域における取り組みだけでは解決しない深刻な貧困問題，貧困ゆえに人権侵害や環境破壊を生み出す状況は，複合的な対応を必要とする。SDGsの17目標は相互関連性をもち，単独で実現できるものではない。持続可能な開発という，より高次の目的を掲げて，これら目標を同時に推進することで，一貫性を図り，相乗効果が期待できるとされた。国際社会において，ガバナンスの複合化への期待が高まったのである。

しかしながら，SDGs採択から5年を経た現在，SDGsは複合性という課題に直面している。SDGsは，各国政府のみならず，国際機関，NGOs，民間企業などの多様なステークホルダーの貢献により実現されるが，そのフォローアップと審査は，主に各国政府が責任を持つ。各国政府は，持続可能な開発に関するハイレベル政治フォーラム (High-Level Political Forum on Sustainable Development：HLPF) において，その取り組みや課題などを自発的に報告し，

知見を共有する。それによって，SDGs 実現に向けたプロセスを加速すること
が目指される。これまで，毎年開催される HLPF では，数十ヵ国が自発的レ
ビューを報告し，HLPF は SDGs の実現に向けた課題の共有に役立ってきた。
しかし気候変動や紛争，不平等，根強く残る深刻な貧困や飢餓，急激な都市化，
環境破壊など，困難な問題に立ち向かうためには，これら目標をより効率的か
つ効果的に実現することが求められている。こういった認識から，2018年 7 月，
HLPF では，SDGs 実現に向けた統合的アプローチの必要性が改めて提唱され
た。そして2019年 7 月に開催された HLPF においても，SDGs の目標間の相互
関連性を検討された。目標間の調整メカニズムの創出は，今後の課題となろう。

5　国際開発ガバナンスの構造変動

　今日，国際開発ガバナンスは，まさに「貧困削減ガバナンス」から「ポスト
貧困削減ガバナンス」への移行の途上にある。世界が北の先進国と南の途上国
に分かれ，南の途上国は貧困にあえいでいるという時代には，先進諸国が中心
となって「貧困削減ガバナンス」の構築・発展を目指した。しかしかつての途
上国は，今や目覚ましい経済成長を遂げている。新興国・途上国は，その経済
成長に伴い，古いガバナンスの変革を求めるようになった。新興国・途上国は，
新たな国際開発協力形態を承認させることに成功し，ODA ガバナンスの境界
は消滅した。AIIB 創設は，開発金融ガバナンスを揺さぶる，新たなガバナン
スの創出を目指したものである。新興国・途上国は，国連の民主主義的な政策
決定の場で，多数派形成力を発揮し，自らの要求を多数盛り込む SDGs の採択
を成功させた。目標が複数の領域にまたがるという SDGs の採択は，ガバナン
スを複合化に向かわせる。今後も，経済成長と共にその存在感を大幅に増大す
る新興国・途上国は，「ポスト貧困削減ガバナンス」を創出する重要な主体と
なろう。

参考文献

小川裕子「開発分野におけるレジームの動態——レジーム競合・調整の動因としてのア
　　メリカ」「グローバル経済と国際政治」『国際政治』第153号，2008年。
モーズリー，エマ（佐藤眞理子・加藤佳代訳）『国際開発援助の変貌と新興国の台頭

──被援助国から援助国への転換』明石書店，2014年。

"*DAC in Dates: The History of OECD's Development Assistance Committee*," DAC, 2006.

Dodds, Felix *et al., Negotiating the Sustainable Development Goals: A Transformational Agenda for an Insecure World,* Lodon and New York: Routledge, 2017.

Kamau, Macharia *et al., Transforming Multilateral Diplomacy: The Inside Story of the Sustainable Development Goals,* Lodon and New York: Routledge, 2018.

Melamed, Claire and Andy Sumner, "A Post-2015 Development Framework: Why, What, Who?" Paper prepared for the ODI/UNDP Cairo workshop on a post-2015 Global Development Agreement, Overseas Development Institute, 2011, http://www.odi.org.uk/resources/docs/7369.pdf, Accessed on 30 April, 2019.

Ogawa, Hiroko, "A Superficial Success of DAC: Emerging Donors and the Revival of Economic Statecraft," Masayuki Tadokoro *et al.* (eds.), *Emerging Risks in a World of Heterogeneity: Interactions Among Countries with Different Sizes, Polities and Societies,* Singapore: Springer, 2018.

Wang, Hongying, "New Multilateral Development Banks: Opportunities and Challenges for Global Governance," *Global Policy,* Vol. 8, No. 1, 2017.

Weiss, Martin A., "Asian Infrastructure Investment Bank（AIIB）," Congressional Research Service, 2017.

Wisor, Scott, "After the MDGs: Citizen Deliberation and the Post-2015 Development Framework," *Ethics & International Affairs,* Vol. 26, No. 1, 2012.

ADB, AIIB, DAC, IDA, OECD, UN, WB, Annual reports and websites.

（小川裕子）

第12章

人権（労働者，女性，子ども）

――人権規範の浸透と多中心化・多争点化するガバナンス――

1　グローバル・ガバナンスと人権

人権ガバナンスとその特徴

　現代グローバル・ガバナンスの特徴の1つとして，あらゆる争点分野に人権規範が浸透してきたことが挙げられよう。言い換えれば，あらゆる政策において人権への配慮を欠かすことはできない。たとえば，国際連合（国連）が進めている「人権の主流化」は，安全保障や開発，人道支援など，国連が関わるあらゆる政策に人権の視点を組み込むことを目的としている。現代の人権に関わる問題は分野横断的であり，人権に関わるグローバル・ガバナンス（人権ガバナンス）は多争点性という特徴を持つ。

　また，非国家主体，とりわけ国連や市民社会の役割が大きいことも，人権ガバナンスの特徴である。人権は「すべての個人が生まれながらに持つ権利」として定義される一方で，人権を保障する一義的な責任は国家にある。しかし，国際人権諸条約を起草する舞台となった国連や，人権保護を標榜する非政府組織（NGO）に加えて，近年では，自身の行動が人権保障に与える影響を認識し始めた企業や，人権侵害被害の声を上げる被害者自身も，グローバル社会の重要な主体となりつつある。人権ガバナンスには様々な行為主体が関わり（多主体性），その権威の所在も多元化している（多中心性）。

　本章では，多中心性・多主体性・多争点性という現代の人権ガバナンスの特徴をよく示す，労働者，女性，子どもの人権に焦点を当てる。たとえば，冷戦終結以降，扱いが容易な小型武器（小火器）が世界各地の紛争地に流出したことで，従順で洗脳しやすく，成年に比べて「調達」がしやすい子ども兵の問題が深刻化した（安全保障と人権）。また，2013年4月にバングラデシュで起きたラナプラザビル崩壊事故では，労働者の権利とともに，縫製工場で働く女性の

権利の問題に焦点が当たった。2015年に国連加盟国間で合意され，国連全体として推進している「持続可能な開発目標（SDGs）」には，多様な分野やターゲットをまたいで，労働者，女性，子どもに関わる言及が多く見られる（開発と人権）。さらに，これらの人権問題の解決を求めて，各国政府や国連諸機関，NGO，企業などがそれぞれに取り組んでいる。

　以下では，労働者，女性，子どもの人権をめぐって，近年どのような展開が生じているのか，様々な行為主体の関与と争点間の関係性という観点から，人権ガバナンスを素描してみたい。

人権ガバナンスの基盤——国際人権レジーム

　このような人権ガバナンスの基盤となるのは，国連を舞台として作られた世界人権宣言と国連人権諸条約を中心とした国際人権レジームである。

　世界人権宣言は，法的拘束力はないものの，すべての人が普遍的人権を持つということを宣言し，すべての人とすべての国家が達成すべき人権に関する共通の基準としてみなされている。同宣言を基礎として，国家による権力の濫用から個人の自由を守ることを対象とした権利である自由権，および，国家に対して人間らしい生活を維持するために積極的な行動を求める権利である社会権を保障する2つの国際人権規約（自由権規約と社会権規約）が1966年に採択され，1976年に発効した。

　総論的なレジームに加えて，特定の人権侵害や，人権侵害を受けやすく配慮が必要な集団を対象とした各論的なレジームも成立していった。本章が対象とする労働者，女性，子どもに関しては，女子差別撤廃条約（1979年），子どもの権利条約（1989年），移住労働者の権利条約（1990年）などが該当する。これらの人権条約には，独立した専門家で構成される条約機関（treaty bodies）が各々設置されている。人権条約の加盟国は，当該条約が規定する人権の実現に向けた取り組みを定期的に報告書にまとめ，条約機関に提出することが要求されている。条約機関は各国が提出した報告書に対して，専門的な観点から見解や勧告を提示することで，各国の人権条約の遵守を促している。

　このような国際人権レジームを基盤として，様々な行為主体が人権保障のために取り組んでいる。それでは，人権ガバナンスはどのように労働者，女性，子どもの人権を保障しようとしているのであろうか。

2　人権ガバナンスの近年の展開——労働者，女性，子ども

労働者

　人権の中で，労働者の権利保障は古くから国際的な取り組みがなされてきた分野であった。1919年に設置された国際労働機関（ILO）は，政府代表，使用者そして労働者の代表が意思決定に参画できる制度（政労使の「三者構成原則」）をその当時から備えており，ILO を舞台として，労働者の権利を守るための国際諸条約が作られていった。たとえば，多国籍企業に注目が集まった1970年代には，投資環境の安定化が主要な目的ではあったものの，労働条件・環境や労使関係など雇用問題に関する人権規定を備えた「多国籍企業および社会政策に関する原則の三者宣言（1977年）」が採択された。

　1990年代に入ると，労働者の権利保障が国際的な議題として認識されるようになった。それは，ジャーナリストの告発が明らかにした，大手スポーツ企業やアパレル企業による児童労働や低賃金労働の実情に対して，NGO が不買運動などを含む世界大のキャンペーンを行ったことや，企業の社会的責任（CSR）規範が欧米諸国を中心に広がっていったことなどが要因として挙げられる。CSR 規範とは，企業もまた，企業経営の一環として，環境保護や人権保障などの社会的な側面に責任を果たすべきであるとする考え方のことである。つまり，法令を遵守し人権に配慮するのみならず，人権を促進していくことが，企業の役割の一部として捉えられるようになったのである。

　2000年には，国連事務総長（当時）のコフィ・アナン（Kofi A. Annan）と，コロンビア大学教授（当時）のジョン・ラギー（John G. Ruggie）が主導した国連グローバル・コンパクト（UNGC）が発足した。UNGC は，国連・企業・NGO の協力により作られたイニシアティブであり，企業の自発的な参加が基礎となっている。企業は，人権・労働・環境・腐敗防止に関する10原則を遵守すると同時に，UNGC をプラットフォームとして CSR に関する自社の取り組みを共有し，企業間で相互に学習し合っている。

　さらに，UNGC の自発的な取り組みのみでは不十分であるとして，より実効力のある枠組みを求める動きも始まった。しかし，国連人権委員会で議論された「多国籍企業の責任についての国連規範案」は，企業の利益代表が審議過

程から外されるなど，企業やその意向を受ける諸国家の批判を受けて成立しなかった。そこで，ハーバード大学に移った後，2005年に「人権と多国籍企業およびその他の企業の問題」に関する国連事務総長特別代表に任命されたラギーが，国連人権諸条約をはじめとする国際人権基準が企業活動にどのように適用できるかといった調査を行い，多様なステークホルダー間の議論を通して知識の共有を図ったうえで，2011年6月に国連人権理事会にて採択されたのが「ビジネスと人権に関する指導原則（指導原則）」であった。同原則は，人権侵害から市民を保護する国家の義務（保護），人権を尊重する企業の責任（尊重），そして人権侵害発生時の救済手段（救済）という3つの柱から成り立っている（山田 2017）。

　このように1990年代以降，国連，NGO，企業の間で，労働者の権利を保護するための取り組みが徐々に進んできた。しかし，指導原則は，同原則の普及・実施に関して国別行動計画（NAP）の策定を奨励しているが，すでに策定されたのは25ヵ国にとどまり，準備中である国家も30ヵ国にすぎない（2020年7月時点）。また，日本は2020年2月に原案をとりまとめ，同年10月にNAPが公表された。すなわち，UNGCや指導原則は，各アクターのベストプラクティスの共有，またビジネスと人権に関する共通理解の醸成という役割を果たしたものの，実効性については，依然として企業や国家の自発的な取り組みに委ねられている部分が大きい。

女　性

　女性の権利をめぐるガバナンスの中心となるのは女子差別撤廃条約であり，同条約は社会生活のあらゆる場面に生じうる男女差別の撤廃を掲げている。さらに，第4回世界女性会議における北京宣言および行動綱領（1995年）では，男女平等の促進に加えて，女性のエンパワーメントが強調された。つまり，女性は保護される対象であると同時に，開発の主体としての積極的な役割も重視されるようになった。なお近年では，単純な性差ではなく，男女が期待される社会的役割に焦点を当てるとともに，性的少数者の権利も対象とするために，「ジェンダー平等」ということばが使われることも多い。

　女性の権利の進展について，保護される対象としての女性と，開発／変革の主体としての女性という2つの側面に分けて概観してみよう。第1に，保護さ

れる対象としての女性の側面は近年,「女性に対する暴力（VAW）」や「ジェンダーに基づく暴力（GBV）」として概念化され,人権とともに安全保障上の問題として国際的に争点化されている。紛争や自然災害などの人道危機において,女性の安全が脅かされやすいことはよく知られており,紛争の相手方だけではなく,国連平和維持活動（PKO）部隊が買春やレイプを行っていることも報告されている。さらに,ドメスティック・バイオレンス（DV）のような,私的空間における VAW/GBV も国際的な議題として挙がっている。

　VAW/GBV の根絶には地道な活動が必要となる。とくに女性の地位の低さ（いわゆる男尊女卑文化）が根強い地域においては,そもそも VAW/GBV 自体が表面化しにくい。そこで重要になるのは,短期的に女性の安全を守る「保護」と,長期的に女性の地位を高め,男性の意識を変えていく「アドボカシー」の2つの側面である。たとえば,2011年に発足した国連女性機関（UN Women）は,市民社会や法律家などと協力し,VAW/GBV 被害者救済のためのシェルターの提供や,司法アクセスへの支援を行うと同時に,警察や軍に対する女性保護のためのジェンダー教育や,生活・職業支援による女性の地位向上などの政策を行っている。しかし,現地の根強い文化に阻まれ（あるいは無視され）,変化を及ぼすことが容易でない場合も多い。国連や NGO による草の根の粘り強い努力が求められる分野である。

　第2に,開発／変革の主体としての女性については,2000年のミレニアム開発目標（MDGs）の目標3,および,SDGs の目標5に「ジェンダー平等」が盛り込まれたことが重要な点として指摘できよう。つまり,女性差別撤廃だけでなく,女性のエンパワーメントや,女性のリーダーシップおよび発言力の向上が明確なターゲットとして設定されたのである。このことは,これまで男性優位で形成されてきた政策・制度そのものを変革しようとすることにつながる。たとえば,その取り組みとして,安全保障を含むあらゆる政策において,男性だけでなく女性の経験を反映させることで政策の変化を生み出そうとする「ジェンダー主流化」が挙げられる。また UN Women は,女性の発信力を高め,社会変革を起こすために行われるイニシアティブやキャンペーンを率いている。

　子ども
　子どもの権利実現には独特の困難がある。それは,労働者や女性以上に,子

どもが意思決定に関与することはこれまで稀であったためである。そこで，セーブ・ザ・チルドレンなどのNGOや，国連児童基金（UNICEF）が，意思決定の場に子どもの意見を持ちこむ代弁者としての役割をこれまで担ってきた。また，基盤となる国際レジームは子どもの権利条約である。同条約は，世界で最も多くの国（196の国・地域）が批准しているが，大国であるアメリカが唯一批准していないという問題を抱えている。

　子どもの権利条約もまた，女性の権利と同様，子どもを保護の対象として捉える一方で，意見を表明する主体としても積極的に位置づけようとした。第1に，保護の対象としての子どもについて，冷戦後に注目を集めてきたのは児童労働問題であろう。全産業を対象とする最低就業年齢を規定したILO第138号条約（1972年）を経て，1992年には児童労働撲滅計画（IPEC）が，1999年には「最悪の形態の児童労働」に対して即時の効果的措置をとることを求めるILO第182号条約が，ILOとUNICEFの協力を基にして採択された。「最悪の形態の児童労働」とは，子ども兵や売買春および児童ポルノ，奴隷に類する扱いの労働などを指す。また，UNGCの原則5にも児童労働の廃止が含まれ，SDGsのターゲット8.7では，2025年までに子ども兵を含む「あらゆる形態の児童労働」を根絶することが目標として定められている。

　「最悪の形態の児童労働」の中でも子ども兵は深刻な課題である。子ども兵は，戦闘への参加により身体的・精神的な成長が妨げられ，心理的トラウマを抱えるという「被害者」としての側面と，紛争の当事者として残虐な行為に加担したという「加害者」としての側面とを併せ持っている。2000年に採択され，現在168ヵ国・地域が批准している「武力紛争における子どもの関与に関する選択議定書」は，18歳未満の子どもが兵士になり，敵対行為に直接参加することを禁じているものの，現在もなおアフリカや南アジア，中東など少なくとも46ヵ国で子ども兵が戦闘に参加しているという報告がある。

　また，紛争後の元子ども兵の社会復帰については，国連が「武装解除・動員解除・社会統合（DDR）」プログラムを主導し，トラウマの解消や市民教育，職業訓練などを行っている。また，偏見や差別を受けがちな元子ども兵を受け入れるコミュニティに対する支援など，草の根レベルでの活動も重要である。

　第2に，意見を表明する主体としての子どもについて，子どもの権利条約第12条には，子ども自身に影響を与える事柄について自由に自己の意見を表明し，

その意見は相応に考慮されるべきとする「意見表明権」が規定されている。子どもの権利実現のための鍵となるのは教育であり，読み書きそろばんに代表される生活のための技能習得だけではなく，自らが持つ権利を理解し，明確に主張することを可能にする力を涵養することが必要とされる。このため，MDGsとSDGs双方において，子どもの教育，とくに初等教育の重要性が強調されている。

　また，近年のマルチステークホルダー・プロセスの導入とともに，子どもが意見を表出する場が設置されることがある。たとえば，2016年に開催された世界人道サミットでは，「子ども・若者対話（Children and Youth Dialogue）」という場が設けられ，子どもと若者がオンライン・オフラインの両方で議論を重ね，報告書を提出した。子どもや若者は，自然災害後また紛争後の復興において主役となる将来世代であり，彼・彼女らが声を上げ，その意見を聞き入れようとする取り組みが進められている。

3　人身取引をめぐるガバナンス——労働者・女性・子どもを横断するイシュー

　これまで見てきた労働者，女性，子どもの各分野においては，人権と安全保障や開発などの争点分野間の関係性が見られた。最後に，労働者，女性，子どものすべてを横断するイシューとしての人身取引問題を取り上げたい。

　人身取引は様々な形態をとりうるが，人身取引議定書によれば，①目的，②手段，③行為という3つの観点から人身取引は定義される。すなわち，売春などの性的搾取や強制的な労働の提供，臓器提供などを目的として（①），暴力などの強制力による脅迫またはその行使や，誘拐・詐欺などの手段によって（②），人々を支配下に置いたり，引き渡したり，あるいは隠したりする行動（③）が人身取引と見なされている。18歳未満の子どもに対しては②が満たされなくても人身取引であるとされる。なお，日本は主要な人身取引の受け入れ国の1つであり，アメリカや国連から改善のための取り組みを求められている。

　人身取引問題への取り組みの中心となるのが人身取引議定書である。同議定書は，国際組織犯罪防止条約に付属するものであり，国際組織犯罪という観点から人身取引を位置づけた。人身取引議定書には3つのPという柱が設定されている。第1に，人身取引に関わった被疑者の訴追（persecution），第2に，人身取引被害者の保護（protection），そして第3に，人身取引の防止（prevention）

である。議定書の締約国には，人身取引
を犯罪とするための立法化措置を行うこ
と，人身取引の被害者に対して法的な保
護を与え，住居やカウンセリングなどの
援助を提供すること，また人身取引を防
止するための措置を講じ，各国との情報
交換を行うことが求められている。

　他方，被害者の保護という側面を強調
すれば国際人権諸レジームが重要な役割
を果たすことになろう。人身取引議定書
が作られる以前，人身取引問題は女性や
子どもの人権という観点から議論される
ことが多かった。また，強制労働により

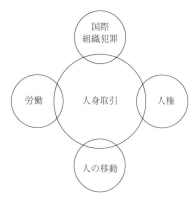

図12-1　人身取引問題をめぐる
レジーム複合状態
出典：Gómez-Mera（2016：588）
より筆者作成。

搾取される被害者に対しては労働レジームによって保護が図られ，さらに人身
取引の被害者は，国内あるいは国境を越えて移動を強いられた立場にあること
も多いことから，人の移動に関するレジームとも関係している（図12-1）。

　さらに，ヒラリー・クリントン（Hillaly Clinton）は，国務長官時代に，人身
取引問題への取り組みに関して，前述の3つのPに加えて，4つ目のPとし
てパートナーシップ（partnership）の重要性を指摘した（Clinton 2009）。つまり，
人身取引問題は，国家だけではなく，国際機構，NGO，民間セクターとの協
力関係がなければ解決できない問題であるとされる。

　たとえば，人身取引被害者のケアは，国内の人権機関による救済および
NGO による支援が必要であるし，その被害者が帰国を望んだ場合には，国際
移住機関（IOM）が，在外公館や出入国管理を担う行政機関と協力して，帰国
支援および帰国後の社会復帰支援を行うなど，国内外の行為主体のパートナー
シップ構築が肝要である。さらに，2007年3月には，「人身取引と闘う国連グ
ローバル・イニシアティブ（UN.GIFT）」が，国連薬物犯罪事務所を中心とし
て，ILO や UNICEF，IOM，国連人権高等弁務官事務所，欧州安全保障協力
機構とともに設立された。現在では，UN.GIFT.HUB として，各国政府や企業，
学術界，市民社会などとパートナーシップを結び，人身取引に関する意識涵養
や知識普及，技術支援などを行っている。

　しかし，人身取引をめぐるレジーム複合状態が悪影響を及ぼす場合もある。重複する諸レジームの間で人身取引問題への解釈やアプローチが異なる場合には，支援の重複や空白など非効率な状況が生じてしまう可能性がある。また，人の移動レジームとの関係において，人身取引問題への取り組みが，国境管理の厳格化を招き，結果として移民の自由な移動を妨げ，「封じ込め」に繋がっているという指摘もある（Gómez-Mera 2016）。

4　実効性のある人権ガバナンスのために

　本章で見てきたように，労働者，女性，子ども，人身取引という各人権問題に対して，様々なアクターが多様な方法を用いてその解決に取り組んでいる。とくに，国連諸機関やNGOは国際人権レジームの形成に大きな影響を与えてきた。

　しかし，国際人権レジームを形作り，それを国内法に落とし込むという制度化のみで，人権保護が実現されるわけではない。本章でも指摘してきたように，人権保障のためには，草の根レベルでの活動，つまり，国際人権レジームがローカルレベルで実際に履行（implementation）されることが肝要である。国際規範の制度化と履行の間にギャップがあることはすでに指摘されているが（Betts and Orchard 2014：1），人権保障を絵に描いた餅で終わらせないためには，国内の人権救済機関が実効性を持つこと，NGOが人権侵害被害者への地道な支援やアドボカシー活動を行っていくことなどが求められよう。

　この点については，本章で十分に触れることができなかった現代グローバル・ガバナンスのもう1つの特徴である多層性に着目すべきであろう。すなわち，グローバルレベルでの国際人権レジームの成立，国内レベルでの法制化，そしてローカルレベルでの国際レジームおよび国内法の履行という，3つのレベルがどのように相互作用しているのかを丁寧に見ていかなければならない。実際，グローバル・ガバナンス研究においても，ローカルな取り組みに着目することの必要性が主張されている（Coen and Pegram 2018）。

　たしかに，ローカルな取り組みを射程に含めると，グローバルおよび国内レベル以上に多種多様な履行や実施のパターンが見られるため，その分析は人権保護のために行われる活動のパッチワークを描写するものになりかねない。し

かし，実効性のある人権ガバナンスのためには，ローカルレベルを含めた３つのレベルでの一貫した取り組みが必要となるはずである。今後は，グローバル・国内・ローカルの各レベルの相互作用を観察しつつ，そこから何が一般化できるのかを慎重に検討することで，より実効性のある人権ガバナンスを模索していくことが求められよう。

参考文献

シンガー，P. W.（小林由香利訳）『子ども兵の戦争』日本放送出版協会，2006年。

初瀬龍平・松田哲・戸田真紀子編『国際関係のなかの子どもたち』晃洋書房，2015年。

山田高敬「『企業と人権』をめぐる多中心的なガバナンスの試み――ステークホルダー間の知識共有と人権デュー・ディリジェンス規範の形成」西谷真規子編著『国際規範はどう実現されるか――複合化するグローバル・ガバナンスの動態』ミネルヴァ書房，2017年。

Baccaro, Lucio, "Orchestration for the 'Social Partners' Only," in *International Organizations as Orchestrators*, edited by Kenneth W. Abbott, Philip Genschel, Duncan Snidal, and Bernhard Zangl, Cambridge: Cambridge University Press, 2015.

Betts, Alexander and Phil Orchard, *Implementation and World Politics: How International Norms Change Practice*, Oxford: Oxford University Press, 2014.

Clinton, Hillary Rodham, "Partnering against Trafficking," *Washington Post*, July 17, 2009.

Coen, David and Tom Pegram, "Towards a Third Generation of Global Governance Scholarship," *Global Policy*, 9-1, 2018.

Gómez-Mera, Laura, "Regime Complexity and Global Governance: The Case of Trafficking in Persons," *European Journal of International Relations*, 22-3, 2016.

Lagon, Mark P., "Fighting Human Trafficking: Transformative versus 'Cotton-Candy' Partnerships," in *Human Dignity and the Future of Global Institutions*, edited by Mark P. Lagon and Anthony Clark Arend, Washington DC: Georgetown University Press, 2014.

［付記］本章は，科学研究費助成事業若手研究「『弱い』国際機構の影響力――国連人道問題調整事務所を事例として」（18K12736，研究代表者：赤星聖），および基盤研究（B）「グローバル・ガバナンスにおける『ゆらぎ』と秩序形成――自己組織性の論理を探る」（18H00824，研究代表者：山田高敬）による研究成果の一部である。

（赤星　聖）

第13章

移民・難民

——複雑化する移動とガバナンスの変化——

1 人の移動を扱うガバナンスの起源

国家による越境移動管理の始まり

2001年のアメリカ同時多発テロ事件や2015年の欧州難民危機など21世紀以降に起こった様々な危機は，人の移動を国際的にいかに管理するのかという難題を国際社会に問うている。そもそも人の移動は現代特有の問題ではなく，遥か昔から繰り返されてきた人類の営みそのものである。近代まで，奴隷－奴隷所有者，農奴－封建領主というように，人の移動は個人によって管理されていた。国家による移動の管理が始まったのは近代主権国家体制が成立し「国境」という概念が誕生した後のことである。さらにフランス革命を経て国民国家が誕生したことは，「国民」と「外国人」の区別を生み，今日の人の移動を扱うガバナンスの礎を築くことになった。

「難民」レジームの誕生と「移民」レジームの不在

20世紀初頭に相次いで発生した大規模な移動を受け，国際社会は多国間協力による人の移動管理へと舵を切ることになる。ロシア革命後の1920年に国際連盟初の難民高等弁務官が誕生し，第2次世界大戦中には国外へ移動した「避難民（displaced people）」に対応するため専門の国際機関が設立された。複数回の改組を経て，1950年に創設された国連難民高等弁務官事務所（the United Nations High Commissioner for Refugees：UNHCR）は，以後世界各地の難民の保護と支援の中核的役割を担うことになる。また1951年に採択された難民の地位に関する条約は，すべての国家が UNHCR と協力して難民を国際的に保護し，自発的帰還・一次庇護国定住・第三国定住を通して難民問題を恒久的に解決することを確認した。

　難民レジーム形成の原動力の１つに人道主義があったのは自明のことだが，その形成過程が東西冷戦期の政治的な駆け引きに晒されたことは，移動を強いられた「難民」という概念を確立し，自らの意思に基づき移動する人を難民レジームから除外するという，今日の人の移動を扱うガバナンスの大枠を決定する上で重要な意義を持った。当時，国際労働機関（International Labour Organization：ILO）が余剰労働者問題を扱うレジームを形成しようと名乗りを上げたが，ILO の影響力拡大を懸念した欧米諸国は激しく抵抗した。かくしてアメリカが主導した「欧州からの移住のための政府間暫定委員会（PICMME）」（1989年に国際移住機関〔International Organization for Migration：IOM〕に改組）が政府間協力の形で移民問題に対処することが確認されて，現在に至るまで国際的に合意された移民レジームは不在のままである。その弊害は，国際機関や国家によって「移民」の定義に求める出生地要件，国籍要件，滞在期間等が異なるという今日の状況に見出すことができる。頻繁に引用される定義の１つに1997年の国連事務総長報告で言及された「長期移民（long-term international migrant）」，すなわち「通常の居住地以外の国に移動し，少なくとも12ヵ月間当該国に居住する人」というものがあるが，そこでは出生地や国籍要件には言及されていない。

2　複合的な難民ガバナンスへの発展

冷戦終結後の難民問題の質的な変化

　難民レジームは成立後幾度となく大規模な難民危機を経験した。たとえば，1960年代を境に難民がアジア，アフリカ地域で発生するようになると，十分な資金や人材を持たない近隣諸国が対応を迫られるようになり，UNHCR は難民に対する緊急物資の援助を次第に増大させていった。

　難民問題の質的変化は冷戦末期以降いっそう顕著になった。たとえば，難民を発生させていた冷戦の代理戦争の終結によって多数の帰還民（returnees）が生じる一方，アフリカなどでは相次ぐ内戦によって多数の難民が新たに発生し，UNHCR は双方の対応に追われた。ところが，冷戦の終結によって西側諸国の難民問題への関心は希薄化し，途上国でも「庇護疲れ」によって難民の受け入れを制限する動きが見られるなど，難民レジームを支える国際的連帯の精神が大きく損なわれる事態に陥った。さらに，内戦による国内の混乱や隣国の受け

入れ拒否によって国境を越えることのできない国内避難民（Internally Displaced Persons：IDPs）の数が徐々に増加し，難民レジームを大いに動揺させた。

難民と異分野の複合

　以上のような難民問題の質的変化は，難民レジームと異分野を扱うガバナンスの複合をもたらした。その1つが平和構築である。UNHCR は紛争後平和構築の重要なプロセスの1つである帰還活動と帰還民の定着支援の責任を負うことになり，帰還民の安全の確保や土地へのアクセスの確保等，広範囲の事業を指揮した。また，戦闘地域で行われる難民保護活動では，支援を要する難民と安全に接触し，難民や人道活動家を武装集団による攻撃から守るため，国連平和維持活動や多国籍軍といった軍事組織との協働が不可欠となった。一方，コソボ危機において UNHCR が NATO 軍との協働を選択したことで活動の中立性が損なわれるとの批判を浴びたように，難民支援と平和構築の連携はジレンマを伴うものであることに留意する必要がある。

　もう1つの異分野としては開発援助が挙げられる。難民ガバナンスの範疇に開発援助が本格的に加わる契機となった帰還民の定着促進のための「即効プロジェクト」は，後に UNHCR と世界銀行や国連開発計画など開発援助機関が共同で紛争後社会における開発援助に従事するブルッキング・プロセスへと発展することとなる。なお，開発援助は1990年代以降の慢性的な資金不足の打開策や途上国の負担緩和策としての側面も持ち合わせており，2000年代には長期化状態にある難民の一次庇護国への定着を促す開発援助が導入されている。さらに，最近のシリア危機やロヒンギャ危機では人道支援とともに開発援助が供与されており，難民支援と開発の連携は定着したと言える。

存在感を増す非国家主体

　複合化した難民ガバナンスは多様な非国家主体に支えられている。たとえば，現場でプロジェクトを実施する NGOs の数は UNHCR の支援対象者数の増加に伴って急増し，現在では国際的なものからローカルなものを含めて700団体を超えるとされる。とくに，1990年代以降 UNHCR が活動面で NGOs との連携を強化したことに加え，意見聴取のためのマルチステークホルダー・プロセスを拡充させたことによって，NGOs は存在感を増してきている。

表13-1　　UNHCRへの資金貢献上位20ドナー（2017年）

1	アメリカ合衆国	11	デンマーク
2	ドイツ	12	イタリア
3	ヨーロッパ連合	13	フランス
4	日　本	14	オーストラリア
5	イギリス	15	民間ドナー（アメリカ合衆国）
6	スウェーデン	16	民間ドナー（韓国）
7	ノルウェー	17	スイス
8	カナダ	18	民間ドナー（日本）
9	民間ドナー（スペイン）	19	民間ドナー（カタール）
10	オランダ	20	民間ドナー（ドイツ）

出典：UNHCR(2018), "Contributions to UNHCR-2017, as at 14 February 2018, in US dollars". Available at https://www.unhcr.org/partners/donors/5954c4257/contributions-unhcr-budget-year-2017.html(accessed 30 December 2018).

　またUNHCRへの資金提供の面でも，非国家主体の存在を無視することはできない。たとえば2017年の上位20ドナーの中には，民間ドナー（国別総額）が6つ含まれており（表13-1），スペインや韓国では民間ドナーが政府の拠出額を上回っている。民間ドナーにはNGOsや企業が含まれ，日本の場合，国連UNHCR協会や株式会社ファストリテイリングなどが名を連ねている。

　さらに近年は，企業の社会的責任（CSR）の普及を受け，難民ガバナンスへ積極的に関与する企業が増えている。たとえばイケア（IKEA International Group）は，ヨルダンに逃れたシリア難民およびホスト社会の住民双方を対象とした雇用計画を発表している。このような難民を単なる援助の受益者ではなく，労働力の提供者，あるいは投資相手と見なす企業の関与には難民の自立を促す効果が期待される。また難民受け入れに窮する途上国にとっては，政府の負担を軽減させるだけでなく，難民と地域住民間の摩擦を回避する一助となることが期待される。一方で，こうした取り組みは国際的連帯のもとで難民を国際的に保護し恒久的解決を図るという難民ガバナンスの本来の目的を損ない，一部の途上国への難民の集中を助長しかねないことにも注意を払う必要がある。

3　重層化する移民ガバナンス

人の移動がもたらす経済効果とガバナンスの関係

　1900年代初頭にフランス−イタリア間で初の二国間協定（Bilateral Agreement）が締結されて以降，アメリカ−メキシコ，ドイツ−トルコに代表されるように，国内の労働力不足を補おうとする北側諸国と南側諸国の間で二国間協定が積極的に採用された。その後，石油危機を受けて深刻な経済危機に陥った北側諸国が協定を失効させ新規移民の受け入れを停止したことから明らかなように，二国間協定はとくに受入国を利するガバナンスであると言える。

　それに対し，経済停滞期に新たに関心を集めたのは，特定の地域内での自由移動の実現に向けた地域的な取り組みであった。その先駆的取り組みが1985年にヨーロッパ5ヵ国で締結されたシェンゲン協定であり，後にヨーロッパ連合の法体系に組み込まれている。近年では経済発展を標榜するアフリカの複数の地域機構，たとえば西アフリカ諸国連合（Economic Community of West African States）などが域内の自由移動の実現に取り組んでおり，地域レベルでの移民ガバナンス形成は比較的活発であると言える。

　一方，石油危機後の移住労働者に対する制限的な動きは，図らずも移住労働者の待遇問題に光を当てることになった。ILOから国連に波及した議論の集大成として，1990年に「すべての移住労働者とその家族の権利の保護に関する国際条約」が採択されたが，同条約の批准国は途上国ばかり51ヵ国（2018年現在）で，グローバルな規範として受容される段階には至っていない。

1990年代以降の南北移民の増加とガバナンスの拡充

　1960年の時点で8000万人に満たなかった国際移民の数が，1990年に1.5億人を突破し，2017年には2.5億人に到達するなど急速に増加する中で，二国間協定や了解覚書（Memorandum of Understanding）が再び活況となっている。その背景には，景気回復を果たした先進国で労働力需要が生じたこと，極度の貧困に窮する途上国からの出移民圧力が存在したこと，さらに冷戦終結により旧東側諸国から西側諸国への移動が可能になったことなど様々な要因が重なり，途上国から先進国へ向かう南北移動が増加したことが影響している。

　受入国は入国審査段階でポイント制などを用いて移民を選別するだけでなく，従前のものより還流型の移動を志向し，送還された不法移民の受け入れを義務付ける再入国（readmission）に関する規定を含む二国間協定を活用することで南北移動の管理を試みている。それに対して，送出国は受入国の意向に沿った二国間協定のもとで，自らも移民の送り出しを制限することに必ずしも積極的であるとは言えない。なぜなら，移民を送り出す途上国にとって出移民は優秀な人材の喪失（頭脳流出）という負の側面を持つ一方，移民がもたらす国際送金は国の経済発展を支える重要な外貨収入源となるからである。

　なお，域内国境審査廃止の効果が及ぶヨーロッパは域内への入移民管理をめぐって特殊な状況に陥っている。1999年のアムステルダム条約で共通移民政策の必要性が確認され，2009年に統一的な移民選別基準を示した「ブルーカード」指令が採択されるなど共通化の試みは進んでいるものの，依然として加盟国が入国管理の裁量を保持しており，一元的な国境管理の目途は立っていない。

争点の多様化とインフォーマルなガバナンスの増加

　1990年代以降の受入国側の移民管理の厳格化は，皮肉にも北側諸国への不法移民の増加の遠因となるだけでなく，法外な手数料と高リスクの移動手段で越境を請け負う密航業者が暗躍する事態を引き起こしている。密航業者を頼って移動するものには移民だけでなく難民も含まれるが，こうした状況は移動と国際組織犯罪という新たな争点の存在を浮き彫りにした。ヨーロッパへの密航を請け負う業者の売り上げが2015年1年間だけで30億から60億ユーロに上ると試算されていることや，2016年に地中海で5000人を上回る溺死者数が出たことは，問題の深刻さを物語っている。

　すなわち，今日の移民ガバナンスは不法移民，人身取引，さらには移民発生の根本原因の解決など多岐にわたる問題に対処することが求められ，結果として，以前にも増して途上国への配慮が必要とされるようになった。たとえば世界銀行やEUは2000年代頃から移民の発生原因である貧困を解決することの重要性を認識し，移民と開発という政策アプローチを提唱している。さらに，拘束力を持たない対話・パートナーシップによるガバナンスの数が急増している点も今日の移民ガバナンスの特徴であり，EUが第三国と締結している「モビリティ・パートナーシップ（Mobility Partnership）」や，複数の送出国および受

入国が参加する「地域協議プロセス（Regional Consultative Process）」，国連加盟国による「移住と開発に関するグローバル・フォーラム（Global Forum on Migration and Development）」などがある。これらのインフォーマルなガバナンスは複合化した争点を包括的に議論する場として機能しており，送出国間の情報共有の場となるほか，受入国と送出国が共に不法移民対策や移民の労働条件等について議論する機会を提供している。

　さらに，移民ガバナンスが扱う争点の多様化は，非国家主体が移民ガバナンスに参画する機会を提供する。たとえば移民と開発に関して，移民によって構築されたディアスポラ・ネットワークが国際送金を通して本国の発展に寄与してきたことは知られているが，その規模は移民の増加と送金技術の革新によって飛躍的に増大している。なかでも，1991年以降のソマリア内戦によって国外に流出したソマリ人ディアスポラは世界最大級とされるディアスポラ・ネットワークを形成し，彼らによる国際送金額は21世紀初頭にはソマリアの国内総生産（GDP）の20％から50％に上るほどになったと言われている。ディアスポラの送金は個人の生活を支えるだけでなく，医療や教育分野の開発援助にも用いられており，ディアスポラ・コミュニティとの連携を模索する開発援助機関や途上国の地域機構も増えている。現在，移民による国際送金の総額は対外直接投資額を上回るほどに成長し，いまや世界銀行や国際通貨基金までもが，移民の送金コストの低下や途上国による送金活用に関する政策提言に取り組むほどである。

4　曖昧化する「難民」と「移民」の境界と岐路を迎えたガバナンスの行方

　国境を越えて移動する人々は政治的思惑により難民と移民とに区別され異なるガバナンスのもとで扱われてきたが，1990年代以降の移動経路や移動の動機・要因が複雑化した混在移動（mixed migration）の増加によって両者の境界は曖昧なものとなりつつある。1990年代初頭に旧ユーゴスラビア紛争により数十万人の難民が殺到したヨーロッパ諸国では，難民の中に経済的動機を持つ者が多数含まれているとの疑念が生じた。当時欧米諸国では移民に提供される福祉サービスをめぐって負担が増加していることに不満が集まり移民排斥感情が高まっていたこともあり，各国は難民申請手続きを含む入国管理の厳格化を押

し進めた。さらに，2001年に発生したアメリカ同時多発テロ以降，スペイン，イギリスで相次いで発生したテロ事件の実行犯に外国人や移民にルーツを持つ者が含まれていたことが，急進的な排斥主義の台頭を招いた。移民に向けられていた排斥主義は，やがて難民にも及び，世界各国で反難民を掲げた政治家や政党が支持を集め，本来保護されるべき難民が国際的に保護されない状態が生じている。それに伴って，難民の出身国の近隣にある途上国はさらに過剰な受け入れ負担を強いられることになり，難民ガバナンスは危機的状況に陥っている。

　2016年7月にIOMが国連の関連機関となり国連に移住を専門に扱う組織が誕生したこと，さらに同年9月，ニューヨークの国連本部で「難民及び移民に関するサミット」が開催され，全会一致で「ニューヨーク宣言」が採択されたことは非常に大きな意味を持つ。同宣言は人々の移動に対し国際社会全体が連帯して責任を負うことを確認し，必要な支援を提供すること，人身取引の被害防止に努めること，排斥主義に対処することを明記した。さらに，2018年に採択された「安全で秩序ある正規移住のためのグローバル・コンパクト」および「難民に関するグローバル・コンパクト」は，多様なステークホルダーによる関与の重要性を強調し，アクター間の連携の必要性を説いている。

　こうした動きは，人の移動ガバナンスにおいて軽視されてきた国家以外のアクターに対して，これまで以上に光を当てている。たとえばニューヨーク宣言にあわせて，ニューヨーク・ロンドン・パリ市長がニューヨーク・タイムズ紙に「我々の移民，我々の強さ」と題した共同メッセージを発表したことは，自治体もまた移民・難民ガバナンスの重要なアクターの1つであることを象徴している。とくにアメリカには聖域都市と呼ばれる不法移民に寛容な自治体が多数存在し，連邦政府と対立していることが知られているが，自治体が国際的なメッセージを発信することで国境を越えた自治体間によるトランスナショナルなネットワーク構築に繋がる可能性を秘めている。また，2017年10月17日，IOMと「責任ある企業同盟」が倫理的雇用の促進と移民労働者の保護を目的とした連携強化に向けた覚書を締結したことは，移民の雇用者である企業が移民・難民ガバナンスへ強い関心を抱いていることを示している。

　難民・移民を問わず，ガバナンスの受益者は移動する人々自身でなければならない。それにもかかわらず，先進国は難民ガバナンス・移民ガバナンスの中

で自らの負担軽減を図ることや利益を最大化することに腐心し，移動の根本原因の解決を怠ってきた。そのことが，現在の深刻化した事態の原因の１つになっている。今一度，移動する人にとって望ましいガバナンスとはいかなるものか，難民・移民を取り込む形でガバナンスのあり方を再考することが望まれる。

参考文献

遠藤貢『崩壊国家と国際安全保障──ソマリアにみる新たな国家像の誕生』有斐閣，2015年。

中山裕美『難民問題のグローバル・ガバナンス』東信堂，2014年。

中山裕美「移民ガバナンスにおける地域間主義の意義──アフリカ－ヨーロッパ間の地域協議プロセスの検討から」『国際政治』第190号，2018年。

トーピー・ジョン（藤川隆男訳）『パスポートの発明──監視・シティズンシップ・国家』法政大学出版局，2008年。

IKEA Today, "From Jordan with love: creating jobs during the Syrian crisis," 21 September 2017. Available at: http://ikea.today/jordan-love-creating-jobs-syrian-crisis/ (accessed 30 December 2018).

The New York Times, "Our Immigrants, Our Strength," 20 September 2017. Available at: https://www.nytimes.com/2016/09/20/opinion/our-immigrants-our-strength.html (accessed 30 December 2018).

United Nations, Department of Economic and Social Affairs. Population Division, *Trends in International Migrant Stock: The 2017 revision* (United Nations database, POP/DB/MIG/Stock/Rev.2017).

［付記］本章は，JSPS 科研費16H06547の助成を受けたものです。

（中山裕美）

第14章
腐敗防止
——多中心化と大衆化——

1 腐敗防止グローバル・ガバナンスの特徴

「腐敗」とは，政治家や官僚の贈収賄や横領，職権濫用，不正蓄財，資金洗浄，司法妨害，企業の不正経理や横領や贈収賄，下位官吏と市民との間の日常的な贈収賄，業務を円滑に進めるためのファシリテーション・ペイメントなど，多様な行為を含む現象である。グローバル・ガバナンスの観点から見た腐敗防止問題の特徴は，第1に，多様な問題と複合しやすく，複雑なレジーム・コンプレックスを構成するということである。2014年にバラク・オバマ（Barack Obama）元米国大統領が述べたように，腐敗は，不平等，人権侵害，組織犯罪，テロリズムを助長し，秩序を不安定化する。いまや，透明性とアカウンタビリティの向上は，開発援助レジームの基本原則の1つとされているし，2030アジェンダおよび持続可能な開発目標（SDGs）では，平和で公正かつ包摂的な社会の基盤として腐敗防止が明示的に位置づけられている。また，組織犯罪や，武器や紛争鉱物の密売と密接に結び付いて武装勢力の資金源になっていることも多く，国内および国際的な安全を脅かす源泉ともなっている。このように，腐敗は資金のあるところならどこにでも発生するため，きわめて普遍性が高く，人権，平和と安全，地球環境，水資源，森林資源，保健，教育等，SDGsのほぼ全ての目標に関係してくるのである。他方で，多くの途上国で見られるように，日常生活での少額の贈収賄が一般化している国において処罰を強化すると，かえって貧困者の公共サービスへのアクセスが阻害されて人権侵害になるといった，規範間の競合問題も発生しうるのである。

＊https://obamawhitehouse.archives.gov/blog/2014/09/24/celebrating-open-government-around-globe（2018年12月確認）

第2の特徴は，内政不干渉原則のもと，国際規範の実質的な履行や国家間協

調が容易ではないことである。腐敗行為などの犯罪の取り締まりは国家主権の枢要な一部であるため，国際法による規制は主権侵害と受け止められる可能性が高い。「腐敗」の定義は国によって異なるため，国連腐敗防止条約（United Nations Convention against Corruption：UNCAC）でも腐敗行為の例示に留まり，統一的な定義は与えられていない。たとえば，「職権濫用」にあたる概念が存在しない国もある。ファシリテーション・ペイメントが腐敗行為に該当しない国も少なくない。このため，グローバルなレベルで「何が腐敗行為にあたるか」を一律に定義し犯罪化することはきわめて困難であり，また，履行を強制することもできない。また，現地の経済・社会的文脈の相違に応じて腐敗慣行が大きく異なることから，国内や地域レベルの規制がグローバルな規制に先立って発達したため，規制レジームが多層化していることも付随する特徴である。

　第3に，腐敗はガバナー（統治者）の正統性を傷つけ，ガバナンス自体への信用を失墜させる効果をもつ。このことは国内でも国際場裏でも企業統治でも該当するため，刑法，民法，商法，国際法，国際組織法，さらには各種ソフト・ローによる重層的な規制が行われている。グローバル・レベルでは，とくに国連の不正が問題になる。2000年代初めに発覚したイラク石油食糧交換計画をめぐる大規模な汚職を契機に，国連の非効率で不公正な運営構造に対する批判が噴出し，アメリカなど加盟国の分担金滞納の理由にされている。国際機構の正統性不足が論議される今日において，腐敗の撲滅はグローバル・ガバナンスへの信用を確保するのに不可欠なのである。

　第4に，公的機関や企業が腐敗の当事者になるため，市民社会やビジネス・セクターの関与が腐敗防止ガバナンスに重要な役割を果たしている。市民社会が規範の設定や履行監視を主導すると同時に，ビジネス・セクターやマルチステークホルダーによる自主規制の試みも多い。これらの多様な主体は，国境，争点領域，スキームを越えて横断的に連携し，規範の調和化と履行を促進している。

　以上の要因から，腐敗防止のグローバル・ガバナンスは，複合性，多層性，多主体性を持った多中心的ガバナンス構造を構成するようになっているのである。

2　多層的レジーム複合体

　先述のように，腐敗慣行は現地社会固有の特質を持ち，また，その規制は第1に国家主権の管轄下にあるため，国内や地域レベルの規制がグローバルな規制に先立って発達した。

　政治家や公務員の汚職・腐敗規制の先陣を切ったのは，1970年代のアメリカであった。軍用機メーカーとして知られるロッキード社の大規模な贈賄事件を契機として，1977年に「海外腐敗行為防止法」（Foreign Corrupt Practices Act：FCPA）を成立させ，外国公務員等への贈賄禁止と経理の透明化を定めた。同法は域外適用されるため，他国の企業も取り締まり対象になることがある。他国が同種の法制を持たなかったことから，アメリカは自国企業の国際競争力を落とさぬよう，国連での国際立法を行おうとしたが，先進国と途上国の対立のために条約形成は頓挫した。

　1990年代以降，腐敗問題は国際的に注目を浴びるようになり，世界銀行（世銀）や国際通貨基金（IMF），国連総会，欧州連合（EU）等，様々な国際機構で取り上げられるとともに，規制のための国際法制化が進んだ。アメリカは経済協力開発機構（OECD）に働きかけ，1997年には，初の腐敗防止条約である「国際商取引における外国公務員に対する贈賄の防止に関する条約」（外国公務員贈賄防止条約）を成立させた。当該条約は，監視および履行促進を担う贈賄作業部会が効果的に機能していることもあり，中核的な腐敗防止レジームとして今日に至る。実際，締約国の1つであるイギリスは，レビューメカニズムのプレッシャーにより，FCPA よりも広範に域外適用される「英国贈収賄禁止法」を2010年に成立させたのであった。

　さらに1990年代には，国家レベルの規制だけでなく，主要な国際機構や地域機構，さらにはビジネス・セクターも腐敗対策に力を入れてきた。国連開発計画（UNDP）や世銀は，開発業務にアカウンタビリティ，透明性，誠実性の強化を組み込むかたちで，開発分野の腐敗防止規制を主導してきた。また，EU，欧州評議会（CoE），米州機構（OAS）等の地域機構でも条約が採択された。これらは公務員や政治家の腐敗を扱うが，他方で，国際商業会議所（ICC）はOECD 外国公務員贈賄防止条約を補完する目的で「恐喝・贈賄防止のための

ICC 行為規則及び勧告」（ICC 行為規則）を策定し，企業側の自主規制を促した。

　2000年代になると，アフリカやアジア，アラブでも地域レベルの法整備が進展したが，同時に，国連における条約策定も進められた。2000年には「国際組織犯罪防止条約」（United Nations Convention against Transnational Organized Crime：UNTOC）が採択された。この条約は，資金洗浄，薬物等の不正取引，人身取引などの組織犯罪を規制する条約であるが，公務員の贈収賄を犯罪化する簡潔な条項も含んでいる。当該条約交渉中に，腐敗だけを別個に規制する条約が必要であるとの国際合意が形成され，その合意に基づき，腐敗防止に特化したUNCAC が2003年に締結された。2020年 2 月時点で187ヵ国が締約国となっている。同条約は，公務員の贈収賄等の腐敗行為を犯罪化するだけでなく，不正に取得された資産の回収，国家間の捜査・司法協力，企業の不正まで対象とした包括的な条約であり，これにより，グローバルな腐敗防止レジームが成立したのである。

　さらに，民間側の自主規制も UNCAC 採択を受けて強化された。2003年には「贈賄防止のためのビジネス原則」という企業向けの包括的な自主規制ガイドラインが発表された。これはビジネス・セクターと市民社会の協働で作成され，すでに10ヵ国以上の言語に翻訳されている。また，翌年の2004年には国連グローバル・コンパクト（UNGC）第10原則が採択された。UNGC は，企業等のビジネス・セクターを中心に，市民社会や地方自治体等も含めた多様な行為主体間での，相互学習と自主規制を目的としたマルチステークホルダー・イニシアティブで，もともと人権・労働権と環境を保護する原則が 9 つあったところに，10番目の原則として腐敗防止原則が挿入されたのである。

　以上のように，1990年代半ばから2000年代半ばにかけて急速に法制化が進んだ。その背後には，市民社会の活発な関与があったことがよく知られている。次節では，この点について見てみよう。

3　ネットワーク化したガバナンスによる調和化と複合化

法制間の調和化

　国際的な腐敗防止規制は，国際機構，政府機関，NGO，専門家，企業等が協働して進めてきた面が強く，1980年代から開催されてきた腐敗防止世界会議

（International Anti-Corruption Conference：IACC）がマルチステークホルダーによる討議を1つの謳い文句にしてきたことにも，そのことが表れている。腐敗防止の領域では，多様な組織およびネットワークがそれぞれ独立に情報提供，調査研究，規範策定，アドボカシー活動，啓蒙活動を行いつつ，メンバーの重複したインフォーマルなネットワークを通じて連携している。世銀，UNDP，OECD贈賄作業部会，UNGC，UNCAC事務局である国連薬物犯罪事務所（United Nations Office on Drugs and Crime：UNODC），腐敗防止専門NGOであるトランスペアレンシー・インターナショナル（TI），ICC，世界経済フォーラム（WEF）などの主要機関がネットワーク・ハブとなって，多様なアクターやネットワークを横断的に結び付けているのである。

　各地域にほぼ同時期に腐敗関連の法制化がなされたのは，これらのネットワークを通じた連携・協働が一因だった。たとえばTIは，世銀などの国際開発機関，アメリカ等の政府機関，他の市民社会組織と提携関係（パートナーシップ）を結ぶことで，各種国際合意の形成に実質的に関与した。OECD条約やOAS条約，アフリカ連合（AU）条約の作成にあたっては，TIのメンバーが中核的な役割を担った。また，UNCAC作成にあたっても，TIをはじめとしたNGOが積極的な働きかけを行っており，これらの諸組織のメンバーの間にはかなりの程度重複があった。腐敗防止ガバナンスで法制度間の競合・抵触が問題化されることが少ないのは，各国内の規制官庁，欧米の政府開発援助機関，国際機構，市民社会，ビジネス・セクターによって，国境と争点領域と官民を横断して張り巡らされた，多元的で流動的なネットワークによって法の調和化が推進されたからである（Nishitani 2015）。このようなネットワークは，グローバル・ガバナンス全体をカバーするものでも永続的なものでもなく，フォーマルとインフォーマルを取り交ぜたアドホックな提携の集積として作動していると言えるだろう。

ハブ機関による争点領域の複合化

　上記のようなネットワークのハブとなる機関は，異なる争点領域をつないで，争点領域の複合化を促進する役割も担ってきた。腐敗防止分野は，2000年代初めの10年で，ドナーの調達額および職員への給与等を含めて総額1億ドルから50億ドルに急激に拡大したとも推計される成長産業である（Michaels and

Bowser 2010)。その一因は，前記のようなハブ機関が，組織犯罪，安全保障，気候変動，人権等，他の争点領域と腐敗防止を結び付けて業務範囲を拡大したことにあるだろう。

　1990年代までは，腐敗防止は主に公正取引および法の支配とグッド・ガバナンスの問題として扱われてきた。しかし，2000年代になり，新自由主義的なグッド・ガバナンス・モデルに対する批判が強まり，また，当該モデルを主導していた世銀が貧困削減アプローチに大きく舵を切ったのに伴い，腐敗防止問題も人間開発的な視点により重点が置かれるようになり，人権（とくに社会権・生存権）や持続可能な開発の側面が強調されるようになってきた。このことは，たとえば，環境における公正・正義を主張するグリーンピース・インターナショナルや，フォーカス・オン・ザ・グローバル・サウス等の反新自由主義のNGO が，TI との協調を推進していることにも表れている。

　しかし，複合は規範内容の親近性から自動的に起きるわけではなく，ハブ機関が他機関と協働し，積極的に争点をリンクするからこそ，複合化が促進されるのである。ここでは，代表的なハブ機関として，TI と UNODC を取り上げてみたい。TI は創設当初より，貧困削減のためには腐敗撲滅が必須と論じ，持続可能な開発に関する諸領域，防衛・安全保障，スポーツ等，多様な分野と腐敗を結び付けたプログラムを展開してきた。各争点それ自体が別個の争点領域として機能するため，腐敗レジームを他の争点領域レジームと連結することにより，争点領域間の複合化を促す効果を持った。

　なかでも近年注目されているのが，気候変動領域における腐敗防止である。気候変動に関わる資金流通に腐敗防止対策を組み込むことで，持続可能性を強化する相乗効果が期待されている。2011年に刊行された，400ページに及ぶ『世界腐敗報告書（*Global Corruption Report*）』は，気候変動関連の腐敗リスクを包括的・多角的に分析した。また，2012年11月に開催された第18回国連気候変動締約国会議にて，TI 理事長（当時）のコーブス・デスワート（Cobus de Swardt）は，グリーンピース・インターナショナル理事長（当時）のクミ・ナイドゥ（Kumi Naidoo）と会談し，気候変動レジームにおける腐敗防止の重要性を訴えたが，それに対しナイドゥは，これから多額の資金が動くにあたり，TI が資金の流れを監視するのは，公正で持続可能な経済システムを構築するために重要だと応じている。気候資金のモニタリングと，緑の気候基金や REDD プラ

スなどの気候変動・森林関連メカニズムの監視を主軸とした「気候ガバナンス誠実性プログラム」は，2020年現在，TI の中核プログラムの１つである。

＊https://www.transparency.org/news/feature/transparency_international_and_greenpeace_leaders_talk_climate_change（2018年12月確認）

また，防衛・安全保障分野における腐敗防止は，TI の英国チャプターである TI-UK が2004年から主導してきた。各国の防衛省庁や NATO と協働することで，これまでブラックボックスとされていた防衛産業の実態を露わにしたり，職員に対する腐敗防止教習などの活動を行っている。また，TI-UK は武器貿易条約（ATT）の採択に向けた市民社会ネットワークであるコントロール・アームズ・キャンペーンの一員として，当該条約に腐敗防止条項を入れるべくロビー活動を行った（第23章参照）。さらに，平和構築における腐敗防止に関する共同研究を，TI ドイツ，国連，EU，NATO と行い，2014年の第50回ミュンヘン安全保障会議（世界の首脳・閣僚等が出席する，権威ある国際会議）でその成果報告書（『腐敗──安定と平和への脅威』）を発表した。当該会議では，紛争後の安定と平和に対する腐敗の影響に関する研究プロジェクトを立ち上げることが，正式に決定されたのであった。＊

＊http://www.transparency.org/news/pressrelease/transparency_international_germany_corruption_is_a_blind_spot_in_internatio（2014年１月３日確認）

他方，UNODC も積極的に争点間の連結を行ってきた。もともと部署間の協働の文化によりリンケージをしやすい土壌があり，組織犯罪，テロリズム，人身取引，資金洗浄，野生生物・森林犯罪，小型武器の不正取引等，他室が専門としている領域と腐敗を結び付けて協働しやすい（西谷 2017）。刑事司法を専門とする機関だけに，環境問題を扱っても組織犯罪の文脈で腐敗と連結するアプローチが特徴であり，野生生物や森林資源の違法取引が重点複合分野の１つとなっている。腐敗経済犯罪室と組織犯罪不正取引室とが共同で関与している「野生生物犯罪と闘う国際コンソーシアム」は，その一例である。

部署間協力で対応できない争点については，他の国際機構と協働してきた。たとえば，近年とみに注目を集めているのが，国際オリンピック委員会（IOC）の汚職やロシアの組織的ドーピング等，競技スポーツにおける不正である。競技スポーツは2010〜15年期に総額1450億ドルもの歳入があったとされ，毎年安定した成長率を誇る一大産業である。UNODC は，2011年に国際オリンピック

委員会と共同調査・分析活動に関する覚書を交わし，これに基づき，八百長対策ハンドブックやモデル法を策定した。その後，2017年および2019年のUNCAC締約国会議にて，スポーツの腐敗に関する決議が採択されたのである。

　また，UNODCの専門領域は刑事司法政策ではあるが，刑事司法改革は開発政策の重要な一分野でもある。2008年には国連開発グループのまとめ役でもあるUNDPと覚書を交わし，援助協調を積極的に行っている。この流れで，持続可能な開発のための2030アジェンダおよびSDGsの策定過程への関与を戦略重点項目とし，策定の過程で，30ヵ国による「持続可能な開発目標に関するオープン・ワーキング・グループ」の技術的サポート・チームの共同議長として，UNODCは持続可能な開発と腐敗防止の複合化を積極的に推進した。結果的に，SDGsの目標16（平和，公正，効果的で説明責任のある包摂的な制度）に「あらゆる形態の腐敗および贈賄を大幅に縮減すること」（ターゲット16.5）が明示的に盛り込まれたのである。

　また，ビジネスセクターの腐敗防止を促進するために，企業の社会的責任（CSR）と腐敗防止の連結も，積極的に行っている。しかし，ビジネスセクターにおけるUNODCの中心性はそれほど高くないため，CSR規範を推進する組織との協働に重点を置いている。グローバル・レベルでは，UNGCとの協働がその中核であり，UNGCの腐敗防止作業部会の常任メンバーを務め，また，企業の腐敗防止教習のためのソフトウェアを共同で開発した。また，地域レベルでは，東南アジア諸国連合（ASEAN）の誠実性向上のための枠組み作りの一環として，ASEAN-CSRネットワーク（ACN）に協力して，ASEANビジネス・インテグリティ作業部会の創設に関与した。

　さらに，これらの複合テーマを，締約国会議や補助機関会合の折に同時開催されるサイドイベントで扱うことにより，締約国を含めた関係者の意識向上，情報共有，討議促進を図っている。たとえば，「腐敗とSDGs」がメインテーマだった2015年のUNCAC第6回締約国会議の際には，SDGs，スポーツ，野生生物・森林犯罪，文化遺産保護などの複合テーマに関するパネル・セッションをUNODCが企画した。

　2015年以降，UNODCは4つの重点活動領域でグローバル・プログラムを展開しているが，そのうち腐敗防止に関わるものが，司法の廉潔性（judicial integrity）と正義のための教育（Education for Justice：E4J）である。両者とも，フォーマルな制度構築ではなく，UNODCをハブとした緩やかなネットワークを通じて国内エリートおよび民衆に間接的に影響を与える，オーケストレーション型ガバナンス（第8章参照）が特徴的である。このように，UNODCは多様な機関と協働しつつ，腐敗と他領域との複合化を推進しているのである。

4　大衆化と周縁化

　これまで述べてきたようなネットワークはエリート間協調の色合いが強く，草の根運動や民衆を十分に取り込んでいるとは言い難い。しかし，民衆の腐敗防止への関心は近年とみに高まっている。腐敗はその普遍性ゆえに，他の問題領域の陰に隠れて見えにくく，統治体制への信頼がおおむね保たれている先進国では看過されやすく，逆に，日常的な贈収賄が習慣化している途上国ではそもそも問題化されにくかった。しかし，1990年代以降の啓発活動とSNSなどのIT技術の進展の結果，途上国の民衆が腐敗を問題視するようになり，2000年代には反腐敗運動が広範に大衆化した。腐敗は，体制への信頼と支持を掘り崩し，ガバナンス全体の機能不全を引き起こす危険性をもつ。中東で2011年に起きた「アラブの春」と呼ばれる民主化運動のように，腐敗への怒りは政権打倒にも繋がる動乱を引き起こすようになったのである（Cockroft 2012）。TIが世論調査をもとに腐敗状況を指数化した「世界腐敗バロメーター（Global Corruption Barometer：GCB）」でも，市民の腐敗問題への関心の高さと腐敗防止運動への積極姿勢が読み取れる。2010年の「国際腐敗防止の日」に発表されたBBCの世論調査によると，腐敗問題は世界で最も多く語られる話題だったという[*]。また，2016年には，政府高官や著名人の租税回避に関する「パナマ文書」が開示されたことで，ペーパーカンパニー等を通じた受益所有人（beneficial owner）に対して，世界中で非難が巻き起こったことは記憶に新しい。

　＊http://www.bbc.co.uk/pressoffice/pressreleases/stories/2010/12_december/09/corruption.shtml（2018年12月確認）

　このような大衆化の流れを汲んで，TIなどの主要機関は，受益所有人の透明性向上，政府の情報開示促進，内部通報者の保護といった，一般市民の腐敗防止活動を促進するような施策を重点化するようになっている。また，民衆へ

の直接的働きかけを強化する趨勢もある。たとえば，TIは2011年頃から，一般の人々・市民社会組織・教育機関へのエンパワーメントを優先事項の上位に位置づけるようになった。専門家運動から大衆運動への転換というほど強い志向性を打ち出しているわけではないが，従前に比べれば大衆化の方向性が明確化されたということができよう。その方針の具体的な表れの１つは，アドボカシー・法律相談センター（通称ALACs）である。ALACsは現在60ヵ国以上に拠点を構えるTI内最大の実動ネットワークであり，通話料無料の電話相談や公共スペースでの対面相談によって腐敗の被害者，目撃者，通報者に無料で法的助言を提供したり，適切な捜査機関を紹介したりする。さらに，東欧，バルカン地域，南コーカサス地域のALACsのように，相談内容の統計をもとにアドボカシー活動を行ったり，捜査機関の担当官の訓練・教育を行う等のサービスを提供したりしているセンターもある。

　とはいえ，TIのような大手NGOと民衆との懸隔はいまだ大きく，草の根運動の周縁化は克服されていない。国際的な政策形成に参加するためには，国際機構職員や政府官僚なみの専門知識を必要とするが，発展途上国の多くの草の根運動はそのような専門知識や語学能力を持ち合わせていないことが多いため，グローバルな政策形成から排除される傾向がある（Smith and Jenkins 2011）。また，開発機関やTIから資金を得たりグローバル・ネットワークに参加したりするには，民主的な意思決定手続きなどの欧米型のアカウンタビリティや透明性を求められることが多いが，旧共産圏のように，政府職員がNGO代表を務めるなどの現地慣行がアカウンタビリティ要件と齟齬をきたすことも少なくない。また，欧米のドナーは，市民社会と政府や企業との連携を重視するが，腐敗の深刻な多くの途上国では，政府および企業と市民社会との対立が根深く，そのような連携は困難である（Schmidt-Pfister 2012）。さらには，草の根の市民社会組織の活動は，ドナーの評価を得やすい比較的短期で成果を示しやすいプロジェクトに偏りやすく，腐敗の根本的解決への腰を据えた活動をしにくいという指摘もある。このような種々の要因のため，草の根運動はグローバル・ガバナンスにおいて周縁化されたまま止め置かれる傾向があるのである。

　他方で，腐敗問題は前政権や政敵への信頼を失墜させ政治基盤を掘り崩すのに効果的であるため，時の政権によって政治化されやすい。中国やマレーシアのように，反腐敗を政策の中核に据える国家も増えてきた。しかし，国家主導

の反腐敗運動もまた市民社会を周縁化しがちで，反腐敗運動を進める権力者自身の腐敗に市民社会が切り込むのは困難である。さらに，強権体制を批判する市民社会が活発化すればするほど，市民社会に対する抑圧が強化される傾向もある。たとえば，政権の腐敗を批判していた調査報道ジャーナリストが暗殺される事件が，スロヴァキア，マルタ，サウジアラビア等で2018年に相次いで発生したことは象徴的であり，市民社会の活動スペースが圧迫されていることは，昨今の最重要懸念の1つとなっている。このような国家による市民社会への制限は，UNCACの履行過程にも反映されており，ロシアや中国やアフリカ諸国など一部の締約国の反対により，締約国会議の補助機関（実施レビュー・グループおよび一部の作業部会）への市民社会のオブザーバー参加が認められないまま，今日に至っている。このように，途上国の市民社会は，二重の意味で周縁化されているのである。

5　腐敗防止ガバナンスの課題

　腐敗防止グローバル・ガバナンスは，多様な主体・地域・制度と，それらの制度を横断的に繋ぐ多元的ネットワークによって構成される多中心性が特徴である。多元的な制度は相補的に機能する面がある一方，課題もある。第1に，有効性の問題である。UNCACは普遍条約ではあるが，それを頂点とした法的階層構造は存在せず，内政不干渉原則を重視し，任意規定や留保付き規定を多く含む（実質的にソフト化されている）ため，実質的な不履行を許容する部分が大きい。このため，腐敗防止規範と不干渉規範とが競合し，締約国の腐敗防止対策を大きく異ならせる結果となっている。しかし，困難な交渉を経て，妥協の産物として達成されたハード・ローであるため，法的に進化する可能性は低い。

　また，実施レビューシステムもOECD外国公務員贈賄防止条約等と比べるとフォローアップが弱く，実施促進の効果を疑問視する向きもある。同様に，G20では60以上もの腐敗防止関連決議が採択されているものの，実施レビューシステムが存在しないため，ほとんど履行されていない。そのうえ，実施支援のための援助事業やドナー間の調整も不足しており，2000年前後から，技術協力の重複と不足を解消するための援助協調の重要性が指摘されてきた。また，国際機構や大手NGOの巨額の支出のわりには，成果が上がっていないとの批

判もたびたびなされてきた。

　実際，30年近くの間に20以上もの国際的なルールが作られてきたにもかかわらず，腐敗はいまだに世界中に蔓延している。世銀のデータによれば，毎年1兆ドル以上が贈収賄に使われ，WEFの推計によれば，その額は今や世界のGDP総額の5％以上にも相当するという。また，開発援助資金の多くが横領され，開発の現場に十分な資金が行き渡らない現実もある。世銀の推計によれば，毎年アメリカの政府開発援助（ODA）の20～40％が不正に流用されているという。このように，国際規範の実効性が十分に上がっているとは必ずしも言えないのである。

　第2に，草の根運動の二重の周縁化をどう克服するかである。国内の市民社会の活性化と国内実施の促進は密接な関係を持っているが，トランスナショナル・ネットワークの陰に取り残されたローカルNGO，活動家，調査報道ジャーナリスト等が，身の安全を確保しつつ現地の政官財の腐敗に効果的に切り込むのは容易ではない。近年重視されるようになっている通報者保護や，多様なエンパワーメント方法の重要性がますます高まっていると言えるだろう。

参考文献

梅田徹『外国公務員贈賄防止体制の研究』麗澤大学出版会，2011年。

西谷真規子「多中心的ガバナンスにおけるオーケストレーション——腐敗防止規範をめぐる国際機関の役割」西谷真規子編著『国際規範はどう実現されるか——複合化するグローバル・ガバナンスの動態』ミネルヴァ書房，2017年。

蓮生郁代「国連とトランスペアレンシー・インターナショナル——腐敗防止のグローバルな法化に向けて」日本国際連合学会編『市民社会と国連（国連研究　第6号）』国際書院，2005年。

Cockcroft, Laurence, *Global Corruption: Money, Power, and Ethics in the Modern World*, London: I. B. Tauris, 2012.

Fletcher, Clare and Daniella Herrmann, *The Internationalisation of Corruption: Scale, Impact and Countermeasures*, Aldershot: Gower Publishing, 2012.

Galtung, Fredrik, "A Global Network to Curb Corruption: The Experience of Transparency International," in Ann M. Florini (ed.), *The Third Force: The Rise of Transnational Civil Society*, New York: Japan Center for International Exchange and Carnegie Endowmen for Inrernational Peace, 2000.

Michaels, Bryane and Donald Bowser, "The Evolution of the Anti-corruption Industry in the Third Wave of Anti-Corruption Work," in Sebastian Wolf and Diana Schmidt-Pfister (eds.), *International Anti-Corruption Regimes in Europe: Between Corruption, Integration, and Culture*, Nomos, 2010.

Nishitani, Makiko, "The Coordination of the Global Anti-Corruption Governance via Hybrid Polycentric Networks," *The Study of Global Governance*, 2, 2015.

Nishitani, Makiko, "Collaborative Orchestration in Global Polycentric Governance for the Fight against Corruption," *Journal of International Cooperation Studies*, 26(1), 2018.

Rose, Cecily, *International Anti-Corruption Norms: Their Creation and Influence on Domestic Legal Systems*, Oxford: Oxford University Press, 2015.

Schmidt-Pfister, Diana, "Civil Society Between the Stools," in Diana Schmidt-Pfster and Holger Moroff (eds.), *Fighting Corruption in Eastern Europe: A Multi-level Perspective*, Oxford: Routledge, 2012.

Smith, Matt Baillie and Katy Jenkins, "Disconnections and Exclusions: Professionalization, Cosmopolitanism and (Global?) Civil Society," *Global Networks*, 11(2), 2011.

Wang, Hongying and James N. Rosenau, "Transparency International and Corruption as an Issue of Global Governance," *Global Governance*, 7(1), 2001.

（西谷真規子）

第15章
保健医療
——保健ガバナンスの構造と課題——

1　保健ガバナンスとは何か

　保健医療分野のグローバル・ガバナンス（保健ガバナンス）とは，国家のみならず，非国家アクターも含み，人間の健康に関するグローバルな課題に，公式・非公式様々な方法を用いて取り組む協力体系のことを指す。もともとこの分野の協力体系は，国家間の公式の手続きに依拠していたので，「国際保健（international health）」という呼称が一般的であったが，多様なアクターによって構成される複雑なアリーナと化すにつれ，「グローバル・ヘルス（global health）」という呼称にとって代わられてきた。

　核軍縮や地球温暖化など多くのグローバルな課題が存在するなか，保健ガバナンスを際立たせる特徴があるとすれば，それはどの国も比較的協力しやすいことである。一般に主権国家システムのもとで国家は，国益の増大が期待できる場合にのみ，国際協力に関与するのであって，国家の行動に強い規制をかけられたり，明確な利益が期待できない場合には積極的に協力しようとはしない。たとえば，核兵器は国際社会から全廃されることが客観的には望ましいが，実際には自国の安全保障上，核兵器の有用性を認識する国が少なくなく，よって核軍縮は容易ではない。他方どこでどのような感染症が起きているのか，その危険が自国にどれほど迫っているのかを知ろうとする際，一国の努力には限界があり，国際協力に依拠する方がより効率的に「感染症から国を守る」という国益に資することとなる。こうしたインセンティブにより，主に大国が積極的に保健ガバナンスの構築に関与してきた。

　その保健ガバナンスにおいて戦後，牽引役を担ってきたのが世界保健機関（WHO）である。WHOは1948年に設立された国連の専門機関であり，世界中すべての人が可能な限り最高水準の健康を享受できることを目的として，幅広

い保健課題に取り組んでいる。しかし，戦後70年の間にWHOを取り巻く環境
は大きく変化した。設立当初の重要課題であったコレラやチフスは，新型イン
フルエンザやHIV/AIDS対策，喫煙対策等にとって代わられた。また，保健
問題と安全保障，開発，人権など他分野との境界が不明瞭になるにつれ，世界
銀行（World Bank）や国連児童基金（ユニセフ），非政府組織（NGOs）など保健
ガバナンスに関与するアクターは際限なく広がりをみせている。本章では保健
ガバナンスを取り巻く環境の変化に焦点を当てつつ，アクターと課題の多様性
に関する現状を概観し，今後の課題についても考えていきたい。

2　保健ガバナンスの牽引役としてのWHO

　前述の通り，保健ガバナンスは多種ある国際協力の中でも，比較的早くにそ
の枠組みが形成されてきた。19世紀半ばから20世紀初頭にかけて，国家間交流
と植民地支配の増大・拡大の結果，感染症の国境を越えた移動が迅速化し，
ヨーロッパ帝国諸国の間で国際衛生会議の開催や地域的保健組織の設立など，
協力枠組みが形成されていった。初期においては，ヨーロッパ帝国諸国の政治
的・経済的利益の保護に重点が置かれ，そのアプローチも検疫や感染症情報の
共有に限定されていた。他方，第1次世界大戦後に設立された国際連盟保健機
関（League of Nations Health Organization：LNHO）のもとでは，より普遍的な健
康の確保が試みられた。

　第2次世界大戦後に設立されたWHOは，LNHOの活動とその理念を引き
継ぎつつも，戦前には見られなかった新たな特徴を備えるようになった。第1
は敗戦国や非自治地域に対して，正式加盟国に次ぐ加盟資格として準加盟資格
（Associate Members）が設置され，国連加盟国に限定されないアクターに参加
の道が開かれたことだ。こうしてWHOは戦前に比べてそのグローバルな性格
を進展させたのであった。

　第2は，WHOが規範の設定に関して大きな裁量を得たことである。WHO
憲章第21条では，WHOの世界保健総会（World Health Assembly）が国際保健
に関する各種条約を採択すること，第22条ではこれらの条約は当該政府が一定
期間内に受諾しない旨をWHOに報告しない限り，すべての加盟国に対して法
的拘束力を持つことを定めた。これにより，WHOは保健分野の規範設定に関

して，大きな裁量を有することとなった。

第3は，WHO憲章に「健康」について，単に病気にかからないという状態を超えて，「身体的，精神的，社会的に完全に健康な状態（Health is a state of complete physical, mental and social well-being）」という広義の解釈が記され，さらに「達成可能な最高水準の『健康』を享受すること（The enjoyment of the highest attainable standard of health）」が「すべての人間の基本的権利の1つ（one of the fundamental rights of every human being without distinction of race, religion, political belief, economic or social condition）」と記されたことである。以上の定義は，その後も保健ガバナンスが多様な活動に従事していく際の論拠となってきたし，「健康」の享受を人権の一部に位置づけたことは，保健以外の領域にも影響を及ぼしてきた。

以上の通り，WHOは戦前にはみられなかった特徴をいくつも備え，戦後の保健協力の牽引役となることが期待されていた。しかし実際には，課題の変化とアクターの増加により，そのような期待は必ずしも満たされてはこなかった。

3　多様な保健課題とアクターの協調・競合

以下では，保健ガバナンスの主要な活動に焦点を当てつつ，各分野でWHOを中心としつつも，多様なアクターが協調・競合している様子をみていきたい。

規範の設定

保健ガバナンスにおけるアクターが増大し，ガバナンスの断片化（fragmentation of governance）が囁かれる中でも，相変わらずWHOがその手綱を握り続けている分野が規範の設定に関するものである。その最たるものが，国際保健規約（International Health Regulations：IHRs）である。IHRsとは，エボラ出血熱や新型コロナウイルスのような感染症に備えて，国家とWHOの行動を定めた国際条約である。戦前に締結された複数の条約が1951年に国際衛生規約（International Sanitary Regulations：ISRs）として改定・統合され，1969年にIHRsと名称変更された。従来のIHRsの下では特定の感染症にしか対処できず，また，基本的に国家からしか情報収集ができないという問題があった。2003年にアジアで流行した重症急性呼吸器症候群（Severe Acute Respiratory

Syndrome：SARS）は，以上のような IHRs の限界を露呈し，2005年に大幅な改定が行われた。当改定では，生物細菌兵器を用いたテロを視野に入れて「国際的に懸念される公衆衛生上の緊急事態」へとその対象が拡大され，事態の認定と対処における WHO の裁量も大幅に拡大した。このほか非公式の様々なチャンネルから得られた情報に関して，WHO は当該国に照会し，検証を求めることができるようになった。さらに，公衆衛生上の必要な措置を講じる場合に，インフォームドコンセントを条件とするなど，人権に配慮した記載も加えられた。このように環境の変化に即した改定が施され，WHO を中心とする感染症情報連絡網がいっそう強化された。

　2005年に発効したタバコ規制枠組み条約（WHO Framework Convention on Tobacco Control：FCTC）も，規範の設定に関する WHO の功績とされている。FCTC は，タバコの広告に一定の規制をかけ，タバコ税を課すことで，受動喫煙の被害を最小限にとどめることを目指すものであり，タバコ規制に関する初の拘束力ある条約である。2018年末までに181ヵ国が締約国となり，そのイニシアティブをとった WHO の役割は高く評価されている。

　保健ガバナンスにおける規範の設定に関しては，WHO に代わる組織は存在せず，今後もこの分野における WHO のイニシアティブが期待される。他方，その他の協力事項に関しては，WHO の裁量はある程度限定的なものとなっているのが現状である。以下，その様子をみていく。

感染症の根絶

　前述の通り，WHO は「健康」を広義に定義したものの，その定義を実際の活動にどの程度反映させるのかに関しては，論争が絶えなかった。WHO 設立当初には，当機関が感染症の管理のみならず，病気の予防や病気の社会的要因にもアプローチしていくことが関与することが想定されていた。しかし冷戦が始まると，広範囲な保健活動に WHO が従事することは，個人の自由を狭め，社会主義に通じるものがあるとして，アメリカは WHO が広義の保健活動に従事することに難色を示した。WHO としても最大の財政負担国であるアメリカとの間に波風を立てないために，設立後初期は感染症対策に重点的に取り組んだ。なかでも WHO の功績の1つとして，現在に至るまで名を馳せているのが天然痘根絶である。ソ連の提案により1967年，WHO は天然痘根絶プログラム

（Intensified Smallpox Eradication Programme）に乗り出した。当プログラムの主要方針は，天然痘の流行している33ヵ国の全住民の80％に対して，3年以内にワクチンの接種を行うことであった。当時は冷戦の真っ只中であったが，WHOに設置された対策本部には，米ソの専門家が雇用され，米ソの研究所の共同研究も展開されるなど，冷戦を超えた協力がみられた。また，当プログラムにおいて，ユニセフはワクチンの調達や接種といった現場でのオペレーションに関して，WHOの不可欠なパートナーとしての役割を果たした。ユニセフもWHOと同じくLNHOの流れを引く国際機関であり，戦前からの人的ネットワークが協調の下支えとなっていた。以上の努力の賜物として，1980年5月にWHOは天然痘の根絶宣言を行った。

　天然痘根絶の後，次なるターゲットとしてWHOが取り組んだのがポリオであった。ポリオは乳幼児が感染し，麻痺を引き起こすことが多い病気で，1950年代以降，不活化ワクチン（Inactivated Poliovirus Vaccine：IPV）と生ポリオワクチン（Oral Poliovirus Vaccine：OPV）が相次いで開発されたことを受け，1988年，WHOはポリオ根絶を目指すプログラムに着手した。当プログラムにおいては，いずれのワクチンを接種するかをめぐってユニセフとWHOとの間で意見の食い違いがみられたものの，天然痘と同様，ワクチンの集団接種に際して，ユニセフはWHOのパートナーとしての役割を果たした。

　当プログラムによって患者の大幅な減少がみられたが，治安悪化や紛争を理由にワクチンの接種ができない地域があり，根絶には至っていない。ポリオ根絶に向けては，ワクチンの開発と問題点の克服という学術・産業界の努力に加え，活動資金の確保，紛争の解決など複数の要因が関係しており，そのような要因に影響を与えうる，より多様なアクターとの協調が必要となっている。

プライマリー・ヘルスケアと他のアクターとの競合

　感染症への取り組みは，WHOにその受け皿としての保健インフラの重要性を認識させる契機となった。1978年には，ユニセフとWHO共催でプライマリー・ヘルスケアに関する国際会議（International Conference on Primary Health Care, Alma-Ata）が開催された。当会議では，従来のワクチン接種や治療中心のアプローチに代えて，地域コミュニティを主体とし，現地のリソースを最大限活用し，保健衛生インフラの整備に重点をおいた新たなアプローチとしてプ

ライマリー・ヘルスケア（Primary Health Care：PHC）が打ち出された。当アプローチは1973年から15年間 WHO 事務局長を務めたハルフダン・マーラー（Halfdan Theodor Mahler）の下で，重点的に取り組まれた課題であったが，このアプローチをどの程度本格的に実践するのかをめぐって WHO と諸アクターの間に論争が絶えなかった。PHC は WHO が広義の保健課題に取り組むことを可能にしうるため，アメリカは反発し，その影響を受けたユニセフも PHC を部分的に適用すること（selective approach）を主張し，全面的に実践しようとする（comprehensive approach）WHO との間に対立が生じた。

　PHC をめぐっては世界銀行との間にも不和が生じた。1980年代以降，世界銀行は国際通貨基金（International Monetary Fund：IMF）とともに，累積債務が超過した途上国に対して，経済構造や経済政策の改革案として，公共部門の縮小化を要求する構造改革プログラムに着手し，PHC を推し進める WHO との間に不和が生じた。世界銀行は発展途上国における貧困撲滅を目指した開発事業に取り組む国際機関であるが，1968年に総裁に着任したロバート・マクナマラ（Robert McNamara）のもとで，融資を大幅に増額し，とりわけ近年は，途上国における開発と貧困削減にあたって，保健改革や感染症対策に注力して取り組んでいる。そのため，今日に至るまで WHO との間にしばしば，対立・競合がみられてきた。1998年に就任したグロ・ブルントラント（Gro Harlem Brundtland）WHO 事務局長の下で，世界銀行の職員を積極的に WHO に雇い入れるなどして，世界銀行との間で関係改善が試みられたが，現在でも両機関の競合関係は完全に解消されたわけではない。

　他方，「人間の安全保障」や「持続可能な開発目標（SDGs）」など分野横断的な国際目標が設置されたことに伴い，WHO とユニセフ，世界銀行など業務が重複しうる国際機関の間には，それぞれの長所を生かした連携が模索されている。たとえばユニセフは WHO とは異なり，現場での対応能力に長けており，市民からの募金を中心として安定的な財源を得ていることが強みである。そのような各々の長所を生かしつつ，国際目標に向かって有効な協調関係を築くことが課題とされている。

4　国際保健からグローバル・ヘルスへ

転機としての HIV/AIDS

　以上みてきた通り，保健ガバナンスは戦後の国際環境の変動とともに，課題とアクターの多様化を経験してきた。とりわけ，冷戦終結後は開発，安全保障，人権など他の専門領域と保健協力の境界がますます不明瞭になり，保健協力はグローバル・ヘルス・ガバナンス（Global Health Governance）へと移行した。この移行に際して，転機となったのが HIV/AIDS の登場であった。1981年に最初の症例が報告されて以来，WHO は患者への対応や治療法の開発といった従来の感染症と同様の対応に従事してきた。しかし次第に HIV/AIDS の特異性——予防にはコンドームの推奨など，個人のプライベートな領域に立ち入らねばならないこと，患者への偏見・差別など——が明るみになるにつれ，人権保護や貧困の撲滅など，多角的なアプローチを模索する動きが活性化した。以下では，HIV/AIDS の登場によって保健ガバナンスにどのような構造変化が生じたのか，具体的な変化の諸相をみていきたい。

ガバナンスの構造変化

　第 1 の変化は，HIV/AIDS の自国の軍事力や経済に及ぼす影響が懸念されるようになり，各国が HIV/AIDS を保健分野の課題としてではなく，安全保障分野の課題として取り組むようになったことである。国連安全保障理事会では2000年，HIV/AIDS が国際社会の平和と安全にとっての脅威だと謳った安保理決議が採択された。2003年には当時の米ブッシュ（George W. Bush）政権下で HIV/AIDS に関する 2 国間支援のための 5 ヵ年基金プログラムとして米国大統領エイズ救済緊急計画（U.S. President's Emergency Plan for AIDS Relief：PEPFAR）が設立された。また，先進国首脳会議 G 7 / 8 も2000年以降，独自の関与を具体化していった。後述のグローバルファンド（HIV/AIDS，結核，マラリア撲滅のためのグローバルファンド：Global Fund to Fight AIDS, Tuberculosis and Malaria）はまさに G 7 / 8 のイニシアティブの産物である。このほか，生物・細菌兵器テロの危険性，SARS など新興感染症が国内・国際安全保障にもたらす影響も強く懸念されるようになり，保健問題の安全保障化（securitization of health）が進展した。

　HIV/AIDS の登場がもたらした第 2 の構造変化は，アクターの多様化である。前述の通り，WHO が HIV/AIDS への取り組みにおいて適切なイニシアティブを果たせなかったことは，新たなアクターの台頭を招いた。その 1 つが1995年に設立されたのが国連合同エイズ計画（UNAIDS）である。UNAIDS はWHO やユニセフら共同スポンサー，政府代表，NGOs らとの協力関係の下に運営される基金であり，HIV/AIDS 撲滅のための政治的・財政的支援の取り付けや，途上国政府に対するアドボカシー活動を展開してきた。このほか，国家と非国家アクター（NGO，市民社会組織，民間セクターなど）が，HIV/AIDSや新薬・ワクチンの開発，治療へのアクセス拡大など，特定の課題に関して連携を築くパートナーシップ（Public-Private Partnership：PPPs）も登場した。PPPs は結果重視型のビジネスモデルを導入し，HIV/AIDS の治療薬やワクチンの開発，あるいは情報システムや資金メカニズムとして機能しているものが多く，保健ガバナンスの財政支出や課題の設定に関して，その影響力を確実に高めてきた。

　2002年に設立されたグローバルファンドは PPPs の典型であろう。グローバルファンドは2000年の G 8 沖縄サミットの成果として設立された資金メカニズムであり，設立後まもなく HIV/AIDS，結核，マラリアに対するかなりの活動資金を動員することに成功した。ファンドの意思決定機関である CCMs（Country Coordinating Mechanisms）はドナー国，国際機関，民間セクターの代表から構成されており，そのハイブリッドな性格が注目を集めてきた。このほか，HIV/AIDS ワクチンの R & D（研究開発）のためのパートナーシップとして誕生した国際エイズワクチンイニシアティブ（The International AIDS Vaccine Initiative：IAVI）や，航空券連帯税を利用して HIV/AIDS，マラリア，結核の治療へのアクセスを拡大しようというユニットエイド（UNITAID）も PPPs の好例である。こうした PPPs の出現と発展において重要な役割を果たしてきたのが，2000年に設立されたビル & メリンダ・ゲイツ財団（Bill & Melinda Gates Foundation：BMGF）である。BMGF は，前述のいくつかの PPPs の主要なアクターであることに加え，WHO に対しても多くの寄付金を投じており，当機関の意思決定に大きな影響力を行使している。

　以上のようなガバナンスの構造変化は，活動資金を確保することに加え，問

題への国際的関心を高め，患者への差別や偏見をなくすこと，またワクチンや治療法の開発を促したり，途上国における治療へのアクセスを拡大することにも大きく貢献してきた。他方，保健ガバナンス全体を俯瞰した際，PPPsと既存の協力枠組みの調和がうまく取られていないとの問題がある。実際，WHOは未だに加盟国政府・保健省とのフォーマルな関係を重視し，非政府アクターとの連携には積極的ではないとの指摘もある。また，PPPsの形成や先進国のイニシアティブの強化は，すべての保健課題に一律にみられるものではなく，特定の課題に偏っているのが現状である。そのことが数ある保健課題のなかで，優先されるものとそうでないものの格差を生み出している。

5　保健ガバナンスの課題

　以上みてきた通り，保健ガバナンスとは国家，国際機関，財団，民間セクター等多様なアクターの政治力学のもと，課題の設定や財政の分配，問題の解決が試みられる複雑な政治アリーナである。この複雑な政治アリーナの下では，既存のグローバル・ヘルス・アジェンダの強化というよりむしろ「ガバナンスの断片化」を招いているとの指摘がある。ガバナンスはアクターが多ければ良いというものではなく，多様なアクターや課題を，保健ガバナンスの究極の目標──すべての人の可能な限り最高水準の「健康」を確保すること──に収斂させていくためのリーダーシップや，アクター間の利害調整メカニズムが必要となる。

　そのために重要になってくることは，保健ガバナンスに関与するアクター間の信頼関係を醸成し，協調を図ることである。戦後初期，保健ガバナンスに関与するアクターがそれほど多くなかった時には，ユニセフや国連食糧農業機関（Food and Agriculture Organization：FAO）ら関連の国際機関の間に，戦前からの人的ネットワークを通じた協調関係が保たれていた。しかし1950年代末以降，こうしたアクターたちの世代交代に加え，各機関の所帯が大きくなったことによって，人的交流をベースとした機関間の協調関係は薄れていった。他方，新型コロナウイルスをめぐって明らかになったように，今日の感染症はグルーバルな危機につながりうるからこそ，多様なアクターの協調がさらに重要になっている。

　アクターの協調を図るにあたっては前述の通り，各アクターの長所を生かし，相互に補完的な関係を築くことが望ましい。その際，WHOに関しては「規範の設定者」としての強みを強化していくことが求められる。円滑なガバナンスには必ず「軸」が必要であり，その「軸」としてWHOに代わるアクターは見当たらない。本章でみてきた通り，WHOがイニシアティブを発揮できる分野は確実に縮小しつつあるし，2014年西アフリカでのエボラ出血熱の流行に対して，当機関が適切なイニシアティブを発揮できなかったことは，ガバナンスの主軸としてのWHOの地位を大きく揺るがすものとなった。しかし，その後に提出された外部評価委員会の報告書では，WHOの内部改革と加盟国からの支援によって，ガバナンスの主軸としてのWHOの地位と能力を立て直すことが勧告された。新型コロナウイルスを経て，WHO改革の必要性はなおいっそう高まっている。WHOの立て直しには加盟国からの支援が不可欠である。具体的には分担金の安定的な支払いのほか，ガバナンスの断片化を促すような活動や新たな枠組みの形成を控え，既存の保健ガバナンスを強化するような支援が求められる。また，現状では強制力をもたないWHOであるが，その権限の見直しも必要だろう。そのような支援がWHOを蘇生させ，保健ガバナンスの究極の目標——すべての人の達成可能な最高水準の「健康」を確保すること——の実現に向けて，ガバナンスをより円滑なものにしていくと思われる。

参考文献

ピオット，ピーター『NO TIME TO LOSE——エボラとエイズと国際政治』慶應義塾大学出版会，2015年。

安田佳代『国際政治のなかの国際保健事業——国際連盟保健機関から世界保健機関，ユニセフへ』ミネルヴァ書房，2014年。

安田佳代「国際感染症レジームの変容と課題」『国連ジャーナル』2016年秋号。

Borowy, Iris, *Coming to Terms with World Health: The League of Nations Health Organisation 1921-1946*, Frankfurt am Main; New York: Peter Lang, 2009.

Clinton, Chelsea and Devi Sridhar, *Governing Global Health: Who Runs the World and Why?*, US: Oxford University Press, 2017.

Harman, Sophie, *Global Health Governance*, Abingdon, Oxon; New York: Routledge, 2012.

Lee, Kelley, *World Health Organization*, Abingdon, Oxon; New York: Routledge, 2009.

Manela, Erez, "A Pox on Your Narrative: Writing Disease Control into Cold War history," *Diplomatic History*, 34-2, 2009.

McNeil, Desmond and Kristin Ingstad Sandberg, "Trust in Global Health Governance: The GAVI Experience," *Global Governance*, Vol. 20, No. 2, 2014.

Siddiqi, Javed, *World Health and World Politics: The World Health Organization and the UN System*, Columbis, SC: University of South Carolina Press, 1995.

Staples, Amy, *The Birth of Development: How the World Bank, Food and Agriculture Organization, and the World Health Organization changed the World, 1945-1965*, Kent, Ohio: The Kent State University Press, 2006.

Takuma, Kayo, 'The Diplomatic Origin of the World Health Organization: Mixing Hope for a Better World with the Reality of Power Politics,' 首都大学東京都市教養学部法学系『法学会雑誌』57-2，2017年。

Youde, Jeremy, *Global Health Governance*, Corobridge; Malden, MA: Polity press, 2012.

（詫摩佳代）

第16章
知的財産権の保護
──模倣防止と利用促進の狭間で揺れる国際社会──

1　プロ・パテント，アンチ・パテント，そしてその後

　GATTウルグアイ・ラウンド交渉を経て，「知的所有権の貿易関連の側面に関する協定（以下，TRIPs協定）」が1995年に発効したことによって，世界は知的財産権の保護強化に向けて大きく動き出した。知的財産権の国際的保護は古くから行われてきたが，既存の国際条約は十分な実体規定を含んでおらず，条約改正に向けた交渉は，先進国と途上国の対立によりほとんど進んでいなかった。これに対してTRIPs協定は，特許権，著作権，商標権などの伝統的な知的財産権のみならず，半導体の集積回路配置やコンピュータ・プログラムといった新しい分野を含む包括的な知的財産について，保護範囲，要件，保護期間などを詳細に規定している。途上国を含むすべての世界貿易機関（WTO）加盟国は，同協定が定める知的財産権の保護水準を国内で実施することが義務づけられることとなった。

　このような画期的な条約であるTRIPs協定制定の背景にあったのが，1980年代半ばからアメリカを席捲したプロ・パテントの動きであり，その原動力となったのが，アメリカの医薬品産業と著作権関連産業（音楽，映画，ソフトウェアなど）である。これらの米国企業は，途上国における偽ブランド商品や海賊版の製造・流通が米国産業の競争力の低下をもたらしているとして，途上国の知的財産制度の改善の必要性を強く訴えた。当時，貿易赤字の低下に悩まされていた米国政府は，このような企業の訴えを得策と捉え，経済制裁をちらつかせて各国に法改正を迫る二国間交渉に，積極的に乗り出した。また同時期に，これらの米国企業は，知的財産権に関する新たな国際条約をウルグアイ・ラウンドで作成するという目的の下に，様々な産業から成るアドホックな企業団体を米国内で設立し，日本経団連，欧州産業連盟と協力して条約の草案を自主的

に作成し，さらにはその草案の取り入れを日米欧政府に働きかけた（Sell 2003；西村 2014）。この結果，当初は知的財産権を GATT 交渉で議論することに消極的だった日本政府と欧州委員会も，次第に議論に積極的に参加するようになった。他方，途上諸国は，知的財産権の保護強化は経済発展を妨げるとし主張し，交渉になかなか参加しようとしなかった。そして，ラウンド後半になって，途上国がようやく交渉に参加するようになった時点では，先進国の間で具体的な条約案に関する合意が成立しており，途上国側から有効な対抗案を出す余裕がないままに，事務局長の主導によって TRIPs 協定が採択された。

　このように勢いに乗ったプロ・パテントだったが，2000年代に入ると，世界の論調は正反対の方向へ向かった。アンチ・パテント時代の到来である。その発端は，TRIPs 協定の採択と同時期にアフリカのサブサハラ諸国をはじめとする途上国で，HIV/AIDS などの感染症が爆発的に流行したことだった。これらの国の人々が必要とする医薬品が高価なのは，先進国企業が独占する特許ゆえだという批判が，NGO を中心に広まった。NGO と途上国は，医薬品を特許対象とすることを義務づけている TRIPs 協定の改正を求め，最終的には2001年11月に WTO 閣僚会議で「TRIPs 協定と公衆衛生に関する宣言（以下，ドーハ閣僚宣言）」が採択されるに至った。「TRIPs 協定は加盟国が公衆衛生を保護するための措置を採ることを妨げるものではない」として，感染症の対処のために安価なコピー薬を生産して患者に供給する道が，途上国に開かれることとなったのである。

　しかしながら，このアンチ・パテントの潮流が長続きすることはなかった。現在，知的財産権は，開発，環境，保健衛生，人権といった様々な観点と結び付けて議論され，これに伴い，多くの国際機関や国際会議において，知的財産権が主要な国際問題の１つとして取り上げられるようになっている。また，多国間交渉のみならず自由貿易協定（FTA）のような二国間・地域間交渉においても，知的財産権の保護が重視されるようになっている。このように議論自体は盛んに行われているものの，先進国や途上国の政府，企業，NGO などの主体がそれぞれの主義主張を声高に唱えるにとどまっている。新たな国際制度の構築に向けた合意に踏み出せないでいるのが現状なのである。

　本章は，アンチ・パテントにおける議論の推移を再検討し，NGO によって始まったこの議論が，企業の選好が反映される形で決着したことが，現在の知

的財産権をめぐる議論の錯綜をもたらしたことを明らかにする。そのうえで，現在の知的財産権をめぐるガバナンス状況を整理することを目指す。

2　アンチ・パテントの台頭とその影響

医薬品アクセスと NGO

　新薬の開発には，基礎研究から臨床試験に至るまでの長い年月と，一品目につき数百億円という巨額のコストが必要となるにもかかわらず，開発された候補物質が成功して医薬品として販売される確率は，数万分の1に限られる。その一方で，医薬品の模倣品は簡単な設備と少額のコストで製造することができる。このため，ジェネリック企業（特許存続期間の終了した先発医薬品と同じ有効成分を用いて作られた医薬品を製造する企業）の追随を阻止するために，新薬にかかる知的財産権の取得によって，可能な限り長い期間の市場独占を獲得することは，新薬を研究開発する企業（先発企業）にとって必要不可欠である。しかしながら，TRIPs 協定制定以前，医薬品を特許の付与対象とする制度を途上国の多くは有していなかったため，これらの国では先進国企業の製品を無断でコピーした医薬品が大量に出回っていた。このような事態を受けてアメリカの製薬企業は TRIPs 協定を通して，途上国におけるコピー薬の規制が強化されることを期待した。

　同時期に，サブサハラ諸国では1日1万人のペースで患者が増加し続けるなど，世界的に HIV/AIDS の蔓延が深刻化していた。この中で，感染症対策と知的財産問題を結び付け，TRIPs 協定を批判する運動を最初に始めたのは，アメリカの著名な社会運動家が率いる消費者団体（シーピーテック〔Consumer Project on Technology〕）である（山根 2008）。この団体は当初，米国内でジェネリック薬を普及させることに力を入れていたが，その後，TRIPs 協定は多国籍企業の利益を優先させた条約であるとして，その改正を求める活動を展開した。国境なき医師団などの国際的な NGO や，インドの政府関係者や市民団体が参加する団体（インド特許調査部会〔Indian National Working Group on Patents〕）と協力して，医薬品アクセスキャンペーンを世界的に繰り広げたのである。当時，ブラジルやインドの企業は，先進国企業の製品の成分や製法を無断で模倣した HIV/AIDS 治療薬の製造や無料配布を進めており，これらの国の政府も

特許侵害を承知のうえでコピー薬の製造を容認していた。また，コピー薬の製造能力のない南アフリカは，国家の非常事態時には海外で作られたコピー薬の輸入を認める法改正を1997年に行っていた。

　このような途上国の動きに対して，先進国企業は，新薬開発に投じた巨額の投資を回収できないと主張した。その反発が顕著に表れたのが，欧米の製薬大手企業39社の南アフリカ政府の法改正に対する提訴である。また，ブラジル政府に対する米国政府のWTO提訴など，途上国のTRIPs協定違反を非難する先進国政府の動きも強まっていた。これに対して途上国政府は，治療薬の提供は人道援助であり特許保護より優先されるべきであると主張した。また，世界保健機関（WHO）や国連開発計画（UNDP）といった国際組織が，この途上国の主張を支持した。2001年3月，前述した欧米企業の南アフリカ政府に対する訴訟の審理が開始されると，イギリスのNGOであるオックスファムが，コピー薬の価格引き下げを求める世界規模のキャンペーンを開始し，インドのジェネリック薬の大手であるシプラ社が，エイズ治療薬を国境なき医師団と協力してアフリカ諸国の患者に無料で配布する事業を始めるなど，先進国企業の特許よりも途上国における人命救助を優先させようという動きが世界的に広まった。

　このような特許独占に対する反感の広がりを受けて，欧米の製薬企業は，途上国における治療薬を値下げするなどの対応策を講じたが，途上国側の不満は収まらず，最終的には2001年4月，前述の欧米企業39社が訴えを取り下げるに至った。さらに，WTOでは医薬品アクセスをめぐってTRIPs協定を再検討する交渉が始まり，2001年11月のドーハ宣言の採択に至った。同宣言は，知的財産権が新薬開発のために必要であることを確認する一方で，強制実施権（通例では特許発明を使用する場合に特許権者の許諾が必要となるが，一定の条件の下において，この許諾なしに特許発明を使用する権利を第三者に認める権利）の実施許諾に関する権限を，各国政府に付与することを明記している。また，2003年8月のTRIPs一般理事会において，医薬品を製造する能力がない国のために強制実施権を活用して医薬品を製造および輸出することを認める決定が下された。

ドーハ閣僚宣言をめぐる政府間交渉

　以上のように，ドーハ閣僚宣言の採択の契機はNGOによってもたらされた。

ただし，同宣言の具体的な文言自体を決めたのは，NGO ではなく，WTO 交渉に参加した政府だった。しかも，プロ・パテント時代とは対照的に，先進国のみならず，新興国，途上国を含む多くの加盟国政府が，同宣言の内容を決める交渉に積極的に参加した。医薬品アクセスと TRIPs 協定の関係を再検討するよう TRIPs 理事会に呼びかけたのは，WTO に加盟するすべてのアフリカ諸国から成るアフリカン・グループであり，具体的な文言を決める TRIPs 理事会では様々な国の代表者が参加して活発な議論が繰り広げられた。また，EU が途上国に歩み寄り，公衆衛生の問題を理由とする強制実施権の発動を国家の裁量に委ねるべきと主張した。TRIPs 協定の制定時と異なり，先進国側の主張が一枚岩ではなかったことも，途上国の立場を強固にしたと見ることができる。

　このように，ドーハ閣僚宣言の採択に向けた交渉には様々な国の政府が参加したが，ほとんどの国の代表者が，医薬品を特許対象とする TRIPs 協定の規定自体は変更しないことを前提としていた。オックスファムや国境なき医師団などの NGO は，TRIPs 協定を改正して医薬品を特許の付与対象から外すことを求めたのに対して，途上国を含む多くの政府は，新薬の開発のためには医薬品を特許対象とする必要性をむしろ認めており，強制実施権や経過措置などの柔軟に解釈することによって，コピー薬の製造を正当化しようとした。他方，先進国政府も，TRIPS 協定制定直後は強制実施権の許諾事由の厳格化を強く求めていたが，ドーハ閣僚宣言に向けた交渉では，強制実施権を発動せざるを得ない場合があることを認めていた。このような政府と NGO の選好の乖離は，ドーハ閣僚宣言の後も続いた。現在も，感染症の必須医薬品をアフリカやアジア諸国に普及させるべく，対策資金の創設や医薬品の無料提供プログラムの実施などの試みが，NGO や国際機関を通して続けられているものの，アンチ・パテントの時期に見られたような NGO と途上国政府との間の結託は生じていない。

製薬企業の選好の反映

　以上のように，ドーハ閣僚宣言の具体的な文言の内容は，先進国政府と途上国政府が互いに歩み寄ることによって決定された。ここで注目されるのは，両者の間の妥協の成立が，TRIPs 協定の場合と同様に，製薬企業の選好を反映

したものだった点である（古城 2009；足立 2014）。先進国政府は先発企業の選好を，途上国政府はジェネリック企業の選好に基づいた主張を展開した。世界的なアンチ・パテントの広がりを受けた先発企業は，特許保護の強化を途上国に執拗に求める姿勢を改め，必須医薬品の価格引き下げに応じるなど途上国の公衆衛生対策に協力する姿勢を示すようになっていた。ジェネリック薬の流通によって途上国における医薬品の価格が低下することをやむなしと見た先発企業は，途上国市場よりも，先進国市場における販路拡大に力を入れるようになっていたのである。他方，強制実施権の許諾事由といった具体的な規定内容について議論を主導したのは，インドやブラジルといったジェネリック産業が盛んな国だった。そして，これらの国のジェネリック企業は，医薬品に特許が付与されることはむしろ必要であり，そのうえでジェネリック薬を合法的に製造できる環境の整備を求めるようになっていた。このように，医薬品特許は必要であるとする途上国の製薬企業と，ジェネリック薬の製造もやむを得ないとする先進国の製薬企業の選好が，ドーハ閣僚宣言における政府間の妥協の成立を導いたのである。

　ドーハ閣僚宣言後，医薬品アクセスをめぐる対立は，従前のような最貧国と先進国との対立から，ジェネリック企業を擁する国と先発企業を擁する国との対立へと変化した。インド，ブラジル，タイでは，TRIPs 協定上の義務遵守に向けて特許法を改正したものの，新薬の開発のために行う既知の化合物の合成や結晶構造の改良といった行為について特許を認めないなど，ジェネリック企業に有利な制度内容となっている。他方，先進国政府は，WTO 交渉の停滞を受けて，自国の先発企業の権益を自由貿易協定（FTA）を通して実現しようとしている。たとえばアメリカの FTA 交渉では，規制当局の審査の遅れによって特許保護期間が侵食された場合に保護期間の延長を認めること，販売承認を得るために当局に提出される試験データの保護範囲や期間を拡大することなど，先発企業に有利となる規定の導入が目指されている。ただし，先進国の先発企業は現在，研究開発費の高騰化や主要製品の特許切れや，海外ジェネリック薬の輸入増加などによる収益悪化に悩まされており，新興国や途上国の医薬品市場の成長性を見込んで，ジェネリック企業と業務提携を行う企業も増えている。このため，先進国内においても，ジェネリック企業の政府に対する攻勢が強まってきており，米韓 FTA におけるボーラー条項（先発特許の保護期間中

に後発企業が試験を行うことは特許権侵害にならないとする条項）のように，ジェネリック企業の立場を考慮した規定が導入されるケースも見られるようになっている。

3　知的財産権をめぐるガバナンスの現状

遺伝資源をめぐる先進国と途上国の対立

　以上のように，医薬品に関する知的財産権の国際的な保護についての各国政府の政策は，先発企業やジェネリック企業の選好に沿って決定されている。ただし，政府間交渉を通して議論が進んでいるのは医薬品問題に限られ，他の分野における知的財産権問題の国際的な議論はあまり進んでいない。

　知的財産権の保護は，2つの相反する目的を内包している。1つは他人による模倣を阻止することによって創作・研究活動へのインセンティブを高めること，もう1つは他者の利用を促進することによって社会全体の便益を向上させることである。知的財産権に関する制度を構築するうえで常に問題となるのは，この2つの目的の間でどのようにバランスを取るかという点である。プロ・パテントおよびアンチ・パテントの時代に共通しているのは，このような知的財産権の保護の基本原則について，国家間の合意が見出されないままに，企業の選好に応じて国際条約や宣言が形成されたことである。さらにその中で，医薬品アクセスをめぐるアンチ・パテントの主張をきっかけに，知的財産権は経済にとどまらず，公衆衛生，人権，開発といった社会的な問題と結び付けて検討されるようになった。その結果，様々な主体がそれぞれの立場に最も都合の良い国際機関や交渉を選んで自らの主張を展開するという，フォーラム・ショッピングおよびレジーム・シフティングの様相を見せている。その典型例が，次で述べる遺伝資源（薬草など，潜在的に有用な遺伝子を含む生物由来の素材）をめぐる議論である。

　遺伝資源の多くは，新興国や途上国を原産国とする。このため，これら国の政府は，先進国企業が遺伝資源を自国に持ち帰って新しい医薬品や食品の開発に利用する行為をバイオ・パイラシーとして非難し，これらの資源を知的財産として保護することに力を入れるようになっている（夏目 2010）。これらの途上国は，アンチ・パテントの動きを好機と捉え，遺伝資源の問題を WTO の枠

組みで解決することを目指した。その強い主張を受けて，前述の2001年のドーハ閣僚宣言において，TRIPs協定と生物多様性条約（以下，CBD）との関係が，これからの検討課題に加えられた。1992年に採択されたCBDは，それまでは誰でも自由に使えると見なされてきた遺伝資源について，原産国の主権的権利を確認した点で画期的な条約だったが，その利益配分をどのように担保するかに関する具体的な規定を定めていなかった。このため，途上国政府は，遺伝資源を用いた発明の特許出願する際にはその遺伝資源の出所を開示することを義務づけるなど，知的財産としての保護を強化する規定を，TRIPs協定に盛り込むよう求めた。これに対して先進国政府は，TRIPs協定とCBDは相互補完的で両者の間に抵触はなく，遺伝資源の使用を知的財産権の枠組みで規制することはイノベーションを減退させかねないとして反対している。特許制度のあり方自体に関わる問題として，世界知的所有権機関（WIPO）で専門的に議論すべきという先進国の主張に応じて，WIPOで，2001年に遺伝資源を本格的に議論するための政府委員会が立ち上げられたが，先進国と途上国の意見の隔たりは大きく，議論の進展はそれほど得られていない。

　このなかで途上国政府は，検討の場をCBD締約国会議や世界食糧機関（FAO）に広げることによって，現状を打破しようとしている。これらの会議や機関では，その設立目的ゆえに途上国の意見が反映されやすく，先進国の環境NGOや開発NGOが途上国政府を支援する動きもたびたび見られる。従来，専門家が扱うべき問題であるとして，知的財産権を議題にすることを敬遠しがちだったこれらの国際機関が，近年は，遺伝資源を知的財産として保護することを，地球環境の保全や途上国の開発のための有望策と見るようになっている。いずれの交渉の場においても，途上国が知的財産権の保護を主張する一方で先進国が知的財産の利用を主張しており，議論収束の方向性は見出されていない。また，WTO，WIPO，CBD，FAOがそれぞれ独自の観点から交渉を進めているため，各々の議論内容に齟齬も生じつつある。

パテント・コモンズの構想

　以上のように，途上国政府は遺伝資源の知的財産としての保護強化を求めているものの，知的財産権全般については，その独占的な側面が技術移転や経済発展の障壁となりかねないという主張を変えていない。これに対して先進国政

府は，知的財産権の保護強化が新たなイノベーションや経済発展を促すという従来通りの主張をしている。すなわち，知的財産権をめぐる先進国と途上国の対立の構図が，ウルグアイ・ラウンド交渉当時からさほど変化しておらず，両者の議論は平行線にある。その中で，近年，産業界に新たな動きが見られる。特許を無償公開するというパテント・コモンズの構想であり，その代表的なものが，IBM の率先によって設立されたエコ・パテントコモンズである。有害廃棄物の削減やリサイクルの促進といった環境技術に関する特許を，非営利団体が運営する専用ウェブサイト上で公開し，無料で誰でも利用できるようにしている（上野 2010）。特許保護によって環境保護の普及が抑制されることを問題視し，環境保全に役立つ既存の技術の活用を促進することによって，企業間の協業を促進しようとするものである。他にもたとえば，日本ではトヨタ自動車が，燃料電池自動車の普及に向けて，同社が保有する関連特許を無償公開することを明らかにしている。

　このパテント・コモンズの構想は，アンチ・パテントの風潮が強まった1990年代後半以降，先進国の特許法学者や法律専門家の間で論争となった「アンチコモンズの悲劇（研究成果や技術の私有化が進み過ぎると，その利用が妨げられ，結果的には資源の過少利用に陥ること）」の議論にも連なる考え方である。先進国企業は，知的財産権の保護強化による競争力の向上を目指してきたものの，長期的な経済停滞や新興国の台頭を背景として，期待されるほどの成長を得られていない。その中で，あえて知的財産権の排他的独占を否定し，他社の参入を促すことによって新しいイノベーションを引き出そうという動きが生じているのである。ただし，このようなパテント・コモンズを打ち出す企業の大半はそれぞれの業界のトップ企業であり，当然のことながら，自社のビジネス拡大が念頭に置かれている。このような知的財産権の新たな捉え方が，アンチ・パテントの時代に見られた先進国企業に対する反発をかわす新たな方策となり得るのかどうか，現時点では定かではない。

　以上のように，アンチ・パテントの時代をきっかけとして，知的財産権の国際的な保護のあり方をめぐって様々な主体が参加するようになり，また，知的財産権は経済的観点からだけではなく，環境や開発といった様々な観点から議論することが一般的となった。その結果，知的財産権に関するガバナンスを決定づける中心的な主体はどこにあるのかが不明瞭になっている。この中で，産

業界が発信する新しい動きが，今後の知的財産権をめぐるガバナンスのあり方
にどのような影響を及ぼすのか，注視していくべきだろう。

参考文献

足立研機「新たな規範の伝播失敗」『国際政治』第176号，2014年。

上野剛史「エコ・パテントコモンズ」『特許研究』第50号，2010年。

古城佳子「国際政治におけるグローバル・イシューと企業——知的財産権保護と医薬品
　　アクセス」『国際政治』第153号，2008年。

古城佳子「グローバル化における地球公共財の衝突——公と私の調整」大芝亮ほか編
　　『日本の国際政治学2　国境なき国際政治』有斐閣，2009年。

田上麻衣子「遺伝資源及び伝統的知識の出所開示に関する一考察」北海道大学『知的財
　　産政策学研究』第8号，2005年。

夏目健一郎「遺伝資源と知的財産に関する議論の動向」『特許研究』第50号，2010年。

西村もも子『知的財産権の国際政治経済学——国際制度の形成をめぐる日米欧の企業と
　　政府』木鐸社，2014年。

マージェス，ロバート（山根崇邦ほか訳）『知財の正義』勁草書房，2017年。

牧野久美子「グローバル・エイズ・ガバナンスとアフリカ」グローバル・ガバナンス学
　　会編『グローバル・ガバナンス学Ⅱ　主体・地域・新領域』法律文化社，2018年。

山根裕子『知的財産権のグローバル化——医薬品アクセスとTRIPS協定』岩波書店，
　　2008年。

Drahos, Peter with John Braithwaite, *Information Feudalism: Who Owns the Knowledge Economy?*, London: Earthscan Publications, 2002.

Drezner, Daniel W., *All Politics Is Global: Explaining International Regulatory Regimes*, Princeton: Princeton University Press, 2007.

Sell, Susan K., *Private Power, Public Law: The Globalization of Intellectual Property Rights*, Cambridge: Cambridge University Press, 2003.

Sell, Susan K., "TRIPs-Plus Free Trade Agreements and Access to Medicines," *Liverpool Law Review*, 28, 2007.

（西村もも子）

第17章
企業の社会的責任
── ステークホルダーの拡大と協働が進めるサステナビリティ対応 ──

1　企業の社会的責任（CSR）論をめぐる構造変化

　CSR とは，一般に「企業の経営，事業の遂行にあたり社会・環境課題への解決・緩和への対応を自主的に織り込むこと」とされる。日本で「CSR 元年」と言われた2003年から15年が経った今日，企業の社会問題および環境問題（以下，社会および環境課題の総体を「サステナビリティ」とする）と企業との関係はどのように変化しただろう。

　企業を中心にして2003年当時のサステナビリティに関する様々な状況を図17-1にプロットしてみる。

　マップの中心は CSR である。第1象限は環境・社会に関する個別イシューである。気候変動問題は当時すでに大きなイシューとして注目を浴びており，京都議定書が1997年に合意された。多くの日本企業の CSR の看板施策は省エネルギーであった。また，省資源という観点からリサイクル政策が促進された。日本では家電リサイクル法であり，EU では廃自動車指令，WEEE と一般に呼ばれた廃電気電子機器指令が代表例であった。あくまで「リサイクル」であり今日のサーキュラーエコノミー政策と比較すると広がりは限定的であった。途上国の人権問題は主にアパレルや電気電子業界のブランド企業の下請けにおける労働者の労働環境・待遇問題として提起され，日本企業でも CSR に関するサプライチェーンマネジメントに着手するところがでてきた。しかし，まだ中心は企業と NGO のアドホックな衝突と対処であり，取り組みの体系化は途上であった。

　第2象限は国連による総合的イニシアティブである。MDGs（Millennium Development Goals：ミレニアム開発目標）があった。しかし MDGs への産業の関心は，その後に登場する SDGs（Sustainable Development Goals：持続可能な開発

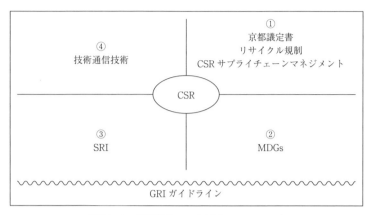

図17-1　2003年サステナビリティ・マップ
出典：筆者作成。

目標）のそれに比して低調であった。CSR の文脈で MDGs が語られることは
あまりなかった。

　第3象限はファイナンスである。SRI（社会的責任投資）が注目を集め，
FT4GOOD やダウジョーンズ・サステナビリティ・インデックスなど SRI イ
ンデックスに選定されることが企業にとって関心事項となっていった。ただし，
後述するが SRI は結果的にニッチな存在にとどまり，後に登場した ESG
（Environmental（環境），Social（社会），Governance（企業統治））投資に道を譲る
ことになる。金融面から持続可能性をテーマとした包括的政策も存在しなかっ
た。もっとも，企業が社会的責任を果たすことと投資を CSR 評価で結び付け
るという SRI の発想は，今日の様々なサステナビリティに関する金融イニシ
アティブの起点となった。その存在意義は過小評価されるべきものではない。

　第4象限の技術であるが，携帯電話や PC といった IT 機器が中心であった。
デジタルデバイドを解消しながら途上国の人々の生活状況を改善しようという
運動が電気電子企業を中心に活発になった。AI やブロックチェーンがサステ
ナビリティへの取り組み方自体を横断的に変革することはまだ想像を超えてい
た。

　そして波線の下である。CSR 報告という点で GRI が報告内容の準則を策定
し，影響力を有していた。2003年のサステナビリティの世界は，CSR と SRI
を中核とするシンプルな姿である。

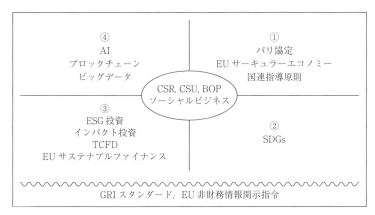

④
AI
ブロックチェーン
ビッグデータ

①
パリ協定
EU サーキュラーエコノミー
国連指導原則

CSR, CSU, BOP
ソーシャルビジネス

③
ESG 投資
インパクト投資
TCFD
EU サステナブルファイナンス

②
SDGs

GRI スタンダード，EU 非財務情報開示指令

図17-2　サステナビリティ・マップ

出典：筆者作成。

　図17-2は，今日における企業に関連するサステナビリティ・アジェンダを
マッピングしたものである。4つの象限からなっている。第1の象限は政策・
規制環境である。代表的なものとして，

(1)国連気候変動条約（パリ協定）

(2)EU 循環型経済政策

(3)国連ビジネス人権指導原則

を挙げている。

　第2象限がSDGsの領域である。SDGsは，包括的開発アジェンダであるの
みならず，具体的方法論を規定していない点で他と性格を異にする。設定され
た目標の実現にあたっては完全な自由度を企業に与えている。同じ国連のイニ
シアティブであるビジネス人権指導原則が人権デューデリジェンスについて方
法論を規定しているのと対照的である。

　第3象限に金融，第4象限に技術を配置した。まず第3象限の金融である。
サステナビリティ向上金融が担う役割の高まりは今日の大きな特徴である。
ESG 投資，さらに SRI（Socially Responsible Investment：社会的責任投資）の今日
版的な，環境改善に資する特定の事業に対しする投融資であるインパクト投資
などのイニシアティブがここに属する。また，金融に関する政策・規制もこの
第3象限に位置づけられる。パリ協定を受けた気候変動関連開示のガイドライ
ンである TFCD（Task Force on Climate-related Financial Disclosures：気候関連財

務情報開示タスクフォース）は，各国の金融当局からなる金融安定理事会のイニシアティブである。また，EUのサステナブルファイナンスの政策イニシアティブも同じく第3象限にプロットする。

　第4象限が技術である。様々な新技術が産業や社会の形を変えつつあるが，サステナビリティとの関係では，データ改竄不能な分散型情報共有技術であるブロックチェーン技術とAI技術に着目したい。ブロックチェーン技術は人権サプライチェーン管理への適用が様々な場で議論されている。AIも様々なサステナビリティイシューに活用されている。最新のセンサー技術と組み合わされることによって気候変動の詳細やその他のビッグデータ解析が可能になり，規制の立案や将来予想の文脈で活用されつつある。また人権サプライチェーンのリスク管理にも活用されている。このような新技術の登場は，従来不可能であった政策・規制を可能にする側面もあり，またSDGsへの企業の取り組みの革新にも繋がるものである。

　最後に真ん中には経営・事業のあり方，方法論である。CSR，CSV（Creating Shared Value：企業価値と社会価値の同時創出の事業戦略：共通価値創造），BOP（ボトムオブピラミッド），ソーシャルビジネスといった経営や事業についてのコンセプトが競い合うように登場し，諸概念が並び立つこととなった。波線下には，GRIスタンダードの他，EU非財務情報開示指令，その他様々な開示規範が登場した。経営体としてまた事業主体にとって，状況は複雑化した。

　2003年から今日へのCSRに関するこのような変化の背景には，CSRの推進力が多様化したことが挙げられる。かつてCSRの最大の推進力はNGOの対企業キャンペーンであったと言ってよいだろう。ナイキが関与した児童労働に関するNGOのキャンペーンと不買運動の成功がその代表である。他方，今日の特徴は，国際的規範が様々なテーマ，様々な分野で，また多様な参加者の間で次々につくられていることである。1つには，ここ十数年間の議論の積み重ねによるイシューの進化と整理が進んだということがある。さらに，主に政府，企業，NGO，学界の4つの主体が様々な形で関係し合い，そのウェッブ状とも言える綿密で複雑な関係の中からサステナビリティに関する知的サークルが，政策的意図，政治的信条，科学的知見，ビジネス上の戦略を包含する形で形成されてきた。国際機関やEUのような地域的な機関，また各国政府が多様なイニシアティブを生み出し，また市民社会も個別企業へのキャンペーンから次第

により包括的な規範作りに重点を移していった。このような多様なプレイヤーの行動変容が企業の社会的責任をめぐる構造的変化をもたらしたと言ってよいだろう。国連の存在感の増大も，この間の特徴である。EU は CSR に関する政策策定で世界をリードしてきたが，2011年が最終年であった CSR 戦略を更新せず，CSR 政策を事実上国連主導の SDGs 政策に融合した。

2　環　　境

パリ協定が意味するもの

　パリ協定とは，第21回気候変動枠組条約締約国会議（COP21）が開催されたパリで2015年12月に採択された，気候変動抑制に関する多国間協定である。京都議定書からパリ協定への進展の最大のポイントの１つは，途上国，とりわけ中国の参加である。中国は，アメリカがパリ協定脱退の意思を表明するなか，欧州とともに主要なパリ協定守護勢力となっていることが注目される。中国は日本企業にとって今や最大の市場であり，中国政府の気候変動問題に関する政策動向は企業の環境への取組みに大きく影響するであろう。

　その典型例がエンジン車規制である。欧州では，すでにフランス，イギリスおよびスペインがエンジン車を2040年から販売禁止にする方針を打ち出している。世界最大の自動車市場である中国もまたガソリン車を規制する方向を明確にしている。2019年に入り国家発展委員会は，輸出向けを除きエンジン車の生産メーカーの新設を禁止した。既存メーカーが生産能力を増す場合も，過去２年の設備利用率が業界平均より高い場合などに限られる。

循環型経済

　欧州委員会は2015年に「循環型経済にむけた EU 行動計画」と題したコミュニケーションを発表した。循環型経済とは「製品，材料，そして資源の価値ができる限り長期にわたり維持され，廃棄物ができる限り生み出されない，そのような経済」と定義されている。また，企業の CSR との関係では，「しかるべき規制枠組みが経済主体や社会全体に明確なシグナルを送る」とされており，企業が循環型経済に向けた政策を受け止めて，事業活動をいかに変容させていくのかが問われている。なお，循環型経済の考え方はエコデザインや消費パ

ターンの変革まで視野にいれており，日本で言うところの「リサイクル」や「3R」（リデュース，リユース，リサイクル）よりも広いものである。

　また，このコミュニケーションは，「本行動計画はSDGsの目標を2030年までに達成する手立てとなる。とりわけ，目標12の持続可能な消費と生産パターンの確保の達成についてである」と述べ，SDGsへの貢献であることを明確にしている。

　循環型経済政策と企業との関係で注目されているのは，製品の「計画的陳腐化」問題である。循環型経済の実現のためには，製品購入後に消費者がその製品をいかに長く使っていけるかが問題になる。それを阻害する要因として，企業による製品の使用可能期間を意図的に短縮化する「計画的陳腐化」が問題として挙げられている。企業側としては循環型経済に合致したビジネスモデルの考案から再考が求められるだろう。

　また，循環型経済政策の優先事項には，昨今大きな環境問題として急浮上したマイクロプラスチックへの対処も挙げられ，一部プラスチック製品の使用禁止を含んだ新たな規制が提案されているが，紙幅の関係上割愛する。

3　人権サプライチェーンとマルチステークホルダー苦情処理

　パリ協定が環境面で世界の様相を一変させたとすれば，人権面でそれに相当するインパクトを与えたのが国連ビジネス人権指導原則であろう。国連ビジネスと人権に関する指導原則は，2011年6月に国連人権理事会にて全会一致で承認された。人権を保護する国家の義務，人権を尊重する企業の責任，そして人権侵害被害者の救済の責任という3つの構成からなる。

　人権に関する企業の「責任」を，サプライヤーが労働者の人権侵害を行っていないかどうかを調達企業が調査する「デューデリジェンス」の実施とリンクさせたことは国連ビジネス人権指導原則の大きな功績である。デューデリジェンスは，ビジネスの世界では主に企業買収やプロジェクトファイナンスの際に実施される。いわゆる「デューデリ」である。企業買収の際には必ず買収決定の前に実施しなければならない。怠った結果，たとえば買収した会社が大きな特許紛争を抱えていて，それに気づかずに買収し，買収後に大きな賠償支払いを余儀なくされたとしよう。デューデリが十分に行われなかったということに

なれば損失を被った株主による株主代表訴訟の可能性もある。

　「デュー」とは「しかるべき」という意味である。日本語としては「合理的」としてもよいだろう。「デリジェンス」は「注意」である。つまり「しかるべき注意」ないし「合理的注意」を払うことがデューデリジェンスである。ポイントは「（完璧な）注意」ではなく，「しかるべき（水準の）注意」でよしとされるということにある。それはこういうことである。仮に買収対象の会社が意図的に特許紛争の存在を隠したとしよう。そのような場合，買収を考えている会社はいかに注意深くチェックしても発見することは困難だろう。なぜならまだ買収していない会社は他社であり，調査には限界があるからである。なので，合理的な注意を払って調査を行ったことを立証できれば，仮に何か重大な問題を見逃したとしても原則として免責される。「十全（完全）」ではなくても「しかるべき」水準であればよしとされる。この点で，デューデリジェンスは説明責任と結び付く。「しかるべき注意」を払ったことを第三者たるステークホルダーに合理的に示すことができなければならない。合理的に示すとは，踏むべき手続を踏んだという「手続的説明責任」と，形だけのものではなかったという「実質的説明責任」の双方の説明責任を果たすことである。

　サプライチェーンの人権問題に関する企業の責任がデューデリジェンスと密接に繋がるのは，サプライヤーは調達企業にとって定義的に他社だからである。したがって払える注意には限界がある。だからこそしっかりした手順をもって「しかるべき注意」を払い問題点をアセスしなければならない。

　また，人権デューデリジェンスが実効を上げるうえで，苦情処理メカニズム（グリーバンスシステム）の重要性が広く認識されている。労働者その他のステークホルダーが信頼して声を上げられるシステムとして，OECD はマルチステークホルダー・イニシアティブ・グリーバンスシステムを強く推奨している。信頼される NGO の参加はその鍵である。このように調達企業，サプライヤー，労働者，NGO と多様な関係者の協力が人権デューデリジェンス実施には必要となる。

　また，この国連の決定はイギリスの現代奴隷法などいくつかの国で関連法制制定を生み出しており，国連の規範と一部国の法規制という両面から CSR に新しい局面を生んでいる。

　ただし，サプライチェーンに関する労働者の人権侵害問題への対応が急速に

進んでいるとは言いがたい。地球環境問題やプラスチック問題が官民の努力で新しい展開が加速していることに比べて，労働者の人権問題は，ここ十数年実質的前進は残念ながら限定的であった。

　とくに国内問題として海外技能実習生問題は，新しい外国人労働者のカテゴリーとして「特殊技能」を創設し，受け入れ拡大を図る改正入管法の審議において争点となった。海外技能実習生については，給料の未払いやパスポートの取り上げ，さらに海外送り出し機関で法外な手数料支払いを余儀なくされて来日するといった様々な問題が指摘されているが，対応は遅々としている。サステナビリティを考える際，環境問題と人権問題の歩みの違いは徐々にでも克服していかなければならない課題なのである。

4　金融の役割の増大

　企業のCSRの促進に金融の果たす役割は顕著に拡大している。その典型例はESG投資（環境，社会および企業のガバナンスを基準に組み入れた金融）であり，すでに日本でも公的年金基金がESG投資のインデックスファンドに資金を投じている。しかし，金融が果たしつつある機能はそれにとどまらない。環境に優しい製品とそうとは言えない製品，社会の持続可能性を高めるサービスとそれ以外のサービスといったCSRの真贋の判定者としての役割である。さらに，現在の最大のターゲットは炭鉱開発や火力発電所など石炭関連の事業である。石炭に対する金融機関の姿勢は京都議定書合意以降次第に厳しいものとなっていったが，その中心は欧米政府が大口出資者である国際金融機関であった。しかし急速に民間金融機関にも広がっている。この変化は石炭火力発電について世界最高の技術を有する日本のメーカーに急激かつ大変な苦痛をもって降りかかっている。もちろん，将来同様の事態が内燃機関の自動車やその他日本の基幹産業に起きないという保証はない。ESG投資の流れをいかに先取りできるかがCSRの取り組みに問われることになる。

　他方，投資家の側を見ると，ESG投資はいまやメインストリームの金融機関が担っている。米ゴールドマンサックスが米政権に多数の高官を送り込んでいるように，彼らからは，世界を形作るだけの影響力を有しているESG投資が高いリターンを生む社会環境を創造していくという発想が出てくるだろう。

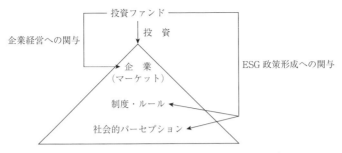

図17-3 次世代 ESG 投資（政策参加型ファンド）
出典：筆者作成。

わたしは「次世代 ESG ファンド」を図17-3のように考えている。ESG 投資を行う機関投資家，NGO，政府，国際機関など多彩なステークホルダーがサステナビリティ向上に向けて協働していくことは自然な流れである。

5　グローバル・ガバナンスの変化と CSR

過去十数年の間に NGO の行動パターンは少しずつ変化してきた。企業に対する抗議行動（キャンペーン）は依然重要な活動の1つであるが，相対的重要性は次第に低下している。多くの NGO は，一罰百戒型の対企業キャンペーンを行い，問題を起こした有名企業への集中的な批判行動をレバレッジにして，他の企業の行動を牽制してきた。もちろん，今日でもこれはある程度言える。

たとえば，グリーンピースは「デトックスキャンペーン」としてブランドアパレル企業の生産委託工場から出されている排水問題を指摘している。また，2015年にはツナ缶製造世界最大手のタイ・ユニオンに対し，サプライチェーンにおける違法労働慣行や乱獲排除を求めてキャンペーンを開始した。漁船の追跡，イギリス，アメリカなどでの不買運動を展開した。もっとも，伝統的対企業キャンペーンについても変化が見られる。1つは，主な標的となる企業の変化である。金融の重要性の高まりを反映し，キャンペーン対象として金融機関と商社がクローズアップされている。商社はかつてのトレーディングから事業の軸足をプロジェクト金融に移してきた。この投資資金提供の機能が NGO から注目されている。たとえば，投資対象プロジェクトが NGO から見て問題のある事業である場合，出資者としての商社が NGO の事業反対キャンペーンの対象

となる。このように金融を通じた広範なディシプリンの実現が目指されている。

　ただし，今後の趨勢を考えると，キャンペーナーとしての NGO の存在は相対化されていくだろう。大きな理由はソーシャルメディアである。今や企業の不正を世間に訴えるのに大きな組織と巨額のファンディングは必ずしも必要ない。個人がユーチューブに投稿した１つの動画が，企業を動かしてしまう時代である。対企業キャンペーンを行う手立てが個々人の手にあるとき，深い専門知識と多くの人材を抱えた NGO は，自らのレゾンデートルをどこに見出すのだろうか。

　答えの１つは，NGO のルールメーカー化，ロビイスト化である。メタ的なルールづくりに活動の力点を変えていくであろう。たとえば，イギリス政府のエンジン禁止政策の背景には NGO による政府に対する働きかけがあった。自動車の不買運動を仕掛ける従来の方法とはちがうアプローチである。

　紛争鉱物問題は，そのような例である。紛争鉱物の１つであるタンタルの主要産出地はコンゴ民主共和国であるが，鉱物から上がる収益が長年にわたる凄惨な内戦のために使われていると言われている。アメリカで紛争鉱物に関する規制法案が提案され，最終的に同提案は「金融規制改革法（ドッド・フランク法）」に溶け込む形で成立した。さらに，法制化の流れは EU にも及び，2017年には EU が紛争鉱物に関する規制を導入した。背景では様々な NGO が規制手法のアイデアを提供しつつ立法を働きかけた。個々の現象に関するキャンペーンからより包括的な対処を可能にするルールづくりへ，NGO 活動の中心が移行していくだろう。

　行動変化は NGO のみに限られない。サステナビリティをめぐるグローバル・ガバナンスは大きく変貌ししつつある。金融業界は伝統的に環境社会規制の強化に反対の姿勢をとってきた。しかし ESG 投資が主流になることを通じ姿勢に大きな変化が起こりつつある。既述の通り，サステナビリティイシューの推進によって投資運用成績を上昇させることができるのである。NGO と ESG 投資を行う機関投資家との協力も今後十分な可能性があるだろう。

　企業は SDGs の目標への貢献に新しいビジネスチャンスの可能性を見出しており，市場創造のためのルールメーキングにも取り組み始めた。国際機関のみならず，ルールメーカーとしての NGO との協働も拡大していくだろう。企業の CSR は，国際機関，各国・地域政府，NGO，さらに ESG 投資機関，これ

らの多様なプレイヤーがサステナビリティ向上に向けて重層的に協調行動をとる新しい世界の中で遂行されつつある。

　2003年のサステナビリティをめぐる状況から今日のそれへの変化をもたらした最大の駆動力は，サステナビリティをめぐるステークホルダー間の方向性共有の程度が向上し，あわせて協力関係が進展したことにあるであろう。

参考文献

足達英一郎・村上芽・橋爪麻紀子『ビジネスパーソンのための SDGs の教科書』日経BP 社，2018年。

國分俊史・福田峰之・角南篤『世界市場で勝つルールメイキング戦略——技術で勝る日本企業がなぜ負けるのか』朝日新聞出版，2016年。

藤井敏彦『ヨーロッパの CSR と日本の CSR ——何が違い，何を学ぶのか。』日科技連出版社，2005年。

藤井敏彦『競争戦略としてのグローバルルール——世界市場で勝つ企業の秘訣』東洋経済新報社，2014年。

藤井敏彦・海野みづえ編著『グローバル CSR 調達——サプライチェーンマネジメントと企業の社会的責任』日科技連出版社，2006年。

藤田元信『技術は戦略をくつがえす』クロスメディア・パブリッシング，2017年。

OECD "Due Diligence Guidance for Responsibe Supply Chain" 2018.

PWC "Fourth Industrial Revolution for the Earth" 2018.

（藤井敏彦）

第18章

グローバル・タックス

――地球規模課題解決のための革新的構想――

1　グローバル・タックスとは何か

グローバル・タックス登場の背景と定義

　地球環境破壊，格差・貧困，紛争などの地球規模課題の解決が叫ばれて久しい。たしかに，持続可能な開発目標（SDGs）が設定されたり，気候変動に関してパリ協定が締結されたり，NGO ネットワークと有志国の協働で，対人地雷やクラスター爆弾，核兵器などを禁止する条約は発効している。しかし，それで地球規模課題が解決されたわけではなく，実態は解決とは程遠い方向に進んでいる。その理由の１つは，地球規模課題を引き起こしている中核に，「カネと権力」の問題が横たわっているからである。そこにメスを入れずして，根源的な解決はない。ここで言う「カネと権力」の問題とは，以下の４つである。

　まず，巨額の資金の不足である。SDGs を達成するためには，年間およそ400兆円が必要であるのに対して，世界の政府開発援助（ODA）の総額は，20兆円にも満たない。民間資金など，その他の資金をすべて動員しても，年間約280兆円が不足すると試算されている（UNCTAD 2014：xi；上村編 2019：v）。この資金ギャップを埋めない限り，地球規模課題の解決は見込めない。

　次に，マネーゲーム経済の膨張とタックス・ヘイブンである。大金を株，債券，通貨，デリバティブなどに投資（投機）し，利ざやで儲けるマネーゲーム経済は，2012年の時点で，実体経済の10倍に達し，大金を投入できる富裕層や多国籍企業を不条理に儲けさせている（上村編 2015：1）。さらにその儲けは，税金がほとんどかからず，しかも金融口座情報を秘匿するタックス・ヘイブン（租税回避地）に帳簿上移され，国庫に入ることなく再びマネーゲームに投入されている（シャバヴァニュー＆パラン 2007；上村 2016）。

　このような不条理な仕組みは，当然に規制，コントロールされるべきである

が，まさにマネーゲームのプレイヤーが，その仕組みを牛耳っているがゆえに，変革は困難である。これはいわゆる「1％の，1％による，1％のためのガバナンス」と表現されるが（上村編 2015：1），この仕組みの改革なしに，地球規模課題への光明は見えないであろう。

　さらに，主権国家体制の限界も指摘しなければならない。現在の国際社会は，中央政府がないなかで各国家が主権を持ち，内政不干渉を原則として国際秩序を形作っている。しかし，そのせいで，たとえアメリカのトランプ大統領がパリ協定を離脱しようとも，タックス・ヘイブンが維持されようとも，主権国家体制というシステムが存在する限り，アメリカにパリ協定を遵守させることも，タックス・ヘイブンによる主権の濫用を止めることも困難なのである（上村編 2019：v-vii）。

　どうすれば「カネと権力」という地球規模課題の原因にメスを入れ，解決につなげることができるのだろうか。その鍵として本章で考察するのが，グローバル・タックスである。グローバル・タックスとは，大きく捉えれば，地球規模で税を制度化することである。これには3本の柱がある。第1の柱は，課税のベースとなる金融・口座情報を各国の税務当局が共有することであり，第2の柱は，金融取引税，地球炭素税など実際に国境を越えた革新的な税を実施することである。そして第3の柱は，課税・徴税を行い，税収を地球公共財のために公正に使用するための透明で，民主的で，説明責任を果たすことのできるガバナンスを創造することである（上村 2016：87；上村編 2019：1）。

グローバル・タックスの効果と課題

　グローバル・タックスが実現すれば，第1の柱により長期的にタックス・ヘイブンはなくなり，第2の柱により投機的金融取引や武器取引，エネルギーの大量消費など，グローバルな負の活動は抑制され，理論上300兆円近い税収が生み出されて地球規模課題の解決のために充当される。さらに，第3の柱によりグローバル・ガバナンスの透明化や民主化，説明責任の向上が進むことが期待される（上村編 2019：2-11）。最後の点のロジックは以下の通りである。

　加盟国の拠出金に依存し，国益に拘泥されて真の意味で地球公益を追求できない既存の国際機関に対し，グローバル・タックスを財源とする国際機関は拠出金を財源としないので，加盟国の国益に拘泥されず，純粋に地球公益を追求

できる。さらにそれは自主財源を持つので，政治的にも，財政的にも自立性が高まる。

　また，ケタ違いに多数で多様な納税者に説明責任を果たすためには，高い透明性と民主性が求められる。とりわけ，税収の使途決定にあたっては，政府代表だけでなく，様々なステークホルダー（利害関係者）が加わって物事を決定していくマルチステークホルダー・ガバナンスが不可欠となる。これにより，政府代表だけで資金の分配などを決定している従来の国際機関よりも，多様な視点やチェック機能がビルトインされ，税の分配を含めて，より公正な意思決定が行われることとなるであろう。

　今後様々なグローバル・タックスが導入され，それに伴って次々と自主財源とマルチステークホルダーによる意思決定を備えた国際機関が創設されることになれば，現在の強国・強者主導のグローバル・ガバナンスは，全体として大きく変革を迫られることになると考えられる。

　さらに，今後様々なグローバル・タックスが実施され，それを管理する国際機関が多数創設された場合，長期的にこれらの機関がどこかの時点で1つに収斂して「グローバル租税機関」とも呼べる機関が設立される潜在性がある。さらに，その機関を民主的に統制するために「グローバル議会」とも呼べる組織が創設される可能性さえ考えられる（上村 2009；2016；上村編 2015：172-175；2019：241-245）。それが実現すれば，そして適切に制度設計が行われれば，マルチステークホルダーで担保していた各機関レベルでの透明性，民主性，説明責任が，まさにグローバルなレベルで担保されると考えられる。

　このように，グローバル・タックスは資金創出，グローバルな負の活動の抑制のみならず，現在の「1％のガバナンス」を変革する潜在性を持っていることから，その意義は大きいと言えるのである。

　他方，グローバル・タックスの最大の課題は，それが主権国家の枠を超え，既得権益に大きく抵触するラディカルな構想ゆえ，実現が容易でないことである。そこで本章では，グローバル・タックスの実現可能性の考察を中心に据え，グローバル・タックスの第1と第2の柱について，その実現のためにいかなるアクターが存在し，どのような理由で，いかなる行動をとったのかというアクター分析を行う。その後，実現の最大の障壁となる関連業界とその所管省庁の抵抗の実態を考察する。これらの検討を通じて，グローバル・タックスの実現

の可能性とその鍵を浮かび上がらせたい。

2　第1の柱——世界の税務当局による課税に関する情報の共有

自動的情報交換と BEPS

　一国内で課税・徴税を行うためには，当該国の税務当局が課税対象となるアクターや行為について，正確な情報を持つことが求められる。そのような情報がなければ，課税の範囲を特定することができないし，そもそも課税すること自体が不可能となるからである。同様に，地球規模で新しい税を制度化するためには，世界各国の税務当局が同様の情報を持たなければならない。さもなければ，地球規模で租税回避や脱税が起こり，各国は得られるべき税収が得られないばかりか，不正な資金が犯罪や紛争に注がれることになる（上村編 2019：2）。

　この第1の柱は，2つの制度から構成される。1つは，自動的情報交換で，各国の税務当局がタックス・ヘイブンを含め，各国にある自国民の金融口座情報を自動的かつ相互に交換する国際的な仕組みである[1]。この仕組みは，2007年にタックス・ジャスティス・ネットワーク（TJN）という NGO によって提唱されていたが（Christensen 2007）[2]，その後 OECD（経済開発協力機構）と OECD によって創設された「税の透明性と情報交換に関するグローバル・フォーラム（グローバル・フォーラム）」が中心になって推進された[3]。そして2017年からOECD 加盟国と一部 G20諸国の間で実際に運用が始まっている（上村 2016：96-98；上村編 2019：2-3）。

　＊1　自動的情報交換と個人情報保護の関係について，2点補足しておく。まず自動的情報交換によって得られた個人情報は，納税者の申告内容の審査や税務調査等を的確に行うための重要な資料として，各国の租税当局が正当性をもって入手できると理解されている。次に，個人情報の漏えいを防ぐために，租税当局は，通信経路やデータの暗号化等により高度な安全性が担保されている OECD が開発した共通送受信システムに接続して情報を入手している（第48回個人情報保護委員会議事録，2017年11月28日）。

　＊2　タックス・ジャスティス・ネットワークは，タックス・ヘイブンなどの税に関わる問題を，仕組み自体を変えて解決することを目的とした国際ネットワークであり，シンクタンクでもある。2003年の創設以来，ネットワークをヨーロッパ，アフ

リカ，アジア，北アメリカ，ラテンアメリカに拡大し，14ヵ国に連携組織を有して
いる（TJN URL https://www.taxjustice.net/about/who-we-are/international-network/
2020年1月23日閲覧）。

＊3　グローバル・フォーラムの事務局は OECD の Centre for Tax Policy and
Administration に置かれ，モニタリングと相互審査（peer review）によって，透
明性と課税目的の情報交換に関する「国際的に合意された租税基準」の実施を主導
している。2018年3月現在，148の国や地域が平等な立場で参加し，15の国際機関
がオブザーバーとして加わっている（藤谷 2018：3）。

　また OECD は，主として多国籍企業による国際的租税回避によって，各国
の税源が浸食され，利益が移転されていることに対して，2012年に BEPS
（Base Erosion and Profit Shifting：税源浸食と利益移転）プロジェクトを立ち上げ
た（以下，BEPS と呼ぶ）。その核となる国別報告書（Country by Country Reporting）
は，2003年に TJN によって提唱されていたが（Murphy 2003），2013年7月に
BEPS は，国別報告書も含め多国籍企業の国際的な課税逃れに対抗するための
15項目の行動計画を提示し，2015年10月に BEPS 最終報告書を公表した（上村
2016：98-100；上村編 2019：2-3，9章）。

　自動的情報交換，BEPS を通じて，各国の税務当局が課税に関わる情報を交
換することで，世界の課税情報を共有し，必要な規制や税をかける。そのこと
で，富裕層や多国籍企業が適正な税を納めるようになるとともに，徐々にタッ
クス・ヘイブンの利用価値を下げ，究極的にはなくしていこうとするのが，グ
ローバル・タックスの第1の柱の要諦である（上村 2016：101；上村編 2019：
2-3，5章；9章）。

自動的情報交換と BEPS を実現させたアクターたち

　第1の柱の実現に関与したアクターは，国際機関（OECD，グローバル・フ
ォーラム），国家（G20），NGO（とくにタックス・ジャスティス・ネットワーク
（TJN））である。

　第1の柱は，言い換えれば，タックス・ヘイブン対策である。個人向けの対
策が自動的情報交換であり，多国籍企業向けのものが BEPS である。OECD
は，これまでタックス・ヘイブンを改善・撤廃するために様々な対策を打って
きたが，いずれも主としてアメリカの反対により，実効性を持たせることがで

きなかった（シャヴァニュー＆パラン 2007；上村 2009：125-129；2016：76-81）。これに対して，2003年に創設された TJN は，既述の通り，早くから自動的情報交換や国別報告書を提唱していたが（上村 2009：179-181），日の目を見ることはなかった。

　ところが，意外なことに，自動的情報交換に関して事態が動いたのが，アメリカによってであった。2001年9・11同時多発テロの後，アメリカはテロ組織撲滅のために，その資金源を断つことに躍起になっていた。テロ組織は，資金の流れを隠匿できるタックス・ヘイブンを利用していることが多いことから，アメリカはタックス・ヘイブンに向かう不透明な資金の流れを浮かび上がらせ，アメリカ市民および居住者によるオフショア口座を利用した租税回避を防止することを目的として，2010年に FATCA（Foreign Account Tax Compliance Act：外国口座税務コンプライアンス法）を制定し，2013年から施行を開始した。これにより，国外の金融機関に対し，アメリカ市民および居住者等が保有する口座を特定し，当該口座情報を内国歳入庁（IRS）に報告することを義務づけたのである（上村 2016：82-83，96-97；上村編 2019：9章）。

　自動的情報交換は，この FATCA をグローバルに拡大する取り組みであり，日本を含む108ヵ国・地域が，2020年末までにこれを開始する予定である（上村編 2019：213）。ただし，アメリカは独自に FATCA を実施しているとして，これには加わっていない。

　BEPS は，2012年6月に OECD 租税委員会が立ち上げ[*]，同月の G20サミットで正式に承認された。また，2013年7月に開催された G20サミットで行動計画が，2015年10月には最終報告書が報告され，翌月の G20サミットで承認されている。各国が自動的情報交換や BEPS に動いた理由は，まず多国籍企業のタックス・ヘイブン利用による税逃れは，各国の財政にとって深刻な問題であったことがある。そして「課税権は国家主権の最たるもの」（浅川 2016：26）にもかかわらず，それが侵害されていることに対する国家の当然の反応でもあった。また，結局自動的情報交換や BEPS の勧告を実施するのは国家であることから，国家が第一義的なアクターとなった。

　＊OECD 租税委員会（CFA：Committee on Fiscal Affairs）は，OECD において国際的に共通の課税ルールを整備するとともに，各国の有する知見や経験の共有化を図っている。そのため，租税政策および税務行政上の様々な課題について検討部会

が組織され，各国税務当局の専門家同士による意見交換が行われている（国税庁 URL https://www.nta.go.jp/taxes/shiraberu/kokusai/oecd/index.htm　2020年1月22日閲覧）。

しかし，OECD が自動的情報交換や BEPS に着手し，G20が動くようになる背景を作ったのは，NGO や社会運動であった。後述する attac（Association pour une Taxe sur les Transactions Financières pour l'Aide aux Citoyens：市民を支援するために金融取引への課税を求めるアソシエーション）が，1999年にタックス・ヘイブンに関する作業委員会を設置し（シャヴァニュー&パラン 2007：145），既述の TJN は2003年の創設以来，そのネットワークをイギリスからドイツ，フランス，オーストラリア，アメリカ，バングラデシュなど14ヵ国24団体に広げ，アドボカシー活動を世界的に進めてきた。[*]

＊タックス・ジャスティス・ネットワーク URL https://www.taxjustice.net/about/who-we-are/international-network/（2019年3月7日閲覧）。

NGO や社会運動が，タックス・ヘイブンを問題にし，活動を展開してきた理由は，富裕層や多国籍企業が税金を払わずに不正に儲け続けるつけを大多数の人々が被り，不当に格差が拡大しているからである。それは，社会福祉関係予算の削減，消費税の増税，途上国から先進国への資本逃避など様々な形態をとるが，一言で言えばその不条理さ，不公平さに対するもの申し立てである。

これら NGO や社会運動が，どの程度自動的情報交換，ならびに BEPS プロジェクトや行動計画の策定，ないしその実施に影響を与えているかということを定量化することは困難であるが，すでに見た通り，自動的情報交換はすでに2007年に TJN によって提唱されていたものである。また，BEPS 行動計画の核となる「国別報告書」の構想は，2003年に TJN が再定式化したものである（Murphy 2003；2016：96-112）。

これらが実現した事実に鑑みるに，NGO や社会運動が，各国や国際機関のタックス・ヘイブン対策に与えた影響は定性的にはあったと推測できるだろう。

3　第2の柱──国境を越えた革新的な課税の実施

第2の柱の定義とグローバル・タックスの諸構想
第2の柱の観点からグローバル・タックスを定義すると，「グローバルな資

産や国境を越える活動に課税し，負の活動を抑制しながら，税収を地球規模課
題の解決に充てる税制」となるだろう（Uemura 2007；上村 2009；2016；上村編
2015；2019）。これは，グローバル・タックスの狭義の定義で，国際連帯税とも
呼ばれている。

　これは単なる構想ではなく，一部は現実化している。まず，クリーン開発メ
カニズム（CDM）事業から発生する削減相当量（クレジット）への課金を気候
変動の適用基金の財源とする「CDM 税」とも呼べるスキームがある。そして，
航空券に課税し，その税収を HIV/AIDS，マラリア，結核，C 型肝炎対策を
進めている Unitaid（国際医薬品購入ファシリティ）の財源にする航空券連帯税が
ある。また，金融取引に課税し，投機的な取引を抑制しながら，多額の税収を
生み出す金融取引税は，すでにフランスなどで実施されており，EU（欧州連
合）10ヵ国がその実現に向けて議論を続けている（上村編 2015：23-26；2019：
8章）。

　＊その効果と意義については，上村（2009；2016）を参照のこと。

　地球炭素税，武器取引税など，多くのグローバル・タックスがいまだに日の
目を見ないなか，なぜCDM 税や航空券連帯税などは実現したのかということ
を明らかにすることは，他の構想を実現するためには，何が必要なのかを知る
手がかりになる。

　そこでここでは，航空券連帯税に焦点を当て，これを実現させたアクターを
探り，これらのアクターがどのような理由で，いかなる行動をとったのかを分
析しよう。

航空券連帯税を実現させたアクターたち

　航空券連帯税の淵源は，2000年に定められた国連ミレニアム開発目標
（MDGs）にある。MDGs を達成するためには，少なくとも年間500億ドルの追
加資金が必要であり，これに対応する形で，2003年11月にジャック・シラク
（Jacques R. Chirac）フランス大統領（当時）は，「国際資金の新しい貢献に関す
る作業グループ（通称ランドー・グループ）」を創設した。

　ランドー・グループは，フランス国内の研究者，政府，国際機関，NGO，
企業，それぞれのセクターから合計15名のメンバーで構成され，うち NGO の
メンバーが３名を占めた（Landau Group 2004；Uemura 2007：124；上村 2009：

278)。このランドー・グループの議論と報告書こそが，航空券連帯税を含む国際連帯税という構想を誕生させる直接の契機となった。

　ランドー・グループは通貨取引税，地球炭素税，武器売上税，航空税など，様々なグローバル・タックスの長所と短所，可能性を議論した。最終的に低コストで，市場を歪めることなく課税ができ，多くの国々に受け入れられるメカニズムとして高く評価された航空券連帯税が議論の中心となった。

　2004年12月に，ランドー・グループは報告書を出し（Landau Group 2004），その成果はブラジル，チリ，フランス，スペインからなる「4ヵ国グループ」に引き継がれた。同グループは，革新的開発資金を国際的なアジェンダのテーブルにのせるために国際作業グループ（ルラ・グループ）を設立した。ルラ・グループは，2005年9月の国連総会の際に「革新的開発資金源声明」を発表して，79ヵ国の賛同を獲得し，これらの国々がパイロットプロジェクトとして，航空券への課税を開始することに対する支持の獲得に成功した（上村 2009：279）。

　これら一連の流れを受けて，2006年2月に「グローバリゼーションと連帯：革新的開発資金メカニズムに関するパリ会議」がフランス政府によって開催された。議論の結果，13ヵ国が航空券連帯税を開始することを表明し，38ヵ国が「国際的連帯貢献に関わるリーディング・グループ（現在の「革新的開発資金に関するリーディング・グループ」）」を結成した。このパリ会議は，完全な形ではないものの，史上初めてグローバル・タックスの実施が国際的に決定された歴史的な瞬間となった（Uemura 2007：125；上村 2009：279-280）。

　この流れを見ると，航空券連帯税を実現させたのは，フランスをはじめとする有志国のように思える。しかし，ここまでフランスを突き動かしたのは，前述のattacなど，NGOや社会運動の力が大きい。

　1998年に創設されたattacは，金融のグローバル化とそれが引き起こす諸問題を解決するためにトービン税（通貨取引税）の実現を掲げ，2001年7月の時点で，フランス国内で180のローカル委員会，2万4000人の会員，1000団体を包摂するネットワークになった。さらに，多くの国会議員の支持を得て，一時フランス下院の中にattac委員会が創設され，下院で金融取引税法案を可決させるほどの力を持つようになった。結局上院では否決されたため，金融取引税は実現しなかったものの，彼らの力は無視できないほど大きなものであった（上村 2009：252-262）。そこで，シラク大統領はグローバル・タックスを検討せ

ざるを得なくなったし，ランドー・グループにattacをはじめとするNGOメンバーが入ることとなった。

　実際に，同グループのNGOのメンバーは，グローバル・タックスを求めるNGOとシラク大統領の間で何度も会合を重ねた結果，グループが創設されたこと，その経緯もあって，15名中3名がNGOのメンバーで占められたことを明らかにしている（Uemura 2007：124；上村 2009：278）。

　したがって，フランスが航空券連帯税などグローバル・タックスに熱心だったのは，NGOや社会運動からの突き上げも大きな要因であったと考えられる。ただし，ランドー・グループの中でNGOメンバーが，国境を越えた資本フローを抑制することなど，グローバルな活動の負の影響を低減させる金融取引税のようなラディカルな案を主張したにもかかわらず，最終的にグループは税収の捻出に主眼を置くことに決めたという事実から（上村 2009：278），どのグローバル・タックスを選択するかという点では，NGOよりも政府や企業セクターの力が優ったと読み取ることができよう。より正確に言うならば，金融業界が反対していた金融取引税は実現せず，航空業界が反対していた航空券連帯税が導入されたのは，同じ業界でも力の大きな金融業界の声が優ったからだと言えるだろう。そして，航空券連帯税が最終的に導入されたのは，シラク大統領が国交相を叱責して航空券連帯税を実現させたからだと言われている。したがって，当然のことではあるが，力の大きい業界に加え，政府のリーダーの力量も政策実現の鍵なのである。

4　業界と所管省庁の抵抗

　最後に，業界と所管官庁の抵抗を理解するために，日本において航空券連帯税実現に向けた取り組みが，最終的に税収を地球規模課題の解決ではなく，自国の観光業界という特定の業界に充当されることとなった，国際観光旅客税の成立までの経緯を分析しよう。

　日本が初めてグローバル・タックスの原点とも言えるトービン税（通貨取引税）を公式に議論したのは，1995年の衆議院決算委員会であった（山口 2013：54）。1998年には，日本の租税法の権威である金子宏が国際人道税を提唱し（Kaneko 1998），学者とNGOが2001年にトービン税研究会を，2006年にはグ

ローバル・タックス研究会を立ち上げた。国会議員や日本政府もこれらの動きに続く。2008年2月に国際連帯税の創設を求める議員連盟（国際連帯税議連）が設立され，同年9月に日本政府はリーディング・グループに加盟した。これらの流れが合流する形で，2009年4月には国際連帯税議連の諮問を受けて，国会議員，研究者，NGO，金融業界などマルチステークホルダーで構成され，外務省，財務省，環境省，世界銀行がオブザーバーで参加する国際連帯税推進協議会が創設された。協議会は座長の名前を取って，寺島委員会と呼ばれた（上村 2015：26）。

　同委員会は，1年半かけてグローバル・タックスの具体的内容と実現方法を議論し，2010年9月に最終報告書を刊行，前原誠司外相（当時）に手交された。同年12月は，日本がリーディング・グループの議長国であったことから，とくに航空券連帯税の導入が期待されたが，航空業界と国土交通省（国交省）の強い反対を受けて，その導入は見送られた（上村 2013：254；2015：26-27；上村編 2014：138）。

　他方，国際連帯税議連とNGOの継続的な活動により，2012年8月に成立した「社会保障の安定財源の確保等を図る税制の抜本的な改革を行うための消費税法の一部を改正する等の法律」に，「国際連帯税について国際的な取組の進展状況を踏まえつつ，検討すること」という文言が入ることとなった（上村編 2014：139）。しかし，日本経済団体連合会（経団連）は2012年10月に，航空券連帯税であれ，金融取引税であれ，国際連帯税の導入に明確に反対を表明した（上村 2013：255；2015：27；上村編 2014：139）。

　そこで，国際連帯税議連は，2014年10月にグローバル連帯税推進協議会（第2次寺島委員会）を立ち上げ，2015年12月に最終報告書を刊行した（グローバル連帯税推進協議会 2015）。さらに，2016年11月には，今度は外務省が「国際連帯税を導入する場合のあり得べき制度設計等に関する研究会」（第3次寺島委員会）を創設した。第3次委員会は政府の設立した委員会であり，国交省，金融庁，環境省から実務担当の責任者も出席した。出席した官僚たちは，国際連帯税に賛成と述べつつ，それが所管する業界に関わる税の案が出されると反対した。たとえば，同委員会が実施したアンケートでは，およそ75％が「航空券連帯税を払ってもよい」と回答したにもかかわらず，国交省の担当者は「航空券連帯税は，コスト削減に取り組む航空業界に大きな打撃を与えるだけでなく，観光

立国を目指すという国策を阻害する」と強硬に反対した。その結果，同委員会の報告書は，日本政府に対し，強い勧告ができないものとなった（日本総合研究所 2017）。

　ところが，2017年9月に，観光庁が有識者会議を設置し，11月に中間とりまとめを発表，自民党税制調査会がそれを取り入れ，日本を出国するすべての人（日本人，外国人を問わず）に1000円課税し，税収を日本の観光業界の発展に充当する国際観光旅客税が，2018年4月に成立，2019年1月から実施が始まった。

　これは，グローバル・タックスの仕組みを「盗んで」税金を取りながら，肝心の税収は日本の特定の業界に還元させる制度で，しかも3ヵ月にも満たない審議で成立した。一体なぜ，このような結果になったのだろうか。それは，1つには税収を全額観光業界に回すことで，国交省も，観光業界も利益を得ることができる制度であるからであり（＝カネ），いま1つは実は官邸の強い働きかけがあったから成立したと言われている（＝権力）。

　このようにして，本来であれば，日本が航空券連帯税というグローバル・タックスを用いて，地球規模課題に貢献できる機会が，自国の利益のためだけに利用される悪質な制度に変質したのである。

5　グローバル・タックス実現に向けての最大の課題

　ここまでグローバル・タックスを実現させたアクターとして，国際機関，国家，NGO や社会運動を検討してきた。そして，グローバル・タックス実現の最大の障害になりうる業界（航空業界，金融業界，エネルギー業界など），ならびに所管官庁について分析した。

　これらの考察から明らかになったことは，グローバル・タックスという既得権に大きく抵触する制度の導入のためには，結局のところ，第1節で述べた「カネと権力」の構造を突破しなければならないということである。この構造は，地球規模課題の原因でもあり，それを切り崩そうとするグローバル・タックスに対する最大の障害でもある。

　この障壁を突破するためには，フランスにおける航空券連帯税の導入でも明らかになった通り，強い市民社会が必要となる。そして，その市民社会が権力の中枢と効果的に交渉できる巧妙さが求められる。逆に言うと，日本では市民

社会が弱く，その巧妙さがなかったがゆえに，航空券連帯税ではなく，国際観光旅客税が実現したと言えよう。このことは，観光業界／国交省よりも強い力を持つ金融業界／財務省に抵触する金融取引税を実現させるためには，さらに強い市民社会が求められるということを意味する。

　ヨーロッパにおける金融取引税の学術的支柱であり，提唱者であるシュテファン・シュルマイスター（Stephan Schulmeister）は，金融取引税実現をめぐる一連の動きを「科学的戦争であり，政治的戦争である」とまで呼んでいる。2011年11月に欧州委員会が加盟国に欧州金融取引税指令案を提示した時に，シュルマイスターは「（それは）金融業界にとってはまったく『寝耳に水』であったが，その後着々と『武器』や『弾薬』を準備し，一斉攻撃を始めた。具体的には，まずは金融ロビーが中央銀行，学界に働きかけ，金融業界全体でしっかりとタッグが組まれ，次にこれらがタイミングを見計らい，相互に協調しながら，最も効果が出るようなやり方で総攻撃を仕掛けた」のだと述べ，業界がいかに大きな力を持っているかを明らかにしている（上村編 2015：181）。

　それにもかかわらず，いまだに導入のための交渉が続いているのは，やはりヨーロッパの強い市民社会抜きには考えづらい。したがって，今後いかにして強い市民社会を作ることができるか──これがグローバル・タックス実現に向けての最大の課題なのである。

参考文献

浅川雅嗣「BEPS プロジェクトの軌跡と展望」『国際税務』Vol. 36，No. 1，2016年。

上村雄彦『グローバル・タックスの可能性──持続可能な福祉社会のガヴァナンスをめざして』ミネルヴァ書房，2009年。

上村雄彦「金融取引税の可能性──地球規模課題の解決の切り札として」『世界』6月号，2013年。

上村雄彦「グローバル・タックスと気候変動──いかにして気候資金を賄うか」『環境研究』No. 178，2015年。

上村雄彦『不平等をめぐる戦争──グローバル税制は可能か』集英社，2016年。

上村雄彦編『グローバル協力論入門──地球政治経済論からの接近』法律文化社，2014年。

上村雄彦編『グローバル・タックスの構想と射程』法律文化社，2015年。

上村雄彦編著『グローバル・タックスの理論と実践──主権国家体制の限界を超えて』日本評論社，2019年。

グローバル連帯税推進協議会「持続可能な開発目標の達成に向けた新しい政策科学——グローバル連帯税が切り拓く未来」グローバル連帯税推進協議会最終報告書，2015年。

国際連帯税推進協議会「環境・貧困・格差に立ち向かう国際連帯税の実現をめざして——地球規模課題に対する新しい政策提言」国際連帯税推進協議会最終報告書，2010年。

日本総合研究所「国際連帯税を導入する場合のあり得べき制度設計及び効果・影響の試算等」平成28年度開発援助調査研究業務，2017年。

藤谷武史「課税目的の情報交換制度のグローバル化と国内裁判所の役割」『社會科學研究』第69巻第1号，2018年。

山口和之「トービン税をめぐる内外の動向」『レファレンス』2月号，2013年。

Chavagneux, Christian and Ronan Palan, *Les paradis fiscaux*, Paris : La Découverte, 2006. (クリスチアン・シャヴァニュー，ロナン・パラン〔杉村昌昭訳〕『タックス・ヘイブン——グローバル経済を動かす闇のシステム』作品社，2007年)

Christensen, John, "Mirror, Mirror on the Wall, Who's the Most Corrupt of All?," Tax Justice Network, 2007.

Kaneko, Hiroshi, "Proposal for International Humanitarian Tax – A Consumption Tax on International Air Travel," *Tax Notes Int'l*, Dec. 14, 1998.

Landau Group (groupe de travail sur les nouvelles contributions financières internationales), "Rapport à Monsieur Jacques Chirac Président de la République," 2004. Last visited on 24 December 2006 (http://www.diplomatie.gouv.fr/actual/pdf/landau_report.pdf).

Murphy, Richard, "A Proposed International Accounting Standard Reporting Turnover and Tax by Location," (on behalf of the Association for Accountancy and Business Affairs), 2003.

Murphy, Richard (ed.), "Closing the Floodgates: Collecting tax to pay for development," a report commissioned by the Norweigian Ministry of Foreign Affairs, UK: Tax Justice Network, 2007.

Murphy, Richard, "Country-By-Country Reporting," in Thomas Pogge and Krishen Mehta (eds.), *Global Tax Fairness*, Oxford: Oxford University Press, 2016.

Uemura, Takehiko, "Exploring Potential of Global Tax: As a Cutting-Edge-Measure for Democratizing Global Governance," *International Journal of Public Affairs*, Vol. 3, 2007.

UNCTAD, *World Investment Report 2014*, http://unctad.org/en/Publications Library/wir2014_en.pdf, last visited on 24 December 2017.

（上村雄彦）

第19章

貿　易

──問題の多様化と利害の交錯──

　貿易をめぐるガバナンスは，現在，大きな変化の途上にある。本章では，関税と貿易に関する一般協定（GATT）と世界貿易機関（WTO）における多角的貿易自由化交渉の成果と停滞，1990年頃から顕著になった地域主義の広がりと特徴，そして，そうした変化に並行して起きた問題領域の拡大とそれに対応するガバナンスの変化について解説する。そのうえで，紛争解決制度の改革や環太平洋パートナーシップ協定（TPP）をはじめとした大規模な自由貿易協定の登場など，最近の動きについて概観する。

1　貿易分野におけるガバナンスの変化

多角的貿易レジーム

　WTO の前身である GATT は1947年に合意された。この戦後国際貿易レジームは，単に経済厚生のためだけに創られたのではない。1930年代の一連の保護主義的な貿易政策がブロック経済を招き，諸国で権威主義的な政権を蔓延らせ，最終的に第 2 次世界大戦に繋がってしまったというアメリカの認識に基づき，保護的・差別的な貿易政策による不和を防ぐという意図をもって設計されたのである（Irwin *et al.* 2008；山本 2012）。

　GATT/WTO の最も際立った特徴は「多角主義」にある。これは，適用に際して新たな対価を求めない無条件最恵国待遇を加盟国間で与え合う原則として具体化されている。「一般最恵国待遇」と呼ばれるこの原則に従う限り，すべての加盟国からの輸入品に同率の関税が課せられるため，少なくともルール上差別的なブロックは形成されない。また，どの国の産品も同条件での価格競争を強いられるので，最も品質が高く価格が低い国が生産を担うようになり，加盟国全体の生産効率を引き上げる効果がある。そして今日では，世界の主要

表19-1　戦後のラウンド交渉

ラウンド	関税削減率 （％）	継続期間 （ヵ月）	参加国・ 地域数 （最終年）	新たに加わった議題
ジュネーブ（1947）	26	7	23	
アヌシー（1949）	3	5	13	
トーキー（1950-51）	4	8	38	
ジュネーブ（1955-56）	3	5	26	
ディロン（1961-62）	4	11	26	
ケネディ（1964-67）	38	37	62	反ダンピングなど
東京（1973-79）	33	74	102	補助金，政府調達など
ウルグアイ（1986-94）	38	87	123	農業，サービス貿易，紛争解決，知的所有権など
ドーハ（2001-）	―	―	141+	投資，競争政策，電子商取引，環境など

注1：関税削減率はWTO（2007）による。石油を除く鉱工業品について，品目ごとの関税率を輸入額で加重平均した値。ケネディラウンドは9ヵ国，東京ラウンドは16ヵ国，ウルグアイ・ラウンドは19ヵ国の平均。データの欠如から第5回ディロンラウンドまでの数値はアメリカのみを根拠としているが，最終的にアメリカの合意が得られていることから，他国の引き下げ幅もこれに釣り合う値であると推測される。
注2：ドーハのデータは開始時点。
出典：WTOウェブサイト。

国は中露を含めてすべてWTO加盟国となっている。

　この「多角主義」に基づいた自由化を実現するため「ラウンド」と呼ばれる全加盟国が参加する大規模な交渉が行われてきた（表19-1）。とくに第6回のケネディラウンド以降は継続的に大きな成果を上げてきたのだが，同時に交渉は長期化してゆき，WTO発足後初の交渉となるドーハラウンド（ドーハ開発アジェンダ）に至っては事実上頓挫してしまった。

　ラウンド交渉の長期化には少なくとも3つ理由がある。第1は，加盟国数の増加である。主権国家間の交渉では，通常，合意の際にコンセンサスが必要となる。参加国が増えれば異なる利害を持つ国が増えるので，対立軸が多元化し，交渉が複雑になる傾向は否めない。

　第2に，断続的に自由化が進んだことで，合意しやすい問題が片づき，政治的に敏感な問題が交渉テーブル上に残ったことがある。たとえば，ウルグアイ・ラウンドやドーハラウンドで合意の障害となった農産品の自由化問題は，その前の東京ラウンド交渉で先送りされた「難しい」問題であった。長期化は，

残された難題に挑戦した結果なのである。

　第3に，交渉範囲の拡大がある。知的所有権，投資ルール，競争政策など先進国と途上国との間で利害が対立する問題が新たに加わったことで，合意が困難になった。その詳細について第2節で説明する前に，地域貿易協定（RTA）の広がりについても見ておこう。

地域貿易協定の隆盛

　難航する多角的貿易交渉を尻目に，1990年前後から存在感を増してきたのが，RTA である。RTA は GATT 第24条に定められた多角主義の例外で，特定の条件の下で特定国間の関税を撤廃する自由貿易地域（FTA）などの設定が認められている。これには，日豪経済連携協定のような2国間協定もあれば，北米自由貿易協定（NAFTA）や TPP のような多国間協定もある。

　RTA は，域内国と域外国の関税率に差を生む点で，厳密な多角主義とは原理的に両立しない。このため戦後の多角主義体制を築いたアメリカは1985年まで RTA の利用を避けていたし，日本に至っては1990年代末まで批判的な姿勢を崩さなかった。しかし，1960年代から欧州を中心に RTA を併用する国が徐々に増加し，1990年頃から RTA の利用が世界的に急増した。

　RTA には，多角主義とは異なる外交上の特性がある。第1に，メンバーを個別に選択できることは大きな違いである。国内で政治的に敏感な問題が争点になりそうな国との交渉を避けたり，自国の安全保障に重要な国を選んだりすることができる。前者の例として，日本が初の RTA の相手として農業生産が少ないシンガポールを選んだことは良く知られている。一方，後者の例としては，アメリカが初の RTA 相手に同盟国のイスラエルを，NAFTA 後の最初のRTA に中東情勢で協力関係にあったヨルダンを選んだことが象徴的である。

　第2の重要な特性は，RTA から除外された国が負の影響を受けやすいことである。無税となる域内国への輸入先の切り替えが起きれば，域外国は経済的損失を被る。このため，域外国は自らも RTA を結ぶ誘因を持つようになる（Baldwin 1997）。負の影響は経済効果だけに留まらない。ルール策定や新規加入の際にも，遅れて参入する国は交渉上不利になりやすい。そこで自国だけが孤立して政治経済的損失を被るリスクをヘッジするために，多くの国が RTAを利用した（Solis *et al.* 2009）。

　第3に，RTAでは参加国を絞ることができるので，多角的交渉では困難な高度な内容の合意が可能になる場合がある。とくにグローバル化の進んだ現代では，貿易交渉の問題領域が拡大し，環境や労働といった貿易外の争点と複合化し，さらに国内外の利害関係が複雑化している。このため，以前よりも広範で先進的な合意が必要とされており，それを実現するための一手段としてRTAが果たす役割は大きくなっている。

2　問題領域の拡大と複合性

交渉対象となる政策手段と分野の拡大

　貿易交渉の対象は，徐々に拡大してきた。当初，GATTの主な焦点は「鉱工業品」の「関税および輸入数量制限」であったが，その後，関税以外の政策手段の重要性が徐々に増していった。ケネディラウンドでは反ダンピング措置が，1970年代の東京ラウンド交渉では補助金・政府調達・製品規格・安全基準・認証制度等が拡充された。ウルグアイ・ラウンド以降は，農産品に加えて，サービス貿易，知的所有権，海外投資の条件，独禁法などの競争政策，電子商取引等の新たな分野の問題が話し合われるようになっている。

　交渉の対象となる政策手段が増加するのには必然性がある。はじめに関税引き下げが実現すると，輸入が急増して国内産業が打撃を受けることがある。すると輸入国は反ダンピングやセーフガードなどの貿易救済措置のほか，企業に対する補助金や減税，政府・自治体の調達などを駆使して産業保護を行う誘因を持つ。しかし，これらが野放図に用いられれば輸出国との間の紛争が生じるので，国内政策にも一定の国際ルールが必要になるのである。

　対象分野も同時に拡大する。モノの貿易が盛んになると，海外から原材料・部品を仕入れる企業や，海外での販売を伸ばす企業が増える。すると，現地に支社や工場を置くために，直接投資のルール整備，法人設立のための会社法，会計基準，証券取引法などカネの規則にも関心が向けられる。技術開発力やブランド力を生かすためには，商標や特許の保護も必要である。現地で公共事業に参加するには，中央政府・地方政府の調達における内国民待遇も求められる。現地法人とのヒトの往来も増えるので，ビザを取得しやすくしてほしいという要望も出るだろう。

「貿易分野」は，単に国境の障壁の高さだけの問題にとどまらず，国内の法制度や慣行にも拡大してゆくのである。

貿易外争点（環境，人権・労働，腐敗防止）との複合性とRTA

　これに加えて，最近では環境，人権・労働，腐敗防止などの貿易外争点が，自由化交渉と絡めて議論されるようになった。これらは一見すると無関係に思えるが，実際には密接に連関している。次のような例を考えてみよう。

　環境保護に熱心なA国では，企業は，排水や排気の浄化を義務付けられている。一方，環境に無関心なB国では，企業は浄化コストを負担せずに商品を生産する。ここで両国の企業が国際市場で価格競争を行えば，A国企業は淘汰されてしまう。国際的な投資も自由化されていれば，A国企業は生き残りのためにB国に工場を移すかもしれない。いずれにせよA国の産業と雇用は破壊され，B国は経済的豊かさを得る代わりに環境をさらに汚染する。その汚染はしばしば近隣諸国へと越境するばかりか，地球規模で影響を及ぼしかねない。このような結末が予見されるため，A国は自由化交渉の前提として，B国に環境規制の強化を求めるのである。

　労働者の人権保護や政府の腐敗防止といった問題においても，同様のメカニズムが働く。人権保護や腐敗防止に関心の高い国や企業ほど競争上不利になる面があるため，保護や規制の緩和合戦（「底辺への競争（race to the bottom）」）が懸念されてきた。だからこそ，人権や腐敗防止といった価値を重視する国は，貿易だけを切り離した自由化に難色を示すのである。

　1992年に署名されたNAFTA交渉の際に，アメリカの労働組合や環境団体が主張したのは，まさにこのような論理であった。こうした反対論がアメリカ議会の民主党を中心に広がったため，批准のためには労働と環境に関する2つの補完協定をあとから追加する必要があった。

　環境をはじめとした貿易外争点では，先進国と途上国の利害対立が顕在化しがちである（箭内・道田 2014）。安い労働力や天然資源を活用したい途上国にとってみれば，規制の強化は自国の競争力の制限に繋がる。貧困が問題化している国にとって，労働基準や環境を経済発展よりも優先することは政治的にも人道的にも現実的でない。とくに多国間交渉の場では南北対立が先鋭化しがちであるため，しばしば合意が困難になる。

　しかし，対立が激しい問題であっても RTA では合意可能な場合がある。前述の NAFTA 交渉では，地続きのアメリカ市場に特恵的なアクセスを得られるというメキシコ側のメリットが大きかったこともあり，合意が可能となった。2018年の NAFTA 再交渉でも，労働，環境，腐敗防止が改めて争点となったが，ここでも再度の合意に成功している。

　先進国からすると，ドーハラウンドの多角的自由化交渉が進まない以上，問題の複合化によって拡大する範囲をカバーするためには，RTA を用いる以外に事実上有効な手立てがなくなってきている。とくに先進国の関心が高かった投資ルール，競争政策，政府調達の透明性といったテーマが2005年にドーハラウンドの議題から削除されてしまったことは，この認識を決定づけた。

　多角的交渉が停滞するなか，先進国が途上国と結んだ RTA には，投資ルール，競争政策，政府調達といった経済界の直接的な関心事だけでなく，環境保護や労働基準などの項目が多く含まれている（青木 2006；Horn *et al.* 2009）。様々な分野でのハーモナイゼーションを進める役割を，RTA が担いつつあるといえる。

貿易の利害関係者増加

　貿易分野自体の拡大や貿易外争点との複合化によって，国内社会はどのような影響を受けたのだろうか。1つの顕著な変化は，それまでは貿易と関わりなかった集団までもが，貿易政策について具体的な利害を持つようになったことである。たとえば，1980年代末，アメリカが日本に大店法の撤廃を要求してきたことがある。この法律はもともと，国内の大型スーパーから商店街を保護するために70年代に制定されたものであり，貿易障壁として作られたものではなかった。しかし，グローバル化が進んで，アメリカのトイザらス社が日本に出店しようとしたとき，それを著しく困難にしたのだった。この法律が議題となったことで，昔ながらの商店街は，突如として国際交渉の結果にその存亡を左右されることになった。

　こうした国内集団の利害は，グローバル化の状況により刻々と変化してゆく。貿易自由化によって輸入が急増すると，国内の生産者が団結して輸入制限を求める例がしばしば見られる。ところが，モノの自由化に加えて海外投資も進んだ業界では，違った状況が生じがちである。海外生産した製品を日本に逆輸入

するようになった企業が，一転して輸入制限に反対するようになるからである。以前は保護を求めることで一致していた業界であっても，グローバル化の段階が進むと，海外進出が可能な大企業と，それが困難な中小企業との間で，新たな利害対立が生じるのである（鈴木 2017）。

このような利害対立の構図の変化は，政策決定過程にも影響を及ぼす。貿易政策について新たな集団が強い利害を持つようになれば，その意見も新たに取り込む必要が出てくる。また，賛成派と反対派に分断されていては業界としての要望をまとめること自体が困難になる。いずれにしても，政府が従来通りのメンバーから意見聴取をするだけでは，バランスの取れた政策決定は困難となる。

自由化交渉と並んで国内集団が強い影響を受けるのが，国際的な紛争解決である。ここでも，政府と民間との関係性が変化してきている。貿易紛争の直接の利害関係者は民間企業であることが多いが，WTO の紛争解決制度に参加できるのは加盟国政府に限られる。そこで主要国の政府は，民間からの申立窓口を設置して意見聴取を容易にしている。NGO が環境問題や人権問題についての情報を持つのと同様，企業は価格やコスト，他国の法令や運用について情報を持つ。権限を持つ政府と情報を持つ企業の協力がなければ，効果的な主張を繰り広げることは難しい（Shaffer 2003）。

さらに，市場がグローバル化したことによって，知的財産権の保護（第16章参照）や標準規格の策定など，企業や民間アクターが持つ力がかなり強くなった分野もある。ときには，企業と政府が協力して国際会議に臨むばかりでなく，企業連合や民間団体が標準を策定し，国家はそれを追認するしかないという状況も発生している（Mavroidis and Wolfe 2017）。

貿易以外の価値と非国家主体の参加

もともと貿易分野では国内利害対立が起こりやすいのだが，そこにさらに環境や人権などの貿易外争点が加わると，対立は（往々にして金銭的補償で解決できる）経済的なものにとどまらず，価値観の衝突にまで発展する。では，環境や人権に対する市民社会の関心は，どのような形で国際貿易に反映されうるのだろうか。

実のところ，環境や人権に関心を持つ社会集団や NGO が貿易交渉の場に直

接関わることは少ない。なぜなら，RTA も GATT/WTO も主権国家間の協定・制度であり，国内の意見は加盟国の政府を通じて表出されるのが道理と考えられてきたからである。したがって，社会集団や NGO の意見の反映具合は各国の政治制度次第であり，とくに非民主的な国では市民社会の意見がほとんど尊重されないという問題も生じる。

そこで，近年では国際会議に NGO を直接参加させる努力も行われている（Van den Bossche 2008）。WTO の第 1 回シンガポール閣僚会議（1996）では環境団体や労働組合を含む108団体235人，第 2 回ジュネーブ閣僚会議（1998）では128団体362人が傍聴している。その後，1999年のシアトル閣僚会議に対するデモと暴動は，環境団体や労働組合の影響力を印象付けた。これを機に NGO の参加は数倍に膨れ上がり，活発化していった。現在では閣僚会議が NGO からの意見書を受け付けるなど，意見表明の手段も広がっている。さらに，2001年以降はパブリックシンポジウム（2006年以降はパブリックフォーラムに改称）も毎年開かれ，市民社会，学識経験者，経済界，メディア，政府，議員，国際機関などからの参加者によって，多角的貿易システムの改善法が議論されている。

なかには，NGO が国際交渉のアジェンダ設定の段階で一定の影響を及ぼした事例も確認されている。たとえば，医薬品特許の厳格な保護や，ドーハラウンドにおける投資の自由化については，反対する途上国と連携した NGO がキャンペーンを張り，国家間の議論に一定の影響を及ぼしたとされる（Murphy 2010）。

このほかに NGO が貿易ガバナンスに直接関与しうる経路として，紛争解決制度への参加がある。2000年前後から，WTO の紛争解決制度のパネル，世銀の投資紛争解決国際センター，国連の国際商取引法委員会等において，NGO の専門的見解が第三者意見として採用される例が出てきている（De Brabandere 2011）。ウミガメの混獲を理由としたエビの輸入制限が問題となったエビ・ウミガメ紛争では，WTO の上級委員会が1998年に環境団体からの意見書提出を認めた。この前例によって様々な団体から意見書の提出が相次ぎ，WTO 内部で注目されるほどであった。意見書の提出は，NGO が決定過程に直接関与しうる貴重な機会であり，参加への強い意欲と期待が読み取れる。

紛争解決におけるガバナンスの変化

　すでに述べたように WTO 設立以降，ラウンド交渉は停滞したのだが，紛争解決に関しては，逆に多国間の枠組が強化されてきている。この一見矛盾する流れについても確認しておこう。

　GATT 時代の紛争解決制度は効果的とは言い難く，貿易紛争は二国間交渉で政治的に解決される傾向が強かった。しかし，1995年の WTO 設立とともに紛争解決制度が強化され，加盟国は，WTO 協定に関する違反については WTO の紛争解決制度によって解決することが義務付けられるようになった。その結果，それまで 2 国間交渉を多用していたアメリカでさえ，WTO ルールに基づかない一方的な輸入制限を控えるようになった。また，GATT 時代には外国を提訴することが少なかった日本も，WTO 設立後には国際ルールを積極的に用いて自国の利益を守ろうとする傾向が強くなっている（Pekkanen 2008）。

　WTO の紛争解決制度による勧告や裁定は，履行を引き延ばす例は散見されるものの，最終的には多くの場合において履行されており，主権国家間の制度としてはかなり優秀と評価されてきた。

　しかし，この制度にも問題がないわけではない。近年，提訴件数の増加や問題の複雑化が進み，審理期間が延長されることが増えた。このため，ルール違反が迅速に認定されないという不満が高まってきた。

　また，WTO の上級委員会は，裁定に直接関係しない論点にまで意見を示して前例化を進めるなど，司法に積極的な姿勢をしばしば示してきた。アメリカはこれを越権行為と批判しており，強い制度化を求める EU などと対立してきた。2017年に入るとアメリカは上級委員の選定を拒否するようになり，2019年の12月までに 7 名の委員のうち 6 名が欠員となった。上級委員会は案件ごとに 3 名の委員を要するので，二審制は機能不全に陥り，WTO は最終的な裁定を示せなくなってしまった。WTO 提訴に至るような紛争は，当事国間の話し合いで円満に合意ができなかった深刻な対立を含む。それに対する制度的解決手段がなくなれば，力を背景にした手段に訴える国が増えると思われる。

　では，WTO の紛争解決制度を代替しうる制度はないのだろうか。RTA が備える紛争解決ルールが，その機能の一部を補完できる可能性はある。紛争解決ルールの内容は個々の RTA ごとに異なるが，審議を行うパネリストの選出手続きや制裁対象の選定方法などが規定されている場合もあり，その多くは

WTO のルールに類似している。

　しかし，個別の RTA による紛争解決は，国際法の解釈や判断の統一性がますます確保しにくくなるという点で懸念を持たれている。そもそも RTA の内容は，WTO 紛争解決制度との関係といった最も基本的な事項でさえも統一されていない。申立国が WTO と RTA の紛争解決の両方を利用できる場合に，どちらかを自由に選択できるとする協定もあるし，WTO が優先するという協定や，一部の規定について RTA が優先するという協定もある。さらには，こうした規定を明確においていない RTA も多いのである（川瀬　2008，2009）。このうえさらに RTA ごとに異なるルールや解釈が適用されれば，少なからぬ混乱を生むだろう。

3　貿易ガバナンスの現在と今後

自由化の推進とルールの統一

　RTA の乱立は司法的混乱ばかりだけでなく，原産地規則などの貿易ルールの複雑化も生じさせると懸念されてきた（「スパゲッティボウル現象」）。こうしたなか，TPP をはじめとした広域 RTA 構想は，広範な自由化の推進に加えて，乱立する貿易ルールの再統一化という意味でもとくに大きな転換点であった。

　2010年頃には世界の RTA の累積数は400件近くに及んでいたが，ルール作りを主導すべき日米欧の先進三極を直接結ぶ RTA は皆無であった。ところが，日本が2013年に TPP 交渉参加を宣言すると，それまで停滞していた日本と欧州，アメリカと欧州の間の交渉が刺激を受けた。欧州は TPP を理由に日本との RTA 締結を急ぐと同時に，アメリカと大西洋横断貿易投資パートナーシップ協定（TTIP）の交渉も推進した。3つの交渉が一挙に推進力を得たのである。

　TPP のような広域 RTA は市場規模が巨大なため，域外国にとっては参加の誘因が大きい。一方，先進国側からすれば，貿易の統一ルール策定を主導しやすいし，新規参加国に WTO よりも先進的な内容（知的財産権，投資ルール，電子商取引など）について協力を求めやすい。さらには，労働や環境，政府の透明性や腐敗防止など，市民社会の関心が高い分野で，より高度な規範を途上国や新興国に浸透させる原動力になりうると期待されてきた。

トランプ政権の成立と現在の状況

　この期待は，トランプ大統領が就任直後に TPP 脱退を宣言したことで台無しにされた。しかし，その後の日本政府の対応は柔軟かつ迅速であった。アメリカを除く11ヵ国での TPP 合意を成立させると，欧州との RTA も2019年2月に発効させた。これによって，将来的にアメリカが方針を再転換したときに三極協力体制を進める可能性を残すことに成功している。日本政府は2017年末から米，欧とともに貿易大臣会合を継続的に開いて WTO 改革について協議するなど，協力のための地盤固めも進めている。

　TPP による制度的な中国対策を試みたオバマ政権と異なり，トランプ政権は多国間主義や国際制度に懐疑的であり，2国間での摩擦を顕在化させた。もちろん，2国間での圧力が中国の国内改革を後押しする可能性はあるし，実際にそうした兆候も一部の分野で観察されている。しかし，安易な妥協が成立すれば，高度な貿易ルールや貿易外の規範を世界に広げるうえでも障害となりかねない。また，2国間の摩擦のなかで WTO ルールに適合的でない手段が多用されることで，WTO 紛争解決制度の権威はさらに毀損されている。制度や規範に比べて，どちらに転ぶか分かりにくい大国間の政治的やり取りの重要性が増しており，近い未来の予測でさえも著しく困難になっている。このため日本政府にとっては，多方面に可能性を残すヘッジ戦略が重要となっている。その可能性のうち，どれが結実するかは，貿易システムの将来だけでなく，貿易以外の価値の実現をも左右する重大な岐路となりそうである。

参考文献

青木（岡部）まき「東アジアにおける地域貿易協定の特徴——内容の比較と各国のRTA 政策からの検討」『東アジアの挑戦——経済統合・構造改革・制度構築』日本貿易振興機構アジア経済研究所，2006年。

川瀬剛志「WTO と地域経済統合タイの紛争解決手続きの統合と調整——フォーラム選択条項の比較・検討を中心として」『上智法學論集』52（1・2），2008年，52（3），2009年。

鈴木一敏「経済グローバル化が利益団体に与えた影響」『年報政治学』2017-1 号，2017年。

箭内彰子・道田悦代「開発途上国をめぐる『貿易と環境』問題」箭内彰子・道田悦代編『途上国からみた「貿易と環境」——新しいシステム構築への模索』日本貿易振興

機構アジア経済研究所，2014年。

山本和人『多国間通商協定GATT の誕生プロセス——戦後世界貿易システム成立史研究』ミネルヴァ書房，2012年。

Baldwin, Richard, "The Causes of Regionalism," *The World Economy*, 20(7), 1997.

De Brabandere, Eric, "NGOs and the 'Public Interest': The Legality and Rationale of Amicus Curiae Interventions in International Economic and Investment Disputes," *Chicago Journal of International Law*, 12(1): 85-113, 2011.

Horn, Henrik, Petros C. Mavroidis, and André Sapir, *Beyond the WTO? An anatomy of EU and US preferential trade agreements*, Brussels: Bruegel, 2009.

Irwin, Douglas A., Petros C. Mavroidis, and Alan O. Sykes, *The Genesis of the GATT*, Cambridge: Cambridge University Press, 2008.

Mavroidis, Petros. C. and Robert Wolfe, "Private Standards and the WTO: Reclusive No More," *World Trade Review*, 16(1): 1-24, 2017.

Murphy, Hannah, *The Making of International Trade Policy: NGOs, Agenda-Setting and the WTO*, Cheltenham: Edward Elgar Publishing Inc., 2010.

Pekkanen, Saadia M., *Japan's Aggressive Legalism: Law and Foreign Trade Politics Beyond the WTO*, Stanford: Stanford University Press, 2008.

Shaffer, Gregory C., *Defending Interests: Public-Private Partnership in WTO Litigation*, Washington, D. C.: Brookings Institution, 2003.

Solís, Mireya, Barbara Stallings, and Katada Saori N. (eds.), *Competitive Regionalism: FTA Diffusion in the Pacific Rim*, New York: Palgrave MacMillan, 2009.

Van den Bossche, Peter, "NGO Involvement in the WTO: A Comparative Perspective," *Journal of International Economic Law*, 11(4): 717-749, 2008.

World Trade Organization, *World Trade Report*, Geneva: WTO Publication, 2007.

（鈴木一敏）

第20章
気候変動
──経済・安全保障を巻き込むグローバルな課題──

1　国連気候変動枠組条約と京都議定書の概要

　二酸化炭素が大気の温度上昇に影響を及ぼす温室効果は，科学的には19世紀末には知られていたが，地球温暖化のメカニズムが国際的に議論されるようになったのは，20世紀後半に環境問題への関心が高まった後である。公害問題や環境破壊についての懸念が強まるなか，国際的なシンクタンクのローマクラブが1968年に「成長の限界」を取り上げ，経済成長を現状のまま2100年まで持続することは不可能であると警鐘を鳴らした。1972年の国連人間環境会議にてストックホルム人間環境宣言が発出され，経済成長と環境保全の両立と持続的な発展の課題がいっそう重視されるようになった。さらに1992年にリオデジャネイロで国連環境開発会議が開催され，環境と開発に関するリオ宣言や生物多様性条約が策定されるとともに，国連気候変動枠組条約（UNFCCC）が採択された。

UNFCCC と京都議定書の関係

　各国は，UNFCCC の交渉において，1990年代の終わりまでに二酸化炭素等の温室効果ガス（GHGs）の排出を1990年の水準に戻すために，排出の抑制や森林等の吸収源の保全のための政策・対応措置を講じる方法を検討した。そして，条約の下で，気候変動に関する政策・対応措置と効果的な予測等についての情報を提出し，新たに設ける締約国会議（COP）にて審査を受けること等に合意した。ただし，気候変動枠組条約はその名称の通り，あくまでも気候変動対策に関する基本的な枠組みを定めるものであった。各国が負う具体的な義務は第1回の締約国会議（COP1）において別個の条約を策定することとされた。その交渉の結果，1997年に採択されたのが京都議定書である。

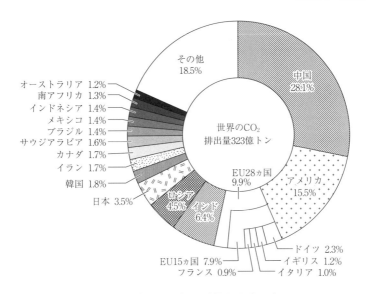

図20-1 各国の二酸化炭素排出量（2015）
注：EU15ヵ国は，COP3（京都会議）開催時点での加盟国数である。
出典：環境省作成資料。

　2005年に発効した京都議定書は，GHGs の発生を産業革命以来の経済活動の結果発生したものと認識し，その発生により多く寄与したと考えられた先進国に排出削減の義務を課した。同議定書の下で締約国は，先進国を中心とする附属書Ⅰの国々と，開発途上国を中心とする非附属書Ⅰの国々に大別され，附属書Ⅰの国々の中で旧共産圏の市場経済移行国を除く欧米および日本等の国々が，数値目標に基づく GHGs の削減義務を負うこととなった（ロシア等の市場経済移行国は数値目標を掲げるものの削減義務は負っていない）。こうした先進国と途上国の間の義務の相違は，「共通だが差異ある責任（CBDR）」の原則に基づいている。この背景には，産業革命以来の GHGs の排出には先進国がより重い責任を負うべきである，そして GHGs の削減に関し，技術的・資金的な制約のある途上国に先進国と同様の責任を負わせることは不公平であるといった考え方が存在した。

　京都議定書の下では，UNFCCC の附属書Ⅰ国の先進国に GHGs の排出を1990年比で2008年から5年間で一定程度削減することを義務付ける一方，非附属書Ⅰ国（途上国）には削減義務を課さなかった。具体的には，第一約束期間

表20-1　気候変動交渉の経緯

1992年	国連気候変動枠組条約（UNFCCC）採択（1994年発効）
1997年	京都議定書採択（COP 3）（2005年発効）
2009年	コペンハーゲン合意（COP15）：先進国・途上国の2020年までの削減目標・行動のリスト化，気候変動対策の資金供与を検討
2010年	カンクン合意（COP16）：各国が提出した削減目標等が国連文書に整理されることに
2011年	ダーバン合意（COP17）：先進国・途上国が参加する新たな枠組み構築に向けた作業部会が設置
2013年	ワルシャワ決定（COP19）：2020年以降の各国による削減目標の提出時期等が定められる
2015年	パリ協定採択（COP21）（2016年発効）：2020年以降の枠組みとして先進国・途上国の区別なく気候変動対策に取り組む国際ルールが成立
2018年	パリ協定実施指針の策定（COP24）：2020年からのパリ協定の実施に必要な実務的な細則が定められる

出典：外務省ホームページをもとに作成。

（2008～12年）においては，日本は-6％，アメリカは-7％，EUが-8％の削減義務を負った。また，第2約束期間（2013～20年）ではEU-20％が削減義務を負った（日本は第2約束期間には参加せず）。GHGsの削減目標達成のために，締約国間でGHGsの削減をクレジットとして取引することも一定の条件の下で認められた（排出権取引制度）。

　先進国と途上国の間の義務を差異化したことは，京都議定書の策定当時には一定の合理性を有していた。しかしながら，1990年代以降経済成長を本格化させたブラジル，ロシア，インド，中国等の新興国（BRICS諸国）がGHGsの削減義務を負っていないことを問題視する見方は交渉当時から存在し，新興国のGHGsの排出量が増大するなか，先進国だけが削減義務を負うことへの不満も示された。京都議定書の交渉に積極的に参加したアメリカが最終的にこの枠組みに参加しなかった理由の1つは，こうした義務の不平等に対する批判であった。

2　パリ協定の概要

　京都議定書が発効した2005年以降も気候変動問題への国際的な関心は増大し続けた。とくに海面の上昇，氷床・氷河の減少，砂漠化，干魃，食糧生産・価格の不安定化や自然災害の激甚化等の問題に関心が集まり，科学的な研究もこ

うした事象と気候変動との相関関係を強く指摘するようになった。そして，2011年に南アフリカで開催されたCOP17において，京都議定書の約束期間が終了する2020年以降に適用される先進国，途上国が参加する新たな枠組みの構築に向けた作業部会の設置が合意された。翌2012年から本格的な交渉が開始され，2015年のCOP21においてパリ協定が採択された。各国のパリ協定の締結は急速に進み，翌2016年に発効した。

パリ協定の基本的な内容

　パリ協定は，2020年以降のGHGsの排出削減と気候変動の影響に対応するための措置を各国が講じるうえの基礎となる枠組みである。この協定は，開発途上国によるGHGsの排出増大の傾向も踏まえ，先進国・途上国の区別なく気候変動対策の行動をとることを義務づける合意となった。パリ協定は，京都議定書と異なり，各国の個別のGHGsの排出削減目標は条約上の直接の義務として明記されていない。そのかわりパリ協定は，国際社会が一致して達成すべき目標として，世界の平均気温上昇を工業化以前から2℃を十分に下回るように抑える旨の「2℃目標」を掲げ，さらに気温上昇を1.5℃未満に抑える努力目標も規定している。

　気候変動に関する政府間パネル（IPCC）が19世紀の産業革命以降の地球の気温はすでに約1度上昇していると報告していることも，国際的な危機感を高める一因となっている。パリ協定の下ですべての国がGHGsの排出削減目標（「自国が決定する貢献（Nationally Determined Contribution），NDC」）を5年ごとに提出することが義務付けられている。その一方でパリ協定には，他の環境関連条約に見られる，条約上の義務を履行できない国の権利を制限する規定（不遵守手続）は設けられていない。同協定ではまた，各国の国内実施状況を報告するとともに検討（レビュー）を受け（透明性枠組み），5年ごとに世界全体での実施状況を検討することになっている（グローバルストックテイク）。このようなサイクルを通じて，各国が徐々に目標を引き上げ，「2℃目標」を達成できるように取組を強化するのが，パリ協定の基本的な構造である。

　パリ協定において，GHGsの排出を抑制する「緩和（mitigation）」と並んで重視されているのが，すでに発生している気候変動がもたらす影響に対処する「適応（adaptation）」である。砂漠化や干魃，海面上昇や洪水等の自然災害等に

直面する多くの途上国にとって，気候変動は将来発生するリスクではなく，すでに現実に生じている問題である。途上国の大半は，新興経済国を除けば，地球温暖化の主要因である GHGs の発生には大きく寄与しておらず，むしろ気候変動の悪影響を受ける被害者との自己認識が強い。そのため，パリ協定の交渉時には，気候変動の影響に対して脆弱な途上国が中心となって，適応策も重視すべきとの主張が多くされた。こうした経緯もあり，パリ協定には適応のための各国の取り組みの強化や国際協力・支援の促進が明記されることとなった。また，GHGs の発生に先進国がより重い責任を有しているとの考えを発展させ，気候変動によって発生した損害や損失（loss and damage）を回復すべきとの議論も生じ，関連する規定がパリ協定に設けられた。

　パリ協定は野心的な目標を掲げる一方で，各国の報告やレビューの具体的な方法については，2018年の COP24 までに策定されることとされたが，その具体的な実施の態様は2020年以降の運用によって定まる側面が強い。また，パリ協定の下で初めて削減目標の策定や国内措置の実施等を義務付けられた途上国に対して行われる必要な支援等の詳細はまだ定まっていない。効果的な気候変動対策を行ううえで必要となる資金をどのように動員するかに関しても，より多くの支援を求める途上国と先進国の間の緊張関係は継続している。

3　気候変動問題と他の規範との関係

気候変動対策と経済成長の両立

　従来は環境問題として捉えられることの多かった気候変動問題は，最近では広範な経済・社会分野，さらには安全保障にも関係する課題として認識されるようになった。最近の動向の中でも，気候変動対策を経済成長の障壁となる負担ではなく，社会経済課題解決のための機会と捉える企業・投資家が増大し，こうした流れがパリ協定の成立を促進したとの評価は注目に値する。この背景には，イギリス等において気候変動・環境保護対策を強化しても経済成長が可能との実績（デカップリング）が示されたことがあった。また，2010年代からの太陽光および風力発電を中心とする再生可能エネルギーの世界規模での導入拡大と価格競争力の向上も，企業が気候変動対策に積極的になるうえで大きな影響を及ぼした。気候変動対策をとることが，経済的な観点や持続可能な企業経

営を行う観点からも合理的な行動と考えられるようになったことは，各国政府，市民社会がより積極的・野心的な国際的な枠組みを作る後押しとなった。

気候変動と開発関連の諸課題

パリ協定の採択と同じ2015年に策定された国連の持続可能な開発目標（SDGs）は，気候変動の他の開発課題との連関を明確に示している。SDGs は国際社会が達成すべき17の目標を掲げているが，気候変動問題は SDGs の目標13の達成に留まるものではない。SDGs の策定以降，国連開発計画，食糧農業機関等の国連機関や NGO 等は，エネルギー問題（SDG 目標7），食料（目標2），海洋・水（目標6，14），都市開発・防災（目標9，11），教育・ジェンダー（目標4，5）等の諸課題の解決に不可欠な考慮要素として気候変動を位置づけ始めている。このように気候変動問題は，他の社会経済上の開発課題に取り組むうえで解決・対処すべき前提条件となっており，気候変動対策を各分野の政策や国際的な努力に反映することが重視されてきている。

気候変動と国際的な安全保障の関係

気候変動と安全保障の関係は，地球温暖化に伴う北極海航路の拡大等の戦略環境の変化を促す要素として2000年代後半からも議論され，アメリカ，イギリスでは政策分野の1つとして検討が進んだ。その後，2011年からのシリアの内戦に関し，直前に発生した同国での干魃による経済の低迷が内戦に一定の影響を与えたという研究が発表された。気候変動と内戦や政治的不安定の因果関係の立証は困難であるとの批判も根強く存在するものの，こうした研究は，気候変動と紛争の関係が国際社会にて議論される一因となった。

2013年以降 G7外相会合においても，気候変動が他の外交分野に与える影響や地域の地政学リスクに及ぼす影響について分析・情報共有する取り組みが開始された。2017年の G7広島外相会合において，気候変動が各国・地域の脆弱性（fragility）に与える影響を検討する旨が G7各国間で了解され，仏独等は気候変動に伴うアフリカのチャド湖の水位低下等が地域情勢に与える影響等を検討した。安保理においても，気候変動問題を紛争との関連で取り上げられる事例も増えてきており，気候変動を環境問題に留まらない幅広い影響をもたらす国際的な関心事項として扱う傾向が強まっている。

4　ルール形成に関与する幅広いアクターとその特徴

異なる利害を有する国々

　気候変動交渉では，気候変動への対処という目的を共有しつつも，問題解決の方法について異なる考えを有する国々がルールを交渉・形成してきたが，時間の推移とともに各国の立場も変化してきている。たとえば，京都議定書の際に共有されていた「共通だが差異ある責任」の概念に関しても，新興国によるGHGsの排出量が増大する過程で，その解釈に一定の変化が生じている。

　途上国の中でも，GHGsの排出が少なく，海面上昇や激甚化する災害等の気候変動の悪影響を受ける脆弱な（vulnerable）国々は，より野心的なGHGsの排出削減目標の設定と気候変動への適応策に関する国際的な支援を求めている。これに対し，新興経済国は，経済成長を確保する観点から，削減目標の設定と達成の方法につき一定の柔軟性を求める傾向にある。

　気候変動対策に不可欠な国際的な資金の調達に関しても，2000年代以降の中国やインドといった新興国の経済的な台頭を反映し，パリ協定では途上国であっても個別の能力や事情に応じて資金面での協力等を行い得ることを規定している。2020年までの気候変動対策に関する国際的な資金需要と供与の見通しについては，COP15において各国間で一定のコンセンサスが成立した。またCOP21において2025年までの目標も定められたが，2025年以降の対応方法については議論が続いている。

　先進国の間でも，気候変動対策の実施方法として炭素税を中心とするカーボンプライシングの手法を重視する国（EU諸国）や森林等による吸収源の拡大を志向する国（ノルウェー），企業等の非国家主体の取り組みが国内の気候変動対策を後押しする国（アメリカ）など，気候変動対策の実施手法の考えは多様である。このように気候変動に関する基本原則や各国の取り組みも変化しており，ルールの発展と実施に影響を及ぼしている。

科学コミュニティ

　政策担当者に最新の科学的知見を提供する科学者は，気候変動に関するルールの形成に一定の役割を果たしている。その代表的な例が，気候変動に関する

政府間パネル（IPCC）である。IPCC は，世界気象機関（WMO）と国連環境計画（UNEP）が設立した，気候変動に関する科学的・技術的な研究の収集・整理のための政府間機構である。IPCC は，独自の調査や研究等を行うのではなく，世界中の科学者が実施・公表した最新の研究成果に基づき，気候変動に関する最新の知見の評価を行う。IPCC は政策への関与は行わないものの，気候変動の将来的な予測や政策の効果に関する評価を政府関係者等に提供する。

　IPCC 以外にも，気候変動の長期的なモデル・シナリオ作成だけでなく，気象，経済，社会に対する影響の分析を行う研究者や国際機関も多数あり，政策提言を行うものも存在する。たとえば，国際エネルギー機関（IEA）や国際再生可能エネルギー機関（IRENA）は，エネルギーの観点からの分析や予測を行う。環境や経済成長の観点からの分析は，UNEP や経済協力開発機構（OECD）によっても行われており，気候変動交渉に関与する関係者に対し，交渉の基礎となるデータを提供している。

市民社会・NGO

　気候変動問題には多数の国際・国内の NGO が関与し，ルール作りや実地での対策に取り組んでいる。世界各地の NGO は UNFCCC 交渉の1990年代から国際的なルール作りの必要性を訴え，条約成立後の締約国会議（COP）でも各国政府に働きかけ，世論を喚起する役割を果たしてきている。その代表的な例が，国際的な NGO 団体のネットワークである気候行動ネットワーク（CAN）である。CAN 等の国際 NGO は，パリ協定の策定に際しても，より野心的なGHGs の削減目標が必要と主張し，各国に働きかけるなどパリ協定のルール作りに関与した。2018年10月の IPCC による1.5℃特別報告書の公表等の機会も活用し，各国政府や企業等に対し，より積極的な気候変動対策の実施を求める等の活動を行っている。

民間企業

　パリ協定成立後の顕著な傾向の1つに，各国の企業が気候変動対策に積極的に取り組むようになったことが挙げられる。自動車，住宅，食品，繊維，生活関連物資等の製造業は，製造販売する商品の省エネルギー・環境性能をアピールするだけではない。企業は原材料の調達，製造，廃棄・リサイクルの過程を

含む製品のライフサイクル全体でのGHG排出をパリ協定の目標に整合的なものとすることを目指すとともに，エネルギーの消費者として再生可能エネルギーの導入を図るようになっている。サービス業についても，たとえば大量の化石燃料を消費する航空，海運等の運輸関連企業においてCO_2の排出削減が業種全体で大きな課題として認識されるようになっている。

　金融・投資分野においては，投資先の事業活動とSDGsの諸目標およびパリ協定に掲げられた2℃目標，1.5℃目標との整合性を投資判断の際に検討する動きが強まっている。その例が，GHGsの発生量が多い石炭火力発電事業からの投資の引き揚げ（ダイベストメント）であり，投資家・金融機関が企業の気候変動対策への取り組み全般に積極的に意見を表明するといった取り組み（エンゲージメント）である。このような企業，投資家の動きは，政府間のルール作りを加速化させるだけでなく，企業間の取引や調達に関する事実上のルールの形成に繋がっている。たとえば，国境を越えて活動するグローバル企業が，再生可能エネルギーの100％導入（RE100）を宣言し，取引先にも同様の取り組みを求めるなど，ルール作りと企業行動の変容が相互に作用する例も見られる。

都市・自治体

　パリ協定には，国内の気候変動対策に関与する広範な当事者（ステークホルダー）の重要性が各所に規定されている。気候変動の緩和・適応の両面に大きな役割を果たす非国家主体の中で，企業と並んで影響力を有するのが各国の都市・自治体である。東京，ニューヨーク，パリ，上海，ニューデリーといった大都市だけでなく，多くの途上国の都市でも，都市化に伴う人口増や経済規模の拡大によりGHGsの排出が増大している。また，年々激甚化の傾向を強めている自然災害は，都市にも大きな被害を及ぼしていることから，各国の都市は気候変動の適応策にも取り組んでいる。実際，一部の大都市の経済規模は小規模な国家よりも大きく，その気候変動対策がもたらす効果は一部の締約国よりも大きい。そのため，東京，横浜，ニューヨーク，パリ等が参画する大規模な都市の気候変動対策のためのネットワークであるC40，あるいは1500以上の自治体で構成された自治体間の連携のための団体イクレイ（持続可能な都市と地域を目指す自治体協議会：ICLEI）も，各自治体における取り組みに関する知見の共有や企業，市民社会等との連携を進めている。

　以上概観した通り，気候変動分野においては，各国政府，企業・投資家，都市・自治体，NGO 等の広範なアクターが，それぞれの活動領域を通じ，具体的なアイディアを示すことで，国際的なルール作りにおいてもリーダーシップを競っていると見ることができる。科学者・研究機関も最新の知見を公表するだけでなく，気候変動対策に関する提言を行い，国際機関もエネルギーの需給見通しや再生可能エネルギーの拡大傾向，気候変動により激甚化する自然災害による被害等のデータを提供することにより，交渉の帰趨に影響を与えている。パリ協定は，幅広いステークホルダーが気候変動対策に関与することを求めているが，その枠組みを通して各当事者が，グローバルな公共財である地球環境の保全を端緒とし，それぞれが中心的に活動する分野において，規範の実効性を高めるための取り組みを主導しているとも評価できる。

参考文献

加納雄大『環境外交——気候変動交渉とグローバル・ガバナンス』信山社，2013年。

上村雄彦・池田まりこ「地球環境ガヴァナンス」吉川元・首藤もと子・六鹿茂夫・望月康恵編『グローバル・ガヴァナンス論』法律文化社，2014年。

亀山康子・高村ゆかり編『気候変動と国際協調——京都議定書と多国間協調の行方』慈学社出版，2011年。

亀山康子「国際政治に重要性を増す『気候変動』の射程」『外交』52巻11/12月号，2018年。

小西雅治『地球温暖化は解決できるのか——パリ協定から未来へ！』岩波書店，2016年。

山田高敬・逸見勉「地球環境」大矢根聡編『コンストラクティヴィズムの国際関係論』有斐閣，2013年。

Beyerlin, Ulrich, and Thilo Marauhn (eds.), *International Environmental Law*, United Kingdom: Hart Publishing, 2011.

Bodansky, Daniel, Jutta Brunnée, and Lavanya Rajamani (eds.), *International Climate Change Law*, United Kingdom: Oxford University Press, 2017.

Viñuales, Pierre-Marie Dupy Jorge E. (ed.), *International Environmental Law*, United Kingdom: Cambridge University Press, 2015.

Klein, Daniel, María Pía Carazo, Meinhard Doelle, Jane Bulmer, and Andrew Higham (ed.), *The Paris Agreement on Climate Change: Analysis and Commentary*, United Kingdom: Oxford University Press, 2017.

［付記］本章の内容は，あくまでも実務経験を通じて得られた筆者の個人的な考えであり，必ずしも日本政府の見解ではない。

（石垣友明）

第**21**章

天然資源（森林・水産資源）

——複合的ガバナンスの取り組み——

1　森林と水産資源の現状

　生物多様性の宝庫である熱帯林の破壊と海洋の水産資源の枯渇が進んでいる。2010年のCOP10（名古屋）では愛知目標を採択し，2020年を目標年とし，森林を含む生息地の損失速度を少なくとも半減させること（目標5），すべての水産資源の持続的な管理（目標6）などの目標を立てて取り組んできたが，大きな機運とはならなかった。2015年に国連で採択された持続可能な開発目標（SDGs）では，2030年を最終年として，目標15「陸の豊かさを守ろう」と目標14「海の豊かさを守ろう」で，詳細な目標を立てて森林と水産資源の保全に取り組んでいる。SDGsは，国際機関，政府，企業，NGO，市民を巻き込む大きな運動へと発展しているが，目標達成には多くのハードルが立ちはだかっている。

　世界の森林面積率は，寒帯林や温帯林の増加により，1990年の31.6％から2015年の30.6％と全体としては微減に止まっている（FAO 2018）。しかしながら，熱帯林は農地（パームオイル，大豆，畜牛など）への転換，木材・紙パルプ生産のための伐採により急速な減少が続く。熱帯林が破壊されると，土壌に蓄積された炭素も大気中に放出されるため，地球温暖化を加速させる。実際，熱帯林の破壊は，二酸化炭素排出量では，中国，アメリカに次ぐ存在となっている。海では乱獲状態にある水産資源は10％（1974年）から33.1％（2015年）へと増加し，生産の拡大余地のある水産資源はほとんど残されていない（FAO 2018）。日本では，林野庁によると森林面積率は66％（2017年）と過去40年間大きな増減がない。しかし，水産資源は枯渇が進み，水揚げも長期にわたり減少が止まらない。水産庁担当官が「日本は魚介類の宝庫であるが，多くの資源がじり貧になっている」と嘆く深刻な状況にある（『日本経済新聞』2019年6月18日

朝刊）。

2　財の性質から見た森林と水産資源の管理

　深刻な状態に置かれている熱帯林と水産資源であるが，財の持つ性質が根本的に異なるため，問題解決へのアプローチも異なる。

森林資源の性質と管理

　森林は国有林，民有林，里山（入会地）など様々な保有形態はあるものの，一般的に排他的な所有権が設定されている。つまり「排除性」のある財である。さらに，国際平面から見れば，森林はすべて各国の排他的主権が適用される領土である。よって，国際条約で森林伐採を規制することは困難である。もっとも，理念としては持続可能な森林管理（SFM）にどの国も反対しない。しかしながら，SFM の概念は，低インパクト伐採，生態系の統合性と種の多様性の維持，環境・経済・社会的配慮の統合（住民の権利の尊重，炭素貯留を含む）を求めるものなど多様であり，国際的に確立されたものは存在しない（Wang 2004）。さらに，天然林を早成樹（ユーカリなど）の人工林に転換することは炭素吸着の観点では合理的であるが，生物多様性の減少に繋がる。SFM は相互に対立する要素を含んでいるのでる。

　根本的な問題は，熱帯林の減少を引き起こしているのは林業ではなく農地転換にある点である。ここでは SFM の理念はあまり意味をなさない。熱帯林の農地への転換に歯止めをかけられるかどうかは，森林の保有から得られる利益が開発の利益を上回るかどうかによる。森林は，木材・薪炭材に加え，木の実，樹液，茸などの実に豊富な非木材林産物（NWFP）を供給し，また土壌保全，水源涵養，大気の浄化，二酸化炭素の吸収，遺伝資源の供給などの多様な生態系サービスを提供する。このように森林はローカルにも，またグローバルにも様々な便益を提供する。しかし，農産物の国際価格が上昇するなか，熱帯林の農地転換を止めることは容易ではない。しかも，森林が提供する様々な生態系サービスの便益の多くは「内部化」されておらず，その対価に対して報酬が支払われていない。

　また，熱帯林の農地転換をすべて否定するのも，植民地主義的発想であると

批判を浴びる。EU 統計局によると，ヨーロッパの森林面積率は43％（2015年）である。1700年頃の10％を割る水準から徐々に回復してきた。しかし，2000年前は8割が森林であった（藤森 2004）。熱帯諸国に農地転換を止めることを求めるなら，欧州の森林をもっと回復させるべきであるという議論も成り立つ。農地と森林の望ましい割合を議論することは難しい。基本的にその国の経済発展水準や開発のニーズにより規定されると言えよう。このように農地転換を含めた森林の土地利用のあり方については，国際的な合意や了解は存在しないし，しえないと言える。

水産資源の性質と管理

移動性の水産資源は「共有資源」（コモンズとも言う）である。公共財の2要素のうち「非排除性」（＝オープンアクセス）は満たすが「非競合性」（＝消費が競合しない）を満たさない準公共財である。漁業権の設定により利用権限者の範囲を制限することはできるが，水中では「無主物」であり，漁獲によって初めて所有権が発生する。もちろん，天然の水産資源は，その再生産能力の範囲内で利用し続ける限り永続的に使い続けることができる。しかし，資源の再生産量の範囲での漁獲には競合性があるため，オープンアクセスの状況ではしばしば先取り競争，過剰利用となり，「コモンズの悲劇」に陥りやすい（Hardin 1968）。

もっとも，人間の漁獲能力の限界から，古くは広大な海洋は無尽蔵と見なされ，「海洋の自由」の原則で統治されていた。つまり，海洋の水産資源は基本グローバルな共有資源であり，狭い領海外の水産資源はどの国も自由に漁獲できた。海が無尽蔵である限り，海洋の自由が国際社会の共通利益になると考えられたのである。しかし，第2次産業革命後の漁獲能力の向上により，地域的に資源の枯渇が見られるようになり，沿岸国と遠洋漁業国の対立が深刻化していった。もはや海洋は水産資源に関する限り無尽蔵ではなくなったのである。第2次世界大戦後は，自国周辺の水産資源の保全のために管轄域の拡大を図るアイスランドとこれに抵抗するイギリスの間で3度にわたり「タラ戦争」が発生した。沿岸国と遠洋漁業国の対立は，第3次国連海洋法会議の会期中の1976年にアメリカ，ソビエトが200カイリの排他的経済水域（EEZ）の設定を宣言し，世界的に200カイリ体制に移行したことで決着する。漁船の漁獲能力が飛

躍的に向上するなか，沿岸国は共有資源の事実上の「囲い込み」（＝遠洋漁業国の排除）によりコモンズの悲劇を避けようとしたのである。しかし，多くの沿岸国は国内に発生した広大な国内共有資源の管理という新たな難題に直面し，国内での乱獲が広がっていく（阪口 2008）。

　もちろん，ノーベル経済学賞を受賞したオストロム（Elinor Ostrom）の研究が示すように，効果的な監視，段階的な制裁，低コストの紛争解決メカニズムなどの諸条件が満たされれば，ローカル・コモンズの自主的な共同管理も可能である（Ostrom 1990）。さらに，オストロムの研究に触発され，世界の130漁業の共同管理を分析したグティエレス（Nicolas L. Gutierrez）らの研究では，共同体の強力なリーダー，強固な社会関係資本（共同体の凝集力），共同体ベースの保護区の設置，漁獲シェア（各グループへの個別割当）の導入が共同管理の成功にとってきわめて重要となることが示されている（Gutiérrez et al. 2011）。しかし，オストロムやグティエレスが示した諸条件は，広域性の水産資源になればなるほど満たされなくなり，公的規制の役割が重要となっていく。日本では水産資源は基本漁業者の自主的な管理に委ねているが，資源の枯渇が止まらない。これは，共同管理の成功条件がそろっていない状況で自主管理に委ねているからである。

　世界的に見ると，天然の水産資源はすでに生産の拡大余地がなくなっているため，近年は養殖生産が急増している。もっとも環境収容力を超えて過剰に養殖すると，過密養殖となり，生態系が破壊される。これは，養殖魚介類が出す糞や飼料の食べ残しなどの有機物を生態系が分解・吸収する能力，つまり「共有シンク」（共有の汚染吸収源）の処理能力に限界（競合性）があるためである。しかし，各事業者はより多く養殖することで利益を増やそうとするため，しばしばその海域の生態系の限界を超えてしまう。その結果，漁場劣化——汚泥の体積による硫化水素や貧酸素塊の発生，富栄養化による赤潮の発生など——による打撃を受けることになり，そのエリアの養殖生産者全体にとっても不合理な状況を生み出す。共有シンクは共有資源の1種であり，これもコモンズの悲劇に陥りやすい。日本では，アコヤ貝の過密養殖で硫化水素が発生するなど漁場環境の悪化に苦しんだ英虞湾の事例がよく知られている。

　共有シンクの管理に加え，養殖には餌（魚粉・魚油，生餌など）の持続性，抗生剤の利用による耐性菌の発生などの問題も存在する（阪口 2018）。餌の持続

性の問題に対応するため，植物由来原料（大豆，パームオイルなど）への転換が
進められているが，人間の食料との競合，森林の農地転換の助長などの問題を
抱えているため，近年では昆虫（ミールワーム）やバイバクテリア由来のタン
パク質の利用などが進められている。

3　森林と水産資源のレジーム・コンプレックスの形成

　熱帯林の破壊や水産資源の枯渇などの課題に取り組むガバナンスのアリーナ
には，国際社会と世界市民社会が存在する。国際社会は国家間の社会であり，
国際機関・国際条約を中心とする国際制度による統治が進められる。国際制度
は，規制的要素を中心とするハードな制度とプログラム的要素（能力構築支援，
科学調査など）や生成的要素（新たなコンセプトや規範の開発と普及）を中心とな
るソフトな制度に分類される（Young 1999）。世界市民社会は，NGO，企業，
個人からなる各国の市民社会がグローバルに連結されたものであり，認証制度
（FSC，MSC など）や情報公開制度（GRI，CDP など）などのプライベート・レ
ジーム（表21 - 1 参照）を通じて，また企業の社会的責任（CSR）の探求や個人
の倫理的な購買行動などを通じて問題解決を図っていく（阪口 2013）。
　森林，漁業分野では国連食糧農業機関（FAO）が中核的な国際機関となる。
もっとも，FAO が所管する条約はさほど多くない。FAO は条約を通じた規制
にも取り組むが，むしろ政策提言，行動規範やガイドラインの策定，データ
ベースの構築，森林委員会（COFO）や漁業委員会（COFI）などのフォーラム
への参加を通じた学習による課題への自主的な取り組みを促す業務に比重が置
かれている。つまり，プログラム的要素や生成的要素が強い。水産資源の管理，
森林の保全は，個別の国際制度で進められ，それぞれレジーム・コンプレック
スが形成されている（Raustiala and Victor 2004）。しかし，その構造は財の性質
や過去の制度的レガシーにより大きく左右されている。

森林のレジーム・コンプレックス
　すでに述べたように各国の領土である森林の伐採を国際的に規制することは
困難であり，森林管理を管轄する条約は存在しない。よって，ソフトな国際制
度によるガバナンスの試みが行われている。国際制度の上部構造としてはリ

オ・サミットで採択された森林原則声明がある。この声明は，途上国の反対で成立しなかった森林条約の代わりに採択されたもので，冒頭にわざわざ「法的拘束力がない」と銘打たれている。森林条約交渉は，「森林に関する政府間パネル」（IPF，1995年設置），後継の「森林に関する政府間フォーラム」（IFF，1998年設置）に引き継がれたが，IFF は2000年に森林条約の必要性を棄却する決定を行い，活動を終えた。先進国が資金援助の規定を森林条約に盛り込むことに反対したことが原因である。2001年には「国連森林フォーラム」（UNFF）が設置され，各国の自発的な SFM の取り組みを促すアプローチが取られるようになる。さらに2008年には UNFF の勧告に基づき国連総会で「国連森林措置」（UNFI）が採択され，SFM への政治的コミットメントの強化が図られた。しかし，UNFF では SFM の実施の鍵となる国家行動計画（NFP）の策定・実施状況の報告義務も課されておらず，数年に一度の定期会合では過去の文書を焼き直して採択する「文書のリサイクル」を繰り返している。ディミトロフ（Radslova S. Dimitrov）は UNFF をより厳格な国際制度の構築を防止するために活動する「おとり制度」（decoy institution）と呼んでいる（Dimitrov 2005）。

　こうして機能しない UNFF を脇に，森林保全の分野ではパッチワーク状態で，高度に断片化されたレジーム・コンプレックスが形成されている（Fernández-Blanco *et al.* 2019）。つまり，遺伝資源供給源としての森林の保全には遺伝資源へのアクセスと利益配分（ABS）の実施手続きを規定した生物多様性条約の名古屋議定書が，熱帯木材の持続的な貿易については国際熱帯木材機関（ITTO）が，森林性泥炭地の保全についてはラムサール条約が，自然遺産としての森林保護は世界遺産条約が，絶滅の恐れのある木材種の国際取引はワシントン条約が，砂漠化防止のための植林は砂漠化防止条約が，気候変動対策としての植林や森林保全については国連気候変動枠組条約（UNFCCC）が，管轄している。また，ヨーロッパの野生生物及び自然生息地に関するベルン条約，アフリカ自然保護条約など地域条約でも森林保全の取り組みがされている。このように，各国の領土たる森林の利用・管理についてはオーケストレーターが存在せず，レジーム・コンプレックスは高度に断片化している。それでも，個別のレジーム間の関係は基本的に調和的であり，対立関係にない。これは，森林原則声明や UNFF に代表されるように，目的が漠然で，政策の具体的な内容が乏しく，実施ツールが限られている「空のフォーミュラ」がメタ・レベルに存在してい

表21-1　プライベート・レジーム一覧

制度	ロゴ	スコープ／タイプ	特徴	制度	ロゴ	スコープ／タイプ	特徴
FSC（森林管理協議会）		林業／認証制度	総会での議決では、環境・経済・社会の3分会に均等に投票権。また各分会は先進国と途上国で均等に投票権。	MSC（海洋管理協議会）		天然漁業／認証制度	天然漁業以外に貝類・海藻類の無給餌養殖も認証対象。認証審査では混獲や生態系への影響もチェック。
PEFC 森林認証プログラム（Programme for the Endorsement of Forest Certification）		林業／認証制度	欧州の林業界主導で設立されたローカル認証制度の相互承認プログラム。その後世界に拡大。	ASC（養殖管理協議会）		養殖／認証制度	サケ類、ブリ類、タイ類、二枚貝、海藻など12の基準。基準のない種は認証対象外だが順次拡大中。
SGEC（緑の循環認証会議）		林業／認証制度	日本の林業界主導の認証制度。評議員会には環境NGOも参加。2016年にPEFCの承認を取得。	BAP（Best Aquaculture Practices）		養殖／認証制度	世界水産養殖同盟（GAA）が運営する業界主導の認証制度。北米を中心に普及。加工工場基準は食品安全のGFSI認定取得。
RSPO（持続可能なパーム油のための円卓会議）		パームオイル／認証制度	流通経路が未整備なためCOC認証方式以外に、認証農園・搾油工場毎のクレジット（証書）によるブック＆クレーム方式も。2018年基準から森林伐採を禁止。	GLOBALG.A.P.（G.A.P.＝適正農業規範）		農業・養殖／認証制度	欧州のリテイル主導で「食品安全と持続性」の農業認証として発足。製品ラベルを使うのは養殖と花卉のみ。食品安全のGFSIの認定取得。
RTRS（責任ある大豆に関する円卓会議）		大豆／認証制度	天然林の伐採を伴う大豆生産の禁止。適正農業規範（GAP）を基準に取り込む。	CDP（カーボン・ディスクロージャー・プロジェクト）		気候変動／情報公開制度	企業の提出データを分析、評点付け。機関投資家の投資行動を導く。ファンド格付Climetrixも発足。
Bonsucro（Better Sucarcane Initiative）		サトウキビ／認証制度	砂糖・醸造用エタノールも認証対象。一次林の伐採を禁止。温室効果ガス排出の明確な数値基準も設定。	GRI（グローバル・レポーティング・イニシアチブ）		情報公開制度	企業の非財務報告の国際標準化を図る。企業自身の自己評価報告る。独立した第三者による検証報告の仕組みも。

＊ COC認証＝COCはchain of custodyの略で流通加工段階の認証を指す。非認証のものが認証されたものとして流通販売されることを防ぐには、間に入る流通加工部門のすべての事業者がCOC認証を取得する必要がある。他の認証制度も同じビジネスシステムを採用している。
出典：筆者作成。

るためである（Krott 2005）。

　なお，もともと京都議定書では途上国での植林事業を通じた炭素吸収については クリーン開発メカニズム（CDM）の枠組みで実施されていた。しかし，それだけでは急速に進む熱帯林の破壊を止められない。気候変動に関する政府間パネル（IPCC）の第4次報告書（2007年）によると，発展途上国における森林減少・劣化に由来する二酸化炭素の排出が人為的な排出量全体の17％（IPCC第5次報告書では11％）を占めていた。これを受けて，「途上国の森林減少・劣化に由来する排出の削減」（REDD）と呼ばれる制度の構築が進められている。これは，途上国が森林を開発しないことに対して，また森林劣化を防止する取り組みをすることに対して報酬を提供するために UNFCCC の COP11（2005年）で提案されたものである。COP13（2007年）では森林の炭素ストック（炭素の蓄積量）の向上の要素が入り，いわゆる REDD プラスと呼ばれるようになる。COP21（2015年）で採択されたパリ協定でも REDD プラスの促進が規定され，2020年実施を目指して制度構築が進められている。

水産資源のレジーム・コンプレックス

　共有資源である天然の水産資源の管理については，国連海洋法条約（1982年締結）により200カイリの排他的経済水域が明文化され，最大持続生産量（MSY）による資源管理，地域漁業管理機関（RFMO）による国際資源の管理も規定された。同条約では資源管理のあり方について詳細に規定していなかったため，1995年に「FAO 責任ある漁業のための行動規範」が採択され，予防的アプローチ，管理基準値（目標管理基準値と限界管理基準値）に基づく資源管理などが規定された。同年締結された国際漁業資源の管理のあり方と原則を規定した「国連公海漁業協定」にもこれらの内容が取り込まれた。こういったメタ・レジームが設定した規範や原則に基づき各海域で国際資源の管理を行う RFMO が存在する。しかし RFMO で資源管理を強化しても船を非加盟国に移すことで規制を逃れるケースが相次いだ。そのため，便宜置籍船の受け入れを禁止する FAO フラッギング協定が1993年に締結されたが，便宜置籍船を受け入れるような国は加盟しないため十分機能しなかった。その後，より抜本的に違法・無報告・無規制（IUU）漁業の問題に対応するため，IUU 漁船の入港拒否・臨検などの措置を規定した FAO 寄港国措置協定（2009年）が締結されて

いる。取締能力に欠ける途上国の200カイリ内では外国漁船の無許可操業，違
法操業が横行しているが，寄港国措置協定は港へのアクセスを制限することで
IUU漁業を抜本的に排除しようとする取り組みである。このように天然の水
産資源のレジーム・コンプレックスは，国連およびFAOがオーケストレー
ターとなり，体系的に組織されている。

　背景には，200カイリが設定されたものの，依然として多くの魚種が国際漁
業資源（＝国際的な共有資源）となっていることがある。すなわち，大洋を広く
回遊する高度回遊性魚種（マグロ，カジキ，サメなど），200カイリの境界を跨い
で移動するストラドリング魚種（サバ，マダラ，イカなど），公海の深海魚種（南
極海のマゼランアイナメなど），溯河性魚種（サケ，マスなど），降河性魚種（ウナ
ギなど）である。国際資源で乱獲を防ぐには，厳格な総漁獲可能量（TAC）の
設定や国別漁獲枠の導入に加え，違法操業の排除や非加盟国へのリーケージ
（漁獲努力の移転）の防止が必要となるため体系的なレジーム・コンプレックス
が必要となる。

　また，1国の200カイリ内に留まる水産資源は国内的な共有資源となるが，
これも適切に資源管理をしなければ乱獲問題が発生する。国内の水産資源につ
いては，国連海洋法条約は沿岸国に「最適利用」する義務を課している（第62
条1項）。つまり，沿岸国はMSYを実現するTACを設定し管理するとともに
（第61条1～3項），自国の漁獲能力を超える分は他国に漁獲を認める（第62条
1～3項）ことが規定されている。このように，沿岸国は人類全体の福祉に資
するように最適利用することが求められるのである。資源の最適利用は，海洋
の自由の原則の修正を正当化するために盛り込まれていったものである。すな
わち，第1次国連海洋法会議（1958年）にて締結された「公海生物資源保存条
約」（日本は批准せず）では，保全上の緊急の必要性がある場合に，沿岸国が隣
接する公海で（外国漁業者を差別しないことを条件に）一方的に保全措置をとる権
利を認めていた（第7条）。沿岸国の権限拡大は，食糧供給のために最適な持続
的生産を可能にするためとされた（第2条）。第3次国連海洋法会議では，200
カイリの排他的経済水域を正当化するために，沿岸国こそ資源を効果的に管理
できるとの主張を沿岸国は展開していた。同時に，食糧の供給問題にますます
国際的な関心が集まるなか，沿岸国が抱える余剰資源を他国に利用させず無駄
にすることは許されなかった。こうして，漁業資源の最適利用が沿岸国に義務

づけられたのである（Proelss 2017）。もっとも，最適利用を迫る司法メカニズムは存在せず，余剰資源への他国のアクセスも沿岸国の裁量に委ねられている。FAOは，資源の持続的な管理を促すために，行動規範やガイドラインを採択し，また学習のフォーラムの場を提供している。沿岸国が排他的管轄権を有する国内の水産資源については，森林と同じくソフトな国際制度で対応することになる。

　同様に，養殖は基本各国の領海の内側で行われ，生態系などへの影響もきわめてローカルである。つまり，国際的な共有シンクの管理問題とはなっていない。よって，その活動を規制する国際協定は存在しない。遺伝資源のソースや炭素ストックとしてグローバルな外部性を持つ森林と比べても著しく国内的な問題となるため，ソフトな国際制度の取り組みも非常に緩やかである。実際，国連海洋法条約は養殖については寡黙である。また，FAO責任ある漁業のための行動規範も，養殖管理に関する規範は曖昧にしか定義されておらず，天然漁業と比べて薄い。もっとも，近年は養殖生産の拡大が続き，天然の生産を上回っているため，養殖の持続性や責任ある管理に関心が集まっている。このため，FAOは行政や事業者による養殖管理のための指針をまとめたテクニカル・ガイドラインを1997年に発表し（FAO 1997），それ以降，その補助的ガイドラインとして，生態系への配慮，遺伝資源の管理，魚由来飼料の持続性などの様々なガイドラインを発表している。もちろんガイドラインにはまったく法的拘束力はなく，その実施は各国の裁量に委ねられている。このように養殖ではFAOが中心となり各国の自主的な取り組みを促すにとどまり，レジーム・コンプレックスも形成されていない。

4　プライベート・レジームによる資源管理の推進

　公的規制が機能しないとき，認証制度などプライベート・レジームを構築することでギャップを埋めることができる。これは世界市民社会を通じた問題解決の試みである。森林分野では，ITTOが森林認証ラベル制度の導入を拒否したことを受けて，世界自然保護基金（WWF）などのNGOが中心となり森林管理協議会（FSC）が1993年に発足している。その後，FSCに対抗する形で，林業界主導の各国の認証制度を相互承認するPEFC森林認証プログラムが1999

年に発足する（阪口 2013）。日本のローカル認証制度である緑の循環認証会議（SGEC）も2016年に PEFC の認定を受けている。

　天然漁業では，1997年に海洋管理協議会（MSC）が発足する。1990年代初めに起きたカナダ・グランドバンク沖のマダラ資源の崩壊に，水産ビジネスの継続性の観点から危機感を持ったユニリーバが WWF に働きかけたことがきっかけである（阪口 2013）。養殖では，1990年代にマングローブ林を潰すエビ養殖に NGO からの批判が集まったことに対する業界の取り組みとして，2003年に世界水産養殖同盟（GAA）がベスト・アクアカルチャー・プラクティス（BAP）を発足させた。さらにリテイルが中心となり運営されている GLOBAL G.A.P. が2004年に，WWF の支援により水産養殖管理協議会（ASC）が2010年に，それぞれ養殖の国際認証制度を立ち上げている（阪口 2018）。

　森林や水産などの認証制度は，啓発されたマーケットの力で，生産現場での持続的な管理の取り組みを促そうとするものである。すなわち，企業が持続可能な調達原則を定め，持続性の確認のために認証を要求し，また消費者が持続性の確認が取れたものを選んで購入することで，現場での管理が促される。マーケットでの普及が進めば進むほど，認証を取得しようとする生産者が増えていき，認証取得のために管理上の課題が改善・解決されていく。こうして，啓発されたマーケットの力を通じて持続的な資源管理が敷衍されていく。

　すでに FSC は世界の全丸太生産量（燃料用途を除く）の22.6％（2016年時点）を占めている。PEFC も認証面積では FSC を上回るまでに広がっている。MSC 認証漁業の漁獲量は世界の漁獲量の13％（2018年）に達している。後発の養殖認証も，ラフな推計であるが，ASC，BAP，GLOBALG.A.P. を合わせて世界の生産量の７％近くにまで普及している。*このように林産物，水産物とも国際認証制度の普及が著しい。他方で，FSC と PEFC の認証を受けた森林の９割は温帯林・寒帯林であり，肝心の熱帯林での普及は遅れている。MSC 認証漁業も先進国が大部分であり，公的な資源評価や資源管理の体制整備が遅れている途上国での認証取得は少ない。これに対して養殖認証は途上国の生産者にも普及している。個々の養殖事業者の取組で認証基準をクリアしやすいことが背景にある。

　＊最新の公表データ（2019年６月24日時点）によると，認証養殖魚介類量は ASC で

136万5797トン，BAP で150万トン超，GLOBALG.A.P. で265万トンとなっている。この合計を FAO の世界養殖魚介類生産統計の8000万トン（2016年）で割ると6.9％となる。各数値の年度が統一されておらず，重複認証もあるため，ラフな参考数値である。

　国際認証の取得は容易ではない，あるいはより地域の実情に合った認証基準が必要などの理由で，業界や政府の主導でローカル認証制度が各国に数多く設立されている。なかには国際認証と遜色のないものもあるが，日本の養殖認証制度の AEL のように基準がわずか数行しかないものもある。また，独立性に欠ける業界系の団体が審査機関となり，認証を乱発しているものもある。玉石混淆の認証制度が乱立すると，企業は調達に際して，どの認証制度が信頼に足るのかを調べる必要が生じてしまう。消費者はラベル付きの認証製品を信用して購入するため，認証を通じて，むしろ乱獲や乱伐を助長することになりかねない。非持続的な製品に認証を与える認証制度はグリーン・ウォッシュであり，世界市民社会を通じた問題解決の取り組みを促進するよりもむしろ阻害する。

　しかし，プライベート・レジームには民間の制度であるがゆえに公的な是正システムは存在しない。そのガバナンスの欠陥の是正には，外部アクターによる「メタ・ガバナンス」，すなわち民間の自主的な制度の適切な取り組みを導く努力が重要となる。具体的には，メタ・ガバナンスの働きかけは，批判（主に NGO），ガイドラインの作成とベンチマーキング分析（主に国際機関，NGO），調達条件（主に政府，企業），財政的支援（主に政府，NGO）などにより行われる（Fransen 2015）。たとえば，前述の PEFC は，発足当初は基準が緩く NGO からグリーン・ウォッシュとの批判を浴びた。またイギリス政府が政府調達のために外部委託した調査により，合法性の証明とはなるが持続性の証明にはならないとして政府調達条件から外された。そのため，PEFC は FSC を参照しながら基準の強化を進め，結果として両制度の基準は均質性を高め，総体としての認証制度の効果を高めていった（Gulbrandsen 2010）。

　水産認証では，FAO が認証制度のガイドラインを作成している。ところが，明らかにガイドラインに準拠していない緩いものまで自称で準拠を主張し混乱したため，2015年に世界水産物持続可能性イニシアティブ（GSSI）がガイドラインへの準拠性を判断するベンチマーキング認定制度を始めている。前述の国際水産認証制度に加え，アラスカやアイスランドなどのローカル認証制度も

GSSI認定を取得済みである。しかし，GSSIは拡大に重きを置くあまり認定の品質保証の取り組み，とくに認定審査の厳格性の確保が遅れている。2019年には，認証基準を満たしていることが確認できていない漁業・養殖業にも認証を乱発しているマリン・エコラベル・ジャパン（MEL）に「合格」のお墨付きを与えている。GSSIは，認定失効の手続きの整備が遅れていることも大きな欠陥である。失効手続きなしでは，認定後のガバナンスの弛緩を防げない。このように，メタ・ガバナンス・スキームについても，そのガバナンスを改善させる外的な働きかけ（NGOの批判など）が恒常的に必要となる。つまり，プライベート・レジームによる問題解決を促進するには不断の重層的な改善の取り組みが必要となる。

5　途上国時代の複合的ガバナンスの課題

　政府や国際機関による熱帯林と水産資源の持続的な管理の取り組みが遅れているため，プライベート・レジームによる補完の取り組みが進んできたことを見てきた。しかし，熱帯林の減少は，林業ではなく農地転換が主要因であるため，依然として減少を止める展望を見出せないでいる。農地転換に歯止めをかけるために，持続可能なパーム油のための円卓会議（RSPO），責任ある大豆に関する円卓会議（RTRS），Bonsucroなどの認証制度が次々と立ち上がっている（前掲表21－1参照）。これらの認証制度では，森林ないし一次林（原生林）の伐採が禁じられている。世界全体の栽培面積に対して，RSPOは12％（2016年）にまで成長しているが，Bonsucroは3.2％，RTRSは0.9％にとどまる（Lernoud *et al.* 2018）。さらに，アマゾン減少の主要因となっている畜牛についてはグローバルな認証制度は発足していない。主に生産国内で消費されていることが原因である。このようにプライベート・レジームにより熱帯林の破壊を食い止めることは容易ではないことが分かる。

　漁業については，沿岸資源の乱獲は長期的には国内共有資源の悲劇という沿岸国にとって不合理な結果をもたらすため，徐々にではあるが公的規制が強化されている。ノルウェー，アイスランド，ニュージーランドなどの資源管理の先行国に加え，乱獲が深刻化していたアメリカ，EUでも資源管理強化により資源は回復傾向にある。これらの国々では，科学的で予防的なTACの設定に

加え，漁業者または漁船への個別割当制度を導入している。つまり，共有資源を実施的に分割し，排除可能な財にすることでコモンズの悲劇を回避しようとしているのである。欧米での認証制度の普及がこういった資源管理の取り組みを促す力にもなっている。日本も，2018年に漁業法を改正し，ようやくではあるが国際水準の資源管理を導入することになった。今後は人口増大が続く途上国の沿岸資源の管理が課題となる。

　先行きが懸念されるのは国際漁業資源である。とくにどの国もアクセスできる公海で主に漁獲されるものは資源管理が難航することが多い。資源回復が進むEU周辺海域でも，EEZが設定されていない地中海（領海外はすべて公海）では資源の枯渇が深刻である。近年温暖化の影響で日本の200カイリ内から公海に漁場が移ったサンマは，台湾，中国などによる公海での漁獲が増大し，資源状態が非常に懸念される状況となっている。しかし，北太平洋漁業委員会（NPFC）で2019年に初めて合意された漁獲枠は近年の漁獲実績を大きく上回り，規制になっていない（阪口 2020）。こういったケースでは資源が枯渇し，主要漁獲国がそろって採算割れになるまで効果的な資源管理措置が導入されないことが多い。しかも，サンマは水産認証制度が普及していない日本，韓国，中国で主に消費されているため，現状ではプライベート・レジームによる補完も期待できない。

　養殖規制も欧米では非常に厳格になっているため，環境への影響が相対的に小さい沖合養殖，完全循環方式の陸上養殖が推進されている。近年は途上国での養殖の増産が著しい。とくにティラピアやパンガシウスなどの淡水魚の養殖生産が急増し，認証取得も進んでいる。国際認証を通じて先進国マーケットでの低い信頼性を挽回する動きが途上国で起きている。政府の公的な管理に期待できないなか，欧米の啓発されたマーケットの力が途上国での持続的な養殖の取り組みを促しているのである。

　以上見てきたように，森林，水産資源の保全と持続的な利用を実現するには，国際制度とプライベート・レジームによる複合的なガバナンスが必要となる。そこに立ちはだかるのは，先進国から途上国へのマーケット・パワーのシフトである。アマゾンの畜牛だけでなく熱帯木材も主に生産国で消費されている。輸出割合が高いパームオイル，大豆，サトウキビについても，途上国での消費割合がますます高まっている。食用の水産物（天然，養殖とも）の消費について

は，世界銀行は2020年までに77％を途上国が占めると予測している（World Bank 2013）。途上国で生産され，また途上国で消費される時代となってきているのである。しかし，途上国では，政府の規制・管理能力が限られるなか，認証制度も普及しておらず，啓発されたマーケットの力にもまだ期待できない。SDGs の達成目標に近づいて行くには，所得水準が相対的に低い途上国のマーケットの啓発という難問が立ちはだかっている。先進国にまだマーケット・パワーが残っている段階で，途上国にもサステイナビリティの文化を敷衍していく必要がある。そのためには，日本を含む先進国がサステイナビリティの取り組みをいっそう強化し，モデルとなる必要がある。

参考文献

阪口功「野生生物の保全と国際制度形成」池谷和信ほか編『ヒトと動物の関係学4　野生と環境』岩波書店，2008年。

阪口功「市民社会——プライベート・ソーシャル・レジームにおける NGO と企業の協働」大矢根聡編『コンストラクティヴィズムの国際関係論』有斐閣，2013年。

阪口功「国際養殖認証制度の特徴と認証取得の課題」『養殖ビジネス』第55巻第3号，2018年。

阪口功「国際的な資源管理の動向」『環境情報科学』第49巻第1号，2020年。

藤森隆郎『森林と地球環境保全』丸善，2004年。

Dimitrov, Radoslav S., "Hostage to Norms: States, Institutions and Global Forest Politics," *Global Environmental Politics*, 5(4), 2005.

FAO, "Aquaculture Development," FAO Technical Guidelines for Responsible Fisheries Series No. 5, Rome: FAO, 1997.

FAO, *State of Fisheries and Aquaculture 2018: Meeting the Sustainable Development Goals*, Rome: FAO, 2018.

FAO, *The State of the World's Forests: In Brief*, Rome: FAO, 2018.

Fernández-Blanco, Rodríguez *et al.*, "Mapping the Fragmentation of the International Forest Regime Complex: Institutional Elements, Conflicts and Synergies," *International Environmental Agreements*, 19(2), 2019.

Fransen, Luc, "The Politics of Meta-governance in Transnational Private Sustainability Governance," *Policy Sciences*, 48(3), 2015.

Gulbrandsen, Lars H., *Transnational Environmental Governance: The Emergence and Effects of the Certification of Forests and Fisheries*, Cheltenham, UK: Edward Elgar, 2010.

Gutiérrez, Nicolás L. *et al.*, "Leadership, Social Capital and Incentives Promote Successful Fisheries," *Nature*, 470, 2011.

Hardin, Garrett, "The Tragedy of the Commons," *Science,* 162, 1968.

Krott, M., *Forest Policy Analysis*, Dordrecht: Springer, 2005.

Lernoud, Julia *et al.*, *The State of Sustainable Markets: Statistics and Emerging Trends 2018*, ITC, Geneva, 2018.

Ostrom, Elinor, *Governing the Commons: the Evolution of Institutions for Collective Action*, Cambridge: Cambridge University Press, 1990.

Proelss, Alexander (ed.), *United Nations Convention on the Law of the Sea: A Commentary*, München: C. H. Beck, 2017.

Raustiala, Kal, and David G. Victor, "The Regime Complex for Plant Genetic Resources," *International Organization*, 58(2), 2004.

Wang, Sen, "One Hundred Faces of Sustainable Forest Management," *Forest Policy and Economics*, 6(3/4), 2004.

World Bank, *FISH TO 2030 Prospects for Fisheries and Aquaculture*, Washington, D.C., 2013.

Young, Oran R., *Governance in the World Affairs*, Ithaca: Cornell University Press, 1999.

（阪口　功）

第22章

海　洋
——変貌する公海自由原則と領域的アプローチ——

1　生命の源としての海

　地球表面の70％以上を占める海洋は，石油，天然ガス，鉱物，そして魚などの生物が存在する資源の宝庫である。その資源の持続的利用・保全は，2030年までに国際社会が到達すべき持続可能な開発目標（=SDGs）の17の目標の１つに挙げられており，人類全体にとっての重要課題であることはいうまでもない。

　伝統的な海洋法の考え方は，沿岸国の主権的権利が及ぶ範囲を狭く，海洋の自由が適用される公海を広くとる「狭い領海・広い公海」という二元的制度に基づくものであった。領海の外の公海は，魚の海，船舶航行の海であって，すべての国が自由に利用できる「公海自由の原則」が19世紀には成立していた。しかも，この自由を謳歌できるのは，ヨーロッパの一握りの大国であったことから，あえてガバナンスが議論されることはなかった。本章では，こうした「公海自由の原則」の変化を概観し，海洋ガバナンスが議論されるようになった背景と課題を問うものである。

2　国連海洋法条約と領域的アプローチ

　1982年に採択された国連海洋法条約（UNCLOS）では，公海と領海，排他的経済水域（EEZ）など，領域的アプローチを導入し，締約国の一般的義務を定めた（図22−1）。戦後技術の進歩とともに沖合の石油をはじめとする資源開発が可能になり，自由という名のもとに資源の独占を図ってきた海洋先進大国に対する，途上国からの異議申し立てが，10年に及ぶ交渉を経て結実したともいえる。国家管轄権の及ぶ領海はそれまでの３カイリから12カイリとなり，沿岸

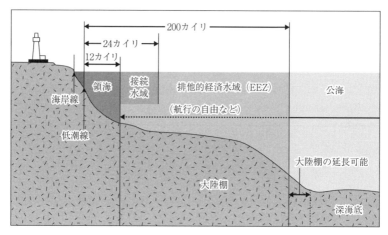

図22-1　UNCLOS の領域的アプローチ
出典：海上保安庁ホームページより（http://www1.kaiho.mlit.go.jp/JODC/ryokai/zyoho/
msk_idx.html）。

国は基線から最大200カイリまでを EEZ として，そこに存在する天然資源に対
する権利等が認められた。また，それまで地質学的な概念でしかなかった大陸
棚は，大陸棚縁辺部の外縁，またはその外縁が200カイリを超えない場合は最
大200カイリまでとして，沿岸国の権利を大幅に拡張する法的概念へと変貌し
た。一方，大陸棚の外側は「深海底」であり，深海底とその資源は「人類の共
同財産」（Common Heritage of Mankind）とし，いかなる主権，主権的権利の主
張を否定し，そこでの活動は人類全体の利益のために行われると規定したので
ある。こうして，UNCLOS によって，公海自由の原則は領域的に大きく狭め
られ，深海底では「人類の共同財産」という新たな概念の具体的な運用も求め
られることになった。

　UNCLOS の交渉当時，水深約2000メートルの深海底にあるマンガンノジ
ュールはニッケルコバルトなどを含有し，開発可能性も目前と考えられており，
途上国はその利益配分に大いに期待した。そのため，深海底の鉱物資源開発の
具体的なレジームをめぐっては，先行する開発権を排他的に確保したい先進国
と，国際海底機構（ISA）が直接開発にあたることによる衡平な配分を求める
途上国との間での先鋭な対立があった。結局，UNCLOS の発効は，アメリカ
を中心とする先進諸国の主張を大幅に認めた「深海海底実施協定」が締結され
る1994年まで待たなければならなかった。

　UNCLOS は海の憲法とも称されるように，船舶航行から，漁業資源の保全・管理，深海底鉱物資源の開発，海洋汚染防止，海洋調査まで，海のあらゆる問題を包括的に規定した。様々な問題をパッケージ化し，個別に異論が出しにくい妥協の産物でもあった。したがって，それぞれの課題に具体的に取り組むためには，さらなる国際条約，国際機関のガイドラインが必要とされ，また，技術発展に伴い海洋利用の態様が変わると，既存の制度との調整が求められることになった。

3　海洋環境の保護と海洋法

環境問題としての海

　そもそも環境問題としての海は，19世紀後半に，おもに魚など水産資源の乱獲を防止し保全することや，船舶からの汚染を防止することが課題であった。前者については，1886年の「オットセイ条約」や英仏間の漁業条約などが個別に締結されていた。一方，後者については，多数国間条約として，1954年に「海水油濁防止条約」が締結されている。

　陸域の公害など国内での関心が高かった環境問題が，国際的な関心を高めたのは，戦後の高度経済成長の結果として環境破壊が進行していた先進諸国のイニシアティブで開催された1972年の「国連人間環境会議」であった。そこでは，UNCLOS の交渉過程で G77として結束し，これから工業化を進めようとする途上国を取り込み，環境問題に世界規模で取り組めるかに課題があった。そしてこの会議では，現在および将来世代のための「人間環境宣言」が採択され，原則２では天然資源の保護が，原則７に海洋汚染の防止が明記された。

　そして，UNCLOS は，その前文で「…海洋生物資源の保存並びに海洋環境の研究，保護および保全を促進するような法的秩序を確立することがのぞましい」ことを認識し，海洋法秩序の基本的構成要素の１つとして海洋環境を位置づけ，各領域別の項目とは別に「海洋環境の保護および保全」と題する独立の第12部を設けている。

海洋漁業資源の悪化

　領域的アプローチをとっていた UNCLOS は，実際の漁業資源の悪化には無

力であった。なぜなら，魚に国境はないからである。各国のEEZ内での操業
レベルが上昇するとともに，領海の拡大とEEZ導入で領域的に狭まった公海
上に集中した遠洋漁業国による乱獲が続いていた。オホーツク海やベーリング
海での資源状況が悪化し，さらに，数キロにもわたる大きな網を広げて魚を一
網打尽にする大型流し網漁が南太平洋，北太平洋で問題となった。海洋漁業資
源について，FAO（国連食糧農業機関）の漁業委員会下の既存の地域漁業機関
では十分に対応できていなかったのである。そして，国際環境NGOによって
海鳥や海産哺乳動物の混獲も明らかにされると，メディアによる国際世論も形
成され，大型流し網漁は，1989年，1991年の国連総会でのモラトリアム決議を
もって，公海上からは姿を消した。また，それまで陸上種を主に扱ってきた
「絶滅のおそれのある野生動植物の種の国際取引に関する条約」（通称ワシント
ン条約，1973年採択，1975年発効）において，クロマグロなどの魚類やクジラな
どの海産種を規制の対象とする議論がなされるようになったのも，このころか
らであった。

リオサミットとアジェンダ21

　1992年の「国連環境開発会議」（UNCED：通称，リオサミット）は，環境問題
への世界的な関心が高まるなか，環境保全と開発を同時に目標とし，先進国も
途上国も環境問題に取り組める概念として「持続可能な開発」を定着させる嚆
矢となった。「環境および開発に関するリオデジャネイロ宣言」の中では，そ
の他にも「生態系アプローチ」「共通だが差異ある責任」，科学的な確実性の欠
如を環境悪化防止のための措置を遅延させる理由として援用してはならないと
する「予防的」な取り組みなど，その後の海洋ガバナンスに大きな影響を与え
る新たな概念・アプローチが登場した。

　そして，UNCLOS以後の具体的な海洋秩序は，この環境問題と不可分な課
題として議論されるようになり，新たな展開を迎えることとなった。とりわけ，
UNCEDで採択された行動計画「アジェンダ21」では，大気保全や生物多様性
と同等に，第17章が海洋を大きく取り上げ，冒頭では，沿岸・公海上での海洋
生物資源の持続的利用と保全や，気候変動との関わりなどについて，国家，サ
ブリージョナル，リージョナル，地球レベルでの統合的な新たな取り組みが必
要であるとした（Agneda21, para 17.1）。また，喫緊に取り組むべきこととして，

国家管轄権領域と公海領域にまたがって存在するストラドリングフィッシュ，ならびに高度回遊性魚種についての国際会議の招集を求めた（Agenda21, para 17.49）。これを受けて，1993年から6回の国連会議が開催され，1995年に「国連公海漁業実施協定」が採択された（2001年発効）。UNCLOS にとって2番目となる当該実施協定では，環境会議で提示されていた「生態系アプローチ」や「予防的」な取り組みを盛り込み，両魚種について国家管轄権内と公海での保存管理措置の一貫性を求めた。そして，そのために，地域的な漁業管理の機関との協力の必要を規定した。

　一方，漁業資源の悪化と資源の持続性の課題に取り組んでいた FAO は，1993年には「コンプライアンス協定」を総会にて採択している。これは，公海上の漁業資源の管理と保全の効果を高めるために，旗国の責任を明確にする目的のものである。また，UNCED の直後には，同じく FAO の総会が「責任ある漁業のための行動規範」を，2009年には，「違法漁業防止寄港国協定」を採択している。これら FAO で策定された規範は，「公海漁業実施協定」とは不可分一体のもので，いずれも，UNCED での問題意識の共有と，アジェンダ21の課題設定の流れを汲むものである。いずれも，UNCLOS と整合的に適用されることが前提となっている。

　なお現在，世界の海洋には網の目のように50以上の地域漁業機関（RFB），地域漁業管理機関（RFMO）が存在し，海洋漁業資源の管理と海洋生態系の保全の橋渡し役を担おうとしている。

「公海自由の原則」の変化

　このようにして，UNCED で問われた環境問題全体の中での生態系の保全は，海洋法の分野でも取り組まなければならない課題となり，これまで資源の配分として考えられていた漁業資源や深海海底資源の開発についても，生態系の一体性という問題が強く認識されるようになった。UNCLOS で領域的に狭まった「公海自由の原則」は，UNCED を経てさらにその内容が変容し，少なくとも海洋漁業資源については，領域を問わず一体として管理・保全されるべきものとなったのである。

　海洋問題におけるガバナンスという言葉は，当初，FAO の漁業委員会から，様々な地域漁業機関の活動や漁業資源の管理を意味する fishery governance

として登場し，その後，UNCED 以降になると，海洋（ocean）ガバナンスとして議論されるようになった。

　そして，今，海洋生物多様性の保全という新たな課題との結び付きを強め，「国家管轄権外海域における海洋生物多様性」（Biodiversity beyond National Jurisdiction：BBNJ）の政府間会議が開始されている。

4　新たな実施協定 BBNJ 交渉の動向と課題

BBNJ 議論の始まり

　国家管轄権外の海洋生物多様性について真剣な議論が展開されるようになったのは2011年以降である。本来，生物多様性については，1992年の UNCED の時に署名に開放され，1994年に発効した「生物多様性条約」（以後，CBD）が存在する。同条約は，アメリカをはじめとする先進国が主導し，これまでは独占的に利用してきた陸上の生物資源の保全を，それらが集中して存在する途上国に迫る目的で交渉が開始されていた。しかし，結果的にできあがったものは，これまでの先進国による搾取構造を脱却しようとする途上国の意向が大きく反映され，資源の持続的な利用・保全とともに，遺伝資源の利用から生じる利益の公正かつ公平な配分を求める内容となった（同条約第 4 条）。それまでの国際条約に見られない画期的な利益配分条約であった。CBD 自体は，国家管轄権外の問題，すなわち公海上の問題までは射程に置いていなかったが，毎年開催される CBD の締約国会議（以後，COP）を通じて公海の生物多様性に関する関心，議論が高まっていった。その背景には，すでに見てきた漁業資源などの海洋環境の悪化と，国際環境会議を重ねる中で，環境 NGO の関心と影響力が高まったという点が指摘できる。また，UNCLOS の交渉時にすぐさま開発可能と考えられたマンガンノジュールが採算性の点などからいまだに商業生産に至ってないのに対し，その後の技術は，水深2000メートルにある熱水鉱床や海底火山に存在する生物の遺伝資源を採取・開発することを可能にした。遺伝資源は，資源量ではなく，生物の遺伝子情報が重要なことに特徴があり，医薬品や新素材開発へと繋がれば，莫大な特許権を得られるかもしれないという期待値が先行しがちである。

表22-1　「海洋と海洋法に関する国連非公式協議」(UNICPOLOS)の議題の変遷

2003	脆弱な海洋生態系の保護	2011	アセスメント
2004	国家管轄権を超える区域の海底における生物多様性の保全と管理を含む海洋の新しい持続可能な利用	2011	海洋再生可能エネルギー
2005	漁業，持続可能な発展に対する漁業の貢献	2013	海洋酸性化
2006	生態系アプローチ	2015	持続的開発
2007	海洋遺伝資源	2016	海洋デブリ
2008	海洋安全保障と安全	2017	気候変動の海洋への影響
2010	海洋問題における能力構築	2018	人為的な海洋音響

注：UNICPOLOSは1999年の国連総会決議によって設置された。
出典：筆者作成。

問題のパッケージ化

　BBNJについての議論は，大きく2つの領域――(1)生物多様性の保全と海洋保護区の問題，(2)遺伝資源問題――で進み，後に両者がパッケージ化される形で，国連会議の開催が決定された。

　先に議論が進んだのは(1)で，CBDCOPとリオサミットから10年にあたる2002年に開催された「持続可能な開発に関する世界サミット」(WSSD)においてであった。その実施計画の中では，国家管轄権内外の海域を問わず，海洋の脆弱な生産能力と生物多様性を維持すること，海洋の保全と管理を促進するために行うべきこととして，具体的には生態系アプローチの採用，有害な漁業慣行の撤廃，海洋保護区のネットワークを2012年までに創設することが記載された。これをきっかけとして，CBDCOPでさらなる議論が進み，2010年に開催されたCOP10において全会一致で採択された「愛知目標」の目標11では，2020年までに沿岸地域および海域の10％を保護区とすると規定した。

　一方，(2)の海洋遺伝資源の問題も当初は，CBDCOPで行われていたが，大きく議論が進んだのは，「海洋と海洋法に関する国連非公式協議」(UNICPOLOS,表22-1）であった。この会議は，国連事務総長から提示される海洋問題およびUNCLOSに関する実行状況をレビューし，国連が取り上げるべき議題として国連総会に提示するのを役割とする。「世界サミット」(WSSD)の翌年2003年の「脆弱な海洋生態系の保全」，2004年の「国家管轄権を越えた生物多様性の持続的利用」で審議され，ここに後にBBNJと称されることになる当該問題のワーキンググループ（WG）が立ち上げられている。

　2008年の WG では，すでに，海洋保護区と遺伝資源の問題が，今後対処すべき課題として提示されている。とりわけ，海洋遺伝資源の問題については，「ガバナンス，あるいは法規制（regulatory）のギャップ」が問われるようになっていた。すなわち，CBD や UNCLOS をはじめとする既存の制度で十分に対応できるのか。ここで UNCLOS の「公海自由の原則」をめぐる新たなせめぎあいが始まった。

BBNJ の論点

　2010年の CBDCOP では，遺伝資源の取得の機会およびその利用から生ずる利益の公正かつ衡平な配分を規定する「名古屋議定書」が採択された。そして，今度は国家管轄権外，すなわち，BBNJ についての規定を明確化しようとする途上国のいっそうの要求が高まり，2011年の WG では，BBNJ が本格的に議論されることになった。BBNJ の言葉が流布するようになったのは，この頃からである。さらに，2012年に開催された「リオプラス20」の成果文書 *The Future We Want* は，当該問題を UNCLOS 下での新たな実施協定交渉へと誘う内容となっていた。そして，2016年から4回の準備委員会を重ねる中で，今後検討されるべき項目が整理されていった（UN.Doc.A/AC287/2017/PC.4/2, 31 July 2017, para.38 (a)-(b)）。検討項目は以下の通りである。

　①利益配分も含めた海洋遺伝資源
　②区域管理型ツール（海洋保護区を含む）
　③環境影響評価（EIA）
　④能力構築および技術移転

　2018年9月より政府間交渉が開始されたが，いずれの項目についても，関係国，とりわけ途上国と先進国の意見の相違が鮮明になっただけであった。かろうじて進展がみられたのは②で，FAO や IMO などの分野別国際機関や地域漁業管理機関（RFMO）がすべて関わる形での生物多様性の保全が必要であるという共通認識は形成されている。ただし，「国連公海実施協定」が重視したRFMO では不十分であるとの見方が強い中で，既存の枠組みをどのように強化・連携させていくかについての議論はまだ途に就いたばかりである。

　なによりも，BBNJ の最大論点である海洋遺伝資源について，UNCLOS の領域的アプローチで公海自由原則下に置くのか，それとも鉱物資源同様に「人

類の共同財産」（CHM）と考えることで，アクセスを制限し，利益配分を人類社会のために行うのか。後者だとして，既存の国際海底機構（ISA）を使うのか，新たな国際機関を設立するのか。根源的な規範やガバナンスの議論が進まない限り，②〜④のガイドラインの作成やそれを効果的に実行することは不可能である。

　交渉過程の基本的な対立構造としては，UNCLOS がそうであったように，人類の共同財産を主張する途上国と，技術をもつ先進国との間に大きな溝がある。さらに，中国＋G77としての途上国は数では勝るものの，沿岸国であるか否かで一枚岩ではない。先進国も，②を重視し交渉を進めてきた EU と，①を重視し「公海自由の原則」を死守することで，莫大な先行投資を行う企業の開発意欲を阻害したくない他の先進国との間で対立が存在する。

　BBNJ 問題での政府間交渉は，2020年の妥結をめどに，2019年に２回の会期が行われたが，ほとんど進展はなかった。その後，2020年４月に予定されていた会期が現下のコロナの影響で延期された。今後，UNCLOS にとって３つ目の実施協定が，実現可能な形で姿を現すのかどうかは予断を許さない。

5　海洋ガバナンスの今後の課題

　本章では，時間軸に沿って，海洋をめぐる基本的な規範とガバナンスの変遷を見てきた。UNCLOS 採択で形成された領域的アプローチは，イシューごとの国際機関や地域漁業機関など制度の重層化による対応を求めるものであったが，分断化された解決方法でしかなく，地球環境という海洋全体の問題を取り扱わなければいけなくなった時点で，新たな対応が求められてきた。UNCLOS 採択時には，その範囲が狭まったとはいえ，海洋法の基本的な規範である「公海自由の原則」はゆるぎないものと思われていた。しかし，実際の海洋環境の悪化，そして地球生態系全体に与える影響が国際環境会議を通して明らかになり，「公海」であっても「自由」から「管理される」領域へ，そこでは，生態系を重視した統合的アプローチが求められるようになっていった。このプロセスは海洋が環境問題と不可分であるとの認識の変化と見ることができるであろう。

　将来世代を見据え，海洋の持続的な利用を考えることの重要性は言うまでも

なく，世界で共有する認識にもなっていると思われる。現に持続可能な開発目標（SDGs）は，海洋と沿岸の生態系を持続可能な形で管理し，陸上活動に由来する汚染から守るとともに，海洋酸性化の影響にも言及し，国際法を通じて海洋資源の保全と持続可能な利用を強化するとしている。しかし，現在行われているBBNJの議論がそうであるように，海洋は利益を生み出す場でもある。この政府間交渉が，各国の利益配分をめぐる対立と，海洋生態系保全というすべての国が関わる国際公益とも言える問題にどのような解を見出すのか，海洋ガバナンスの転換点となる議論が今，まさに進んでいる。

参考文献

坂元茂樹『日本の海洋政策と海洋法』信山社，2018年。

佐俣紀仁「「人類の共同の財産」概念の現在」『国際法外交雑誌』第117巻第1号，2018年。

田中則夫『国連海洋法の現代的形成』東信堂，2015年。

松井芳郎『国際環境法の基本原則』東信堂，2010年。

薬師寺公夫・坂元茂樹・浅田正彦編集代表『ベーシック条約集2018』東信堂，2018年。

柳原正治・森川幸一・兼原敦子編『プラクティス国際法講義 [第2版]』信山社，2013年。

Attard, David Joseph and David Ong (eds.), *The IMLI Treatise on Global Ocean Governance, Vol. 1: UN and Global Ocean Governance*, New York: Oxford University Press, 2018.

Sands, Philippe, *Principles of International Environmental Law, 2nd ed.*, New York: Cambridge University Press, 2003.

Takei, Yoshinobu, "A Sketch of the ocean Governance and Its Relationship with Law of the Sea," in C. Ryngaert, E. J. Molenaar, and S. M. H. Nouwen (eds.), *What's Wrong with International Law*?, Leiden: Brill Nijhoff, 2015.

U. N. Doc. A/CONF.232/2018/7 Statement by the President of the Conference at the closing of the first session.

CBDホームページ　https://www.cbd.int/

DOALOS（国連海洋法局）ホームページ　http://www.un.org/Depts/los/index.htm

FAO（国連農業機関）漁業委員会ホームページ　http://www.fao.org/fishery/en

（都留康子）

第23章

軍縮・不拡散および戦略物資規制

——理念とパワーバランスが交錯するルール——

今日の兵器・関連物資に関する国際的な規制は，兵器の製造や保有・配備を制限することを通じ各国間の軍事的均衡を図る枠組み（軍縮・軍備管理）と，兵器および兵器開発に関連する物資・技術が拡散することを防止し，適正に管理する枠組みに大別される。軍縮・軍備管理は，核・生物・化学兵器といった大量破壊兵器（WMD）の保有等の禁止と通常兵器の保有・移転の規制に二分され，関連物資・技術の拡散防止（不拡散）の枠組みは，軍事・民生分野両用の汎用品に関する規制を中心に整備されてきた。

1 国連の下での軍縮・不拡散の基本的な枠組み

特定の兵器を禁止・制限する枠組みは，16世紀の日本の刀狩の例を挙げるまでもなく，古来より社会秩序を維持する有効な方法の1つと考えられてきたが，本格的に国際的な枠組みが議論・構築されたのは，兵器の進歩に伴い犠牲者が急増し，凄惨な戦闘が頻発した19世紀半ば以降である。1899年のハーグ万国平和会議がその取り組みの端緒であり，毒ガスやダムダム弾の使用を禁止する一連の条約が形成された。

第1次世界大戦は死者800万人，負傷者2000万人以上ともいわれる大量の犠牲者を生み，国際連盟では軍備の縮小がその大きな目的の1つとされた。1925年の毒ガス議定書に加え，ワシントン海軍軍縮条約，ロンドン海軍軍縮条約等の一連の軍縮条約が締結され，勢力均衡を前提とした軍備の縮小が進められた。1928年の不戦条約も国際的な武力の行使の制限を図ろうとするものであった。

国際連盟の下では，規約違反国に対する制裁が各国による独自の制裁措置と並んで企図されていた。しかし，制裁の法的拘束力に実効性がなかったことから，イタリアのエチオピア侵略等に対して有効に機能しないなど，第2次世界

大戦を抑止するには至らなかった。列国による軍縮がナチスドイツの台頭を招いたとの見方も相まって，国際連合では，秩序維持のために主要国が一定の軍事力を保持することが前提とされた。このように国連の下での軍縮は，国際連盟とは異なり，国連憲章に基づく加盟国の義務として行われず，とくに核軍縮は核兵器国間の議論・交渉に委ねられた。

2　核軍縮・WMD の不拡散に関する主な枠組み

アメリカとソ連（ロシア）による核軍縮

核兵器の製造・保有の制限は，実質的にはアメリカとソ連の二大核保有国による交渉を通じて図られてきた。具体的には，1969年から1972年の第 1 次戦略兵器制限交渉（SALT Ⅰ）において，米ソ両国の大陸間弾道弾（ICBM）および潜水艦発射弾道ミサイル（SLBM）の保有数が制限され，後継の第 2 次交渉（SALT Ⅱ）では，ICBM，SLBM に加え，戦略爆撃機，複数弾頭化（MIRV）の制限が加えられた。SALT Ⅱ条約は，1979年に調印され，ソ連のアフガニスタン侵攻により米国議会で批准されなかったものの，冷戦後の START 交渉に繋がった。

1987年に米ソ両国間で射程500〜5500キロの地上発射型弾道・巡航ミサイルを全廃する中距離核戦力全廃条約（INF 全廃条約）が署名され，1988年に発効した。中距離核戦力は，ICBM を中心とする戦略核兵器と比較的短距離の標的となる拠点や兵力への攻撃を目的とした戦術核兵器の中間に位置づけられるが，条約に基づくその廃棄は，1991年に確認された。

戦略核兵器の削減は，アメリカとソ連（と後継のロシア）との間で戦略兵器削減条約（START Ⅰ，START Ⅱ）の交渉を通じて行われた。1991年に署名された START Ⅰは，ICBM，SLBM および重爆撃機の運搬手段の総数を，条約の発効から 7 年後にそれぞれ1600基・機へ削減することを規定し，その後両国は同条約の履行を確認した。START Ⅱ交渉では，戦略核弾頭の配備数を3000〜3500発以下にすること，SLBM に装着される核弾頭数を1700〜1750発以下にすること，ICBM の単弾頭化の義務等が設けられた（米国内の批准手続が完了しなかったため START Ⅱは発効せず）。

2010年に米露両国は，START Ⅰ条約の後継となる新 START 条約に署名し，

表23-1　核軍縮・不拡散に関する主な条約

策定時期	名　称	備　考
1970発効	核兵器不拡散条約（NPT）	95年に無期限延長
1972発効	第1次戦略兵器制限交渉・条約（SALT I）	
1979署名（未発効）	第2次戦略兵器制限交渉・条約（SALT II）	その後失効
1972発効	対弾道ミサイルシステム（ABM）制限条約	2002年アメリカ脱退。
1988発効	中距離核戦力（INF）全廃条約	
1994発効	第1次戦略兵器削減条約（START I）	
1993署名（未発効）	第1次戦略兵器削減条約（START II）	新STARTに移行
1996採択（未発効）	包括的核実験禁止条約（CTBT）	米，印等が未締結
2011発効	新START条約	
2017採択（未発効）	核兵器禁止条約（TPNW）	

出典：筆者作成。

同条約は2011年に発効した。新START条約において，両国は条約の発効から7年以内に核弾頭の上限を1550発に制限するとともに運搬手段（ICBM搭載弾頭数，SLBM搭載弾頭数，重爆撃機搭載核弾頭）の上限を800基・機に制限し，米ロ両国がその履行に関し情報を交換することとされている。

　米ソ（ロシア）両国の間の核軍縮の枠組みは，順調に維持されてきたわけではない。たとえば，米ソ両国は，戦略弾道防衛ミサイル防衛に対処するためのシステムの開発を制限するABM条約を締結した。1972年に発効した同条約は，米ソ両国の防御態勢をあえて脆弱にすることを通じて核攻撃への抑止力を相互に機能させようとする，いわゆる相互確証破壊（MAD）思想の基礎をなし，SALTに基づく核兵器削減の前提と考えられていた。しかしながら，2001年にアメリカはWMDや弾道ミサイルの拡散等の脅威に対処するためのミサイル防衛の推進を表明し，2002年に同条約から脱退した。INF全廃条約についてもアメリカは，2014年以降ロシアが地上発射型巡航ミサイルの開発・配備を行うなど条約義務に違反していると結論づけ，同条約から脱退する意向を示し，2019年8月に失効した。

WMDの禁止・制限に関する国際的なルール

　核・生物・化学兵器といったWMDは，多数国間条約によりその製造・保有・配備等が制限・禁止されている。兵器に関しては，核兵器不拡散条約

（NPT）の下で，英米仏露および中国の5ヵ国以外の核兵器の保有が禁止され，関連する技術の拡散の防止についても国際原子力機関（IAEA）の下に枠組みが設けられている。また，1996年に採択された包括的核実験禁止条約（CTBT）の下で，宇宙空間，大気圏内，水中，地下を含むあらゆる空間における核兵器の実験的爆発等を禁止する規範が設けられた（アメリカ，インド，パキスタン，北朝鮮等の条約発効要件国が締結しておらず，CTBT は未発効）。

　核兵器不拡散条約（NPT）の下では，米英仏露中の核兵器国は，核兵器の保有を認められる一方，核軍縮のために誠実に交渉する義務を負っている（第6条）。米ソ・米露間では一定の動きは見られたものの，核兵器国が十分な核軍縮を行っていないとの批判は根強く存在した。同時に，核軍縮に向けた実質的な進展が見られないままに，不拡散に関する非核兵器国の義務が課されるのは不公平であるとの批判も一部の途上国等からも示されてきた。また，核兵器の非人道性に関する主張も活発になり，核兵器の使用を制限する条約策定の議論も進んだ。

　2017年7月に交渉・採択された核兵器禁止条約（TPNW）は，核兵器の使用・保有等を禁じる規範を先に確立し，すでに保有されている核兵器の正当性を国際社会において損なうことを企図したものといえる。TPNW を核兵器の保有・使用だけでなく，使用の威嚇も禁じた点で画期的と評価する意見もある一方で，核兵器国だけでなく，NATO 諸国や日本，韓国，オーストラリア等が参画していない点を捉え，規範の実効性を疑問視する見方もある。日本はTPNW に参加しない理由として，核兵器をただちに違法化する条約に参加すれば，同盟国であるアメリカによる核抑止力の正当性を損ない，国民の生命・財産を危険にさらすことを容認することになりかねないこと等を挙げている。2020年8月現在の TPNW の締約国数は44であり，条約の発効には50ヵ国の締結が必要とされている。

　生物兵器，化学兵器の製造・保有等の禁止は，生物兵器禁止条約（BWC），化学兵器禁止条約（CWC）等に規定され，締約国による特定の物資の保有が制限されるだけでなく，各国の履行状況に関する報告・監視の制度も存在する。

　原子力関連の物資・技術については，原子力供給国グループ（NSG）やザンガー委員会が設けられ，NPT の実施を支援する原子力専用品に関する非公式な枠組みとして機能している。また，生物・化学兵器関連物資・技術の規制に

関しては，イラン・イラク戦争における化学兵器の使用を受けて設けられた
オーストラリア・グループが存在する。

民生・軍事に使用可能な汎用品の規制

　WMD の開発に使用される関連物資や技術は，軍事的用途に限らず，産業等
の民間目的にも使用可能である。そのため，正当な貿易や科学技術の交流のた
めの汎用品・技術（dual use item/technology）の移転を認めつつ，それらが不正
に軍事的に使用されないように管理することが不可欠となる。

　WMD 以外の兵器に使用可能な汎用品・技術の拡散防止についても，冷戦時
代に様々なガイドラインや国際的な枠組みが構築された。その代表的なものが，
冷戦時に西側諸国が東側（共産圏）諸国に対する軍事物資・技術および汎用品
の輸出を規制するために設けた対共産圏輸出統制委員会（COCOM）である。
COCOM は冷戦後にワッセナー・アレンジメントに形を変え，現在も国際的
な輸出管理のガイドラインとして機能している。WMD の運搬手段であるミサ
イルや関連する資機材・技術の輸出を規制する目的でミサイル技術管理レジー
ム（MTCR）も1987年に設立され，ミサイルの射程や搭載量に応じたガイドラ
インを設けている。

国連安保理による措置

　国連憲章は，国連安保理が軍事的措置に至らない措置（安保理制裁）を広範
に定められること，そして加盟国が安保理の決定を憲章に従って受諾し，かつ
履行することに同意する旨を規定している。また国連憲章第7章に基づく安保
理決議は，加盟国を法的に拘束する権限を安保理に付与している。安保理はこ
れまでイラン，北朝鮮や非国家主体に対して，WMD，運搬手段としてのミサ
イルとその関連技術，汎用品・技術に関する規制を行ってきた。安保理制裁で
はまた，WMD やミサイルの開発，通常兵器の調達等のための資金源を遮断す
るための措置も導入されている。さらに，安保理決議に基づかない各国が導入
する個別の制裁措置も存在する。

表23-2　通常兵器の移転の規制に関する主な国際枠組み

採択時期	名　称	備　考
1980	国連軍事支出報告制度	非拘束的な規範
1980	特定通常兵器使用禁止制限条約（CCW）	1983年発効
1991	国連通常兵器登録制度（UNROCA）	非拘束的な規範
1997	対人地雷禁止条約（オタワ条約）	1999年発効
2001	国連小型武器行動計画（UNPoA）	非拘束的な規範
2002	銃器議定書	国際組織犯罪条約下の議定書
2008	クラスター弾条約（オスロ条約）	2010年発効
2013	武器貿易条約（ATT）	2014年発効

出典：筆者作成。

3　通常兵器の規制をめぐる国際的な議論

　通常兵器をめぐる国際的な規制の議論が高まったのは，冷戦末期の1980年代後半以降である。核兵器が第2次世界大戦後戦闘で使用されない一方で，世界各地の紛争・内戦において多数の一般市民の犠牲者が発生し，とくに機関銃，小銃等の小型武器による犠牲者が後を絶たないことが強く認識されるようになった。こうした危機感を踏まえ，国連の場で日本等が小型武器を「事実上の大量破壊兵器」と位置づけて議論を主導し，取引の透明性の向上や一部の規制のための枠組みが設けられた。

ガイドライン・枠組みの形成

　各国による兵器の調達が国内の治安維持や国防のための正当な権利の一部と考えられてきたことから，とりわけ兵器の調達を輸入に依存する国々は，冷戦当時，兵器の取引に関する国際的な規制を設けることに積極的ではなかった。そのため，国連の下で設けられた通常兵器に関する枠組みは，基本的に各国の自発的な対応を前提とする法的拘束力のないものであった。たとえば，1980年に導入された国連軍事支出報告制度では，国連加盟国は自国の軍事支出を国連に報告することが奨励されている。1991年には，湾岸戦争前に大量の武器がイラクによって蓄積された経緯を踏まえ，日本と欧州委員会（当時）が提唱し，国連軍備登録制度が設立された。同制度の下では，国連加盟国が毎年それぞれ

の兵器輸出入に関する情報（戦車，戦闘用航空機，軍用艦船等の7のカテゴリーの兵器の輸出入数量，輸出入先等）を国連に提出するよう要請されている。ただし，いずれの枠組みも各国の自発的な対応に依拠している点で，効果は限定的であった。

　冷戦後も内戦等において小型武器により一般市民に多数の犠牲者が生じている状況を憂慮し，2001年の国連小型武器会議において国連小型武器行動計画（UNPoA）が策定された。小型武器が組織犯罪にも利用され，治安の悪化を招き，地域の経済社会発展の阻害要因になっていると懸念されたことも国際的な議論を後押しした。UNPoAでは小型武器の非合法取引の防止・除去・撲滅のために各国がとる具体的措置が定められ，その実施のための履行措置や国際協力・支援の必要性も規定されている。UNPoAの下での国際的な取り組みの進捗状況は隔年会合および履行検討会議にて検討されているが，軍事支出に関する報告および軍備登録制度と同様，各国を法的に拘束する枠組みではない。

法的拘束力を有する国際枠組み

　冷戦時代に設けられた法的な枠組みの例としては，1983年に発効した特定通常兵器使用禁止制限条約（CCW）が存在する。CCWは検出不可能な破片を利用する兵器，地雷，ブービートラップ，焼夷兵器，失明をもたらすレーザー兵器等の使用の禁止を定め，不発弾等の爆発性戦争残存物の紛争後の対応措置を定める5つの議定書から構成される。CCWは法的拘束力を有する条約であるが，その主な内容が兵器の使用制限であり，禁止には至らなかったことから，市民社会等はより強固な規範の必要性を主張した。

　2002年に策定された銃器議定書は，銃器等の不正な製造および取引を防止し，国際協力を促進するための条約である（国際組織犯罪条約の下に策定された3つの議定書のうちの1つである）。同議定書は，製造時および輸入時における銃器の刻印，記録保存，情報交換等について規定しており，各国に法的な義務を課すものであるが，不法な取引の防止を目的とし，主として治安維持の観点から策定されたものであり，銃器の保有や移転そのものを禁止するものではなかった。

　1999年，2010年にそれぞれ発効した対人地雷禁止条約，クラスター弾に関する条約は，両兵器の製造・保有・使用・移転の包括的な禁止を定めた。これらの条約は，国連の下ではなく，両兵器の禁止を強く支持する国々が主導する形

で交渉・締結された。それぞれの条約は対象兵器の製造や保有・移転を包括的に禁止する規範性の高いものとなったが，両兵器の保有・使用の制限を回避したい兵器製造国や配備国が条約に参加しないという課題も残った。

　通常兵器の国際移転を包括的に規制する武器貿易条約（ATT）は，2012年および2013年の交渉を経て，最終的には国連総会における多数決によって採択された。ATT の下では，国連軍備登録制度で指定された7つの兵器のカテゴリーに加え，小型武器および弾薬の国境を越えた移転に関し，国際人道法，国連安保理決議等に違反する移転を禁止することを規定している。ATT は2015年に発効し，締約国会合を通じて条約の履行状況が検討されている。

戦略物資の規制と資金源の遮断

　紛争の予防や当事者間の軍事的均衡を図るための規制の対象は兵器や関連物資以外にも及ぶ。石油，鉄等の兵器の生産・運用に不可欠な資源・物資に関する規制は第2次世界大戦当時からも行われていたが，冷戦後には資金の調達源となるなど紛争の継続に間接的に寄与する物資等の規制に対する関心が高まった。冷戦期には，ローデシア制裁等において石油の禁輸措置も導入されたが，東西両陣営の対立もあり，安保理における制裁措置の導入は限定的であった。冷戦後に資金調達源に対する規制への関心が高まった背景には，世界各地の紛争・内戦に関し，東西両陣営からの支援に頼らずとも，紛争当事者が資金・軍事物資を調達できるとの懸念が高まったこともある。また，1991年の湾岸戦争の際の包括的なイラク制裁が無辜の市民に被害を与え，周辺国の経済に打撃を与えたとの批判を受け，安保理制裁も，制裁対象となる個人・団体，対象物品をより限定的・効果的なものに絞るアプローチに移行していった（ターゲット制裁）。このような流れの中で，紛争の長期化や激化に寄与する「紛争鉱物（conflict mineral）」を特定し，その国際取引を禁止する措置も導入されていった。

　安保理による紛争鉱物の規制の端緒はアンゴラに対するダイヤモンドの取引禁止である。1993年から2002年にかけて実施されたこの制裁は，アンゴラの反政府勢力の資金源を遮断するうえで有効であったと評価されている。さらに，ダイヤモンド原石の取引から生じる利益が反政府勢力の資金源となることを防止するため，2002年11月，すべてのダイヤモンド原石の輸出に際して証明書を添付し，同証明書が添付されたダイヤモンド原石のみ輸出入を認めることを定

めたキンバリー・プロセス証明制度が設立された（2003年1月より実施）。この制度は，政府，市民社会とダイヤモンド産業界の3者間の取り組みであり，市民社会とダイヤモンド産業界の代表の参加を得ることで（意思決定には参加できないものの，専門家として発言力を有する形で）実効性の確保が図られた。

　ミャンマーにおける木材等の取引についても，人権侵害を助長している軍事政権を支援しないという考えに基づき，1990年代後半からEU等による制裁措置が課された（その後2012年に解除）。イラン，北朝鮮に対する安保理制裁についても，両国の核兵器，ミサイル等の開発を助長する資金獲得手段を規制する措置が2006年以降順次導入された（イラン制裁は2016年に解除）。これらも資金源の遮断に着目した規制の類例と位置づけられる。

4　様々なアクターの関与した複層的なルール形成の特徴

多様な国家・非国家主体のルール形成・実施への関与

　軍縮・不拡散および戦略物資の輸出規制に関する国際的なルールの形成と実施の主たる担い手は各国政府である。その一方で，冷戦後の軍縮・不拡散分野におけるルール形成および実施に際し，国際NGOを中心とする市民社会，そして物資や資金の流通を手掛ける民間企業の果たす役割が高まっている。

　NGOが果たす役割は，紛争犠牲者や兵器の非人道性に関する国際的な関心を喚起するだけに留まらない。NGOはシンクタンク等と並んで，対人地雷禁止条約，クラスター弾条約，ATT，TPNW等の交渉に際して条約に盛り込むべき要素を各国政府に提示したり，ルールの策定に積極的な国々と連携したりするなど，規範形成の推進力となることが多い。NGOやシンクタンクはまた，国連軍備登録制度，UNPOA，ATT等における各国の兵器保有・取引に関する情報をモニターし，各国政府に説明責任を果たすように要求する等，条約の実効性の担保にも役割を果たす。安保理制裁やキンバリー・プロセスのような紛争鉱物の取引においても，NGOやシンクタンク等はその実施状況をモニタリングしている。

　民間企業を中心とする産業界は，WMD等の開発・製造に使用される汎用品，石油等の戦略物資，ダイヤモンド等の紛争鉱物の取引の当事者であるため，実効的なルールを作る上でその協力が不可欠である。産業界は貿易等の規制への

関与に消極的との見方もあるが，キンバリー・プロセスにおけるダイヤモンド業界の参画の例も存在する。紛争ダイヤモンドをめぐっては，採掘や流通を手がける民間事業者が紛争の助長に加担しているといった印象がもたらす悪影響を懸念し，ルール作りに関与したことが，実効的な枠組みの形成を後押しすることとなった。

ハード・ローとソフト・ローの補完関係

　軍縮・不拡散および戦略物資・紛争鉱物の規制に関するルールの大きな特徴の１つに，法的拘束力を有する条約（ハード・ローとも称される）と各国の自発的な取り組みを前提としたガイドライン（ソフト・ローあるいは紳士協定）という非拘束的な規範の両者が補完的に並存することがある。

　核・生物・化学兵器の WMD の禁止については，それぞれ NPT，BWC，CWC 等の法的拘束力を有する規範が存在し，大多数の国家が締結している。その一方で，WMD および運搬手段に利用可能な軍民両用の汎用品・技術の輸出管理の実務は，法的拘束力を有する国際約束（条約）ではなく，NSG をはじめとする，各国が任意で受け入れ，国内法に基づく規制を行う枠組み（ガイドライン）で運用されていることが特徴的である。

　汎用品の規制がガイドラインの形式をとった背景には，関連技術を保有する国々（主として先進国）が自発的に設立した歴史的沿革や，自国による輸出に他国が干渉する余地を少なくするように規範の義務性を弱め，相互の均衡を確保しようとした政策的な要因もある。また，任意の枠組みであることにより，各国による規範の自発的な受容が促進されるとともに，規制対象物資や技術の範囲が拡大する際に条約改正のような手続きを経ずに迅速に対応できる実務的な利点もある。ただし，自発的な規範ゆえに違反に対処する手段に乏しく，枠組みに参加しない国との関係では規範の正当性に欠けるとの問題も存在する。

　国連軍事支出報告制度，軍備登録制度および UNPOA 等の通常兵器規制において非拘束的規範が選好された背景には，各国が治安維持・国防のための兵器の円滑な調達を重視し，拘束性の高い規範を設けることに消極的であったことも存在する。その一方で，こうした非拘束的規範は情報共有を通じた各国の信頼醸成のための基盤として機能したとも評価できる。また，ATT を締結していない国々（アメリカ，ロシア，中国等の主要国を含む）との関係では，これら

の自発的な枠組みは，国際社会の大多数の国々が受容している規範の具体的な内容を示す点で引き続き一定の意義を持つ。

規範の多様性と競合・並存関係

軍縮・不拡散および戦略物資・紛争鉱物に関する規範は，汎用品の貿易や国際的な資金の移転，各国の国防や治安維持にも影響を及ぼす。そして，他の分野の規範との間で競合・緊張関係も生む。たとえば，汎用品・技術，資金等の貿易・移転への規制は，不当な貿易制限措置の口実となってはならず，また取引に従事する者の正当な商業上の権利を損なうおそれもあることから，国際貿易に関するWTO協定との関係が問題となり得る。キンバリー・プロセスの交渉過程では，不法に流通するダイヤモンドの収益が紛争を長期化させるとの評価を各国が共有したうえで，輸出国政府が証明書を発行することが定められ，WTO協定の適用除外（ウェイバー）が認められている。

対人地雷禁止条約に基づく包括的な禁止規範は，条約締約国と非締約国との間での相互防衛条約等に基づく軍事的な協力も制限する（クラスター弾に関する条約では，非締約国との軍事的な協力に支障が生じないための規定が設けられた）。また，TPNWは核兵器による抑止力を否定する内容であることから，集団安全保障体制，あるいは2国間の相互防衛条約等の当事国が同条約に加入することは困難との見方が強い。

国連憲章第41条に基づく安保理制裁は，すべての国連加盟国に安保理決議を実施する法的義務を課す。すべての加盟国を拘束する強い義務的な性格とは対照的に，決議の審議・採択に安保理メンバー15ヵ国しか関与できないことは，決議の正当性が批判される理由の1つとなってきた。湾岸戦争時のイラク制裁の経験を経て導入された安保理のターゲット制裁についても，途上国の中には，原子力の平和利用や宇宙開発といった条約等に基づく権利を制限し得るといった理由を挙げ，制裁の拡充に慎重な意見も存在する。そのため，安保理内の意見の相違のために安保理制裁が導入できない場合に，措置の導入に積極的な国々が，安保理制裁を補完することも念頭に独自の措置をとることで，実効性向上を図ることもある。ただし，この独自措置は他の国々を拘束することはないことから，その正当性については批判もある。

軍縮・不拡散，通常兵器の規制等に関する最近のルールには，軍事的な考慮

だけではなく，様々な分野の規範の要素が盛り込まれ，より包括的な視点からルールを形成する傾向が見られる。対人地雷禁止条約，クラスター弾に関する条約においては，それぞれの兵器の軍事的必要性・有効性だけでなく，文民への被害といった非人道的な側面を考慮し，長期にわたり残置・遺棄される兵器が紛争後の社会経済開発に及ぼす悪影響に対処する国際協力も重視されている。ATTにおいては，安保理決議や国際人道法の違反行為に使用される兵器の移転が禁止され，ジェンダー，腐敗防止の視点も兵器の移転の際に考慮すべき要素として挙げられるなど，他の規範を取り込む形でルールが設けられている。

参考文献

秋山信将編『NPT核のグローバル・ガバナンス』岩波書店，2015年。

浅田正彦編『輸出管理——制度と実践』有信堂高文社，2012年。

足立研幾「兵器ガヴァナンス」吉川元・首藤もと子・六鹿茂夫・望月康恵編『グローバル・ガヴァナンス論』法律文化社，2014年。

阿部達也『大量破壊兵器と国際法——国家と国際監視機関の協働を通じた現代的国際法実現プロセス』東信堂，2011年。

佐藤栄一『冷戦後の軍備管理・軍縮』三嶺書房，2001年。

杉江栄一『ポスト冷戦と軍縮』法律文化社，2004年。

西谷真規子「規範カスケードにおける評判政治　1〜6」『国際協力論集』第12巻第3号，2005年；第13巻第2号，2005年；第13巻第3号，2006年；第14巻第2号，2006年；第15巻第2号，2007年；第16巻第2号，2008年。

西谷真規子編著『国際規範はどう実現されるか——複合化するグローバル・ガバナンスの動態』ミネルヴァ書房，2017年。

村瀬信也編『国連安保理の機能変化』東信堂，2009年。

吉村祥子編著『国連の金融制裁——法と実務』東信堂，2018年。

Bierskter, Thomas J., Sue E. Eckert, and Marcos Tourinho (eds.), *Target Sanctions: The Impacts and Effectiveness of United Nations Action*, United Kingdom: Cambridge University Press, 2016.

［付記］本章の内容は，あくまでも実務経験を通じて得られた筆者の個人的な考えであり，必ずしも日本政府の見解ではない。

（石垣友明）

第**24**章
サイバースペース
―─深刻化するセキュリティと決定力を欠くガバナンス─―

1　拡大するサイバースペース

　サイバースペースとは各種のコンピュータ端末，通信回線，記憶装置などが相互接続されて構成される人工的な領域である。2010年のアメリカの４年ごとの国防計画の見直し（QDR：Quadrennial Defense Review）において第５の作戦領域として認知されたことからとくに注目されるようになったが，陸，海，空，宇宙といった自然領域とは本質的に異なる。むしろ，そうした自然領域における人間の活動を繋ぐ神経系として重要性を増している。

　インターネットは1960年代から開発が始められ，1990年代から一般に普及するようになったが，インターネットとサイバースペースは同じものとしては捉えられない。インターネットは定義上，ネットワークのネットワークであり，各種のコンピュータ・ネットワークが相互に接続されたものである。しかし，インターネットには接続されていないものの，同様の技術を使ったサイバーシステムがその外に広がってきている。たとえば，道路や航空路などの交通管制を担うシステムにも同様のコンピュータやネットワークが使われているが，通常はインターネットには接続されない閉鎖システムになっている。原子力発電所などの重要インフラストラクチャもそうである。社会機能の多くがそうしたサイバーシステムに依存するようになっていることから，インターネットを包含しつつも，さらに広がるサイバースペースの重要性が増してきている。

　サイバースペースのガバナンスは，1990年代までは民間の技術者たちによって担われていた。IETF（Internet Engineering Task Force），ICANN（Internet Corporation for Assigned Names and Numbers）などの多くの非営利組織が自律・分散・協調的にガバナンスに参加していた。しかし，2000年頃から，インターネットが社会的な重要性を高めるにつれ，各国政府が介入してくるようになっ

た。

とくに近年は，サイバースペースを介し，各種の犯罪，スパイ活動，攻撃が行われるようになり，そのガバナンスが重要性を増してきている。2007年のエストニアに対する分散型サービス拒否（DDoS：Distributed Denial of Service）攻撃の発生は，国家間の争いにサイバー的な手法が使われることを示した先例になった。2010年にはイランの核施設に対しサイバー攻撃が行われ，サイバー的な手法が物理的な施設に影響を及ぼすことができることを示した。2014年のソニー・ピクチャーズに対するサイバー攻撃は北朝鮮が行ったと断定されており，一国家が一企業を狙い撃ちすることも示された。さらに，2016年の米国大統領選挙ではロシアがハッキングやフェイクニュースで介入したとされ，国際政治上の問題になった。

本章では，どのような行為主体がサイバースペースないしインターネットのガバナンスに関与しているかを明らかにし，どのような制度構築が行われてきたかを見ていく。その過程は，1990年代以前の牧歌的な時代，2000年代の政治的な論争の時代，2010年代以降の安全保障上の懸念が高まる時代として捉えることができる。

2　1990年代以前の牧歌的な時代

インターネットの始まりをいつにするかについては諸説がある。アメリカの国防高等研究計画局（DARPA：Defense Advanced Research Projects Agency）のARPANETにルーツを求める説も根強いが，実際には，各所に散らばる研究者がコンピュータを共有できるように接続したことによって最初のコンピュータ・ネットワークが始まっている。とくに，1969年にカリフォルニア大学ロサンゼルス校，スタンフォード研究所などが接続されたことが画期的であった。

当時のインターネットの利用者は互いに顔見知りの少人数の研究者・技術者たちであり，現在のように数十億人が使い，そしてそれ以上の数の機器が接続されることになるとは想定されていなかった。

そのため，ガバナンスの担い手もまた限定的であり，それは「インターネット創設の父たち（Internet founding fathers）」や「インターネットのパイオニアたち（Internet pioneers）」と呼ばれる一部の研究者たちであった。たとえば，

TCP/IP（Transmission Control Protocol / Internet Protocol）と呼ばれる通信標準手続きを開発したロバート・カーン（Robert E. Kahn）やヴィントン・サーフ（Vinton Cerf）である。

　ガバナンスという点では，南カリフォルニア大学教授だったジョン・ポステル（Jonathan Postel）が創設した IANA（Internet Assigned Numbers Authority）が重要であった。IANA は，IP アドレス，ドメインネーム，ポート番号等の標準化・割り当て・管理などを行った。たとえば，慶應義塾大学は「keio.ac.jp」というドメインネームを持っているが，これは「131.113.131.113」という IP アドレスに一意に結び付られている。ドメインネームは固有名と一定のルールによって構成されている（たとえば，ac は学術機関で，jp は日本を表す）ので，人間には分かりやすいが，コンピュータが理解するには IP アドレスのほうが良い。こうした結び付きを管理するのが IANA だった。

　他にも，インターネットで使われる技術標準を設定する IETF やその他の技術に特化した組織が自律・分散・協調と呼ばれるルールに基づいてガバナンスを維持していた。マサチューセッツ工科大学教授のデービッド・クラーク（David Clark）は，1992年に神戸で開催された INET92 と呼ばれるインターネット技術者向けの会議で「我々は王様も大統領も投票も拒否する。我々が信じるのはおおよその合意と動くコードだ（We reject kings, presidents and voting; we believe in rough consensus and running code）」と述べた。「おおよその合意」とは，誰かに拒否権を与えるような全会一致ではなく，徹底的に議論を尽くした後で形成される大まかな合意であり，「動くコード」とは空想や理想ではなく，実際に機能するコンピュータ・プログラムと社会的なルールを指している。

　とはいえ，「おおよその合意と動くコード」は，技術者たちにとっては実践的だったとしても，政治的・経済的な利害を持つアクターにとってはそうではなかった。それがサイバースペースのガバナンスを変容させていくことになる。技術者たちの議論とは別に，各国政府の担当者による政治的な議論がサイバースペースのガバナンスに被さってきた。

3　2000年代の政治的な論争の時代

インターネットの商用化とガバナンスの政治化

1995年にマイクロソフト社によって基本ソフト（OS：Operating System）ウインドウズ95が発売されると，インターネットは技術者向けのものではなく，一般の利用者が日常的に使うものになり，商業的な利用も拡大していった。

その結果，商業的な利害が問題になった。たとえば，apple.com というドメインネームは，コンピュータやスマートフォンを製造・販売するアップル社によって使われている。しかし，全世界には果物のリンゴの販売にそのドメインネームを使いたい業者がたくさんいる。あるいは音楽バンドのビートルズが1968年に設立したアップル・レコード社もある。apple.com は先にアップル社によって取得されたため，現在でも使われている。しかし，ドメインネームが想起する企業とは関係ない第三者が先にドメインネームを取得し，高額で転売するという事例も多く見られた。

インターネットが社会的なインフラストラクチャとして重要視されるようになるにつれ，技術者たちによるボランティアのガバナンスでは機能しなくなっていく。ポステル教授が1998年に死去したのに伴い，IANA の機能は新しく設立された ICANN に移されることになった。しかし，ICANN が米国政府の商務省と契約関係を持っており，米国カリフォルニア州の非政府組織として登録されたため，中国政府等が反発するようになった。

ICANN は政府代表による国際機関ではなく，国際連合とも関係がない。しかし，各国政府との対話の窓口として政府諮問委員会（GAC：Governmental Advisory Committee）が設置された。中国等の政府は GAC を通じてインターネット・ガバナンスへの政府関与の増大を求めるようになった。インターネットが重要であればあるほど，政府および国際機関が責任を持って管理すべきだというのがその主張であった。

デジタル・デバイドへの注目

先進国ではインターネットや携帯電話が急速に普及していく一方で，発展途上国はそれに取り残されていた。いわゆる「デジタル・デバイド」の問題であ

る。2000年に開催されたＧ８の九州・沖縄サミットでは，「グローバルな情報社会に関する沖縄憲章」が採択され，政府代表，民間企業代表，市民社会代表の三者が各国から参加するマルチステークホルダー・アプローチが取り入れられた。デジタル・デバイド問題は政府だけで解決できる問題ではなく，民間の力を取り入れる必要があると認識されたからである。それは三者共同によるデジタル・オポチュニティー・タスク・フォース（Digital Opportunity Task Force：DOT force）の設立に繋がり，現在でもサイバースペースのガバナンスにおいてはマルチステークホルダー・アプローチが重視されている。

　国連の専門機関である国際電気通信連合（ITU：International Telecommunications Union）は2003年にチュニジアのチュニスで，2005年にスイスのジュネーブで世界情報社会サミット（WSIS：World Summit on the Information Society）を開催した。それは九州・沖縄サミット以来続いてきたデジタル・デバイドの問題を検討することが目的だったが，実際にはインターネットを誰が管理するのかというガバナンスを討議する場になってしまった。九州・沖縄サミット，WSISと続いてきた議論は，その後もガバナンスの問題を議論する IGTF（Internet Governance Task Force），IGF（Internet Governance Forum）といったマルチステークホルダー・アプローチを採用する会議体で続くことになった。

4　2010年代以降の安全保障上の懸念が高まる時代

多様な問題の噴出

　2001年9月11日に米同時多発テロが起き，アルカイダのテロリストたちがテロ計画にインターネットを活用していたことが明らかになると，アメリカをはじめとする民主主義国でもインターネットを政府が監視する動きが強まっていく。インターネットは自由で匿名の空間であるとかつては言われていたが，技術的にはその監視はきわめて容易であり，治安対策・安全保障を目的に各国はインターネットの監視を強めていく。監視とプライバシーの保護がアメリカをはじめとする各国で政策課題となった。それとは別の文脈で，治安維持を理由に国民を抑圧する目的で権威主義体制の国々が行う監視が，プライバシー保護の問題として認識されるようにもなった。

　また，デジタル・デバイドを解消しようという動きが進むにつれ，発展途上

　国や権威主義体制をとる国々でも徐々にデジタル技術が普及するようになり，それが社会変革へと繋がるという側面も見られた。それが劇的な形で現れたのがアラブの春である。2003年にWSISを開催したチュニジアでは，ザイン・アル＝アービディーン・ベン・アリー（Zine El Abidine Ben Ali）大統領が長期にわたって政権を維持していたが，2010年に警察に抗議する物売りの焼身自殺動画がネットを通じて出回ったことによって反体制運動が急速に広がり，翌年，大統領はサウジアラビアに亡命し，政権は崩壊した。デジタル技術を使った抗議活動はアラブ諸国に広がり，エジプトやリビアでも政権崩壊に繋がっていく。

　もう1つ別の動きはサイバー犯罪，サイバーエスピオナージ（スパイ活動），サイバー攻撃の増加である。インターネットが普及する以前からコンピュータ犯罪は行われていたが，その多くはいたずらや嫌がらせ目的が多かった。しかし，より多くの人がインターネットや携帯電話を使うようになると金銭やプライバシー情報の窃取を目的とする犯罪行為が増えていく。さらには，ライバル企業や敵対国の動向を探るためのサイバーエスピオナージも急増していく。それらは密かに行われるため，発覚するのに時間がかかったり，そもそも発見されなかったりすることも多かった。

　そして，先述のように，2007年には，エストニアの放送局や金融機関などが大規模な分散型サービス拒否（DDoS）攻撃を受け，社会機能が麻痺する事態になった。DDoS攻撃とは，世界中の第三者のコンピュータを密かにウイルス感染させ，指令と当時に一斉に標的となるサーバーやコンピュータにアクセスを殺到させ，機能を麻痺させる手法である。ロシアの愛国者グループが後に関与を認めたが，エストニアと緊張関係にあったロシア政府の意向を受けていたのではないかと疑われており，国家対国家のサイバー攻撃の先駆けとされている。

　2010年にはイランの核施設のウラン抽出用の遠心分離機がサイバー攻撃を受けた。インターネットには接続されていないコンピュータ・システムにマルウェア（悪意を持って作成されたソフトウェア）がなんらかの手法で送り込まれ，不具合を起こした。アメリカとイスラエルがイランの核開発を遅らせるために行った共同作戦であると報道されているが，両国政府は認めていない。物理的なシステムに対するサイバー攻撃の実例はまだそれほど多くないが，理論的には可能であり，インターネットには直接繋がっていない重要インフラストラクチ

ャのシステムも標的になっていることを，これらの事例は示している。

　今後，国家間の戦争が行われる際には，これまでの作戦領域である陸，海，空に加え，宇宙やサイバースペースを織り交ぜたクロス・ドメイン（領域横断）攻撃あるいはマルチドメイン（多領域）戦闘が主流になると考えられている。

　さらには，2016年の米国大統領選挙にロシア政府が介入したとアメリカのバラク・オバマ（Barack Obama）政権は断定した。大統領選挙はヒラリー・クリントン（Hillary Clinton）民主党候補とドナルド・トランプ（Donald Trump）共和党候補によって争われたが，ロシアのインテリジェンス機関が民主党全国委員会のメールサーバーなどの不正侵入し，クリントン候補にとって不利な情報を暴露したり，偽ニュースを流したりしたとされている。政権成立後，トランプ大統領もロシアの介入を認めざるを得なくなり，ロシアとの関係が悪化している。

　ロシアは他にも2016年イギリスのEU離脱に関する国民投票や2017年のフランスの大統領選挙にもインターネットを通じて介入したとされ，アメリカのソーシャルネットワーキングサービスであるフェイスブック社からデータが流出して活用されたため，同社はシステムの変更を余儀なくされている。

　ロシアはさらに，軍事行動とともに偽ニュースの流布や不正侵入を行うというハイブリッド攻撃も使うようになっている。そうした手法は2008年のジョージアとの紛争，2014年のウクライナ危機でも使われた。

　こうした敵対的な活動を防ぐために各国はサイバースペースの監視を行っているが，米国政府と英国政府の活動の一端が，米国政府の仕事を請け負っていたエドワード・スノーデン（Edward Snowden）によって2013年6月に暴露された。スノーデンは両国政府が人々のプライバシーと表現の自由を侵害しており，米国憲法に違反しているとして告発した。しかし，両国政府は，スノーデンの暴露によって犯罪者，テロリスト，敵対国が警戒を強め，監視活動に大きな打撃となり，安全保障を損ねていると主張している。

サイバーセキュリティをめぐるガバナンス

　こうしたサイバースペースの不安定化が進むにつれ，いくつかの国際会議が招集された。2011年，イギリスのウィリアム・ヘイグ（William Hague）外相の呼びかけで，ロンドンでサイバースペースに関する国際会議が開かれ，60ヵ国

が参加した。この会議は何かを決めるための公式な会議ではないが，サイバーセキュリティをはじめとして活発な議論が展開される場となった。その後，ハンガリーのブダペスト（2012年），韓国のソウル（2013年），オランダのハーグ（2015年），インドのデリー（2017年）と続いており，ロンドン・プロセスと呼ばれている。

また，2011年9月12日，中国，ロシア，タジキスタン，ウズベキスタンの4ヵ国は，国連に情報セキュリティ国際行動規範の案を提出した。この4ヵ国は，サイバースペースで各国が責任ある行動をとるという国際行動規範を作るため，国連総会がこれを議論すべきだとしていた。提案を受け取った国連の潘基文事務総長は，これを軍縮・安全保障を扱う第一委員会に付託した。第一委員会は4ヵ国の提案を受けて，15ヵ国の代表による政府専門家会合（GGE：Group of Governmental Experts）を開催し，検討を求めることにした。

GGE は，第1回が2004〜05年，第2回が2009〜10年，第3回が2012〜13年，第4回が2014〜15年に開催された。2015年に出された報告書では，玉虫色の表現ながらも前進が見られた。しかし，第5回の2016〜17年の GGE では合意をまとめることができず，報告書は国連総会に提出されなかった。

第5回で合意できなかったのは，第4回である程度の合意に達し，それ以上踏み込むのが難しかったことと併せて，参加国が増えるとともに，これまでの文脈を理解しない国が合意に反対したからだとも言われている。

サイバースペースのガバナンスを安定させようとする試みとして各種の国際会議が開かれるようになっている。たとえば，エストニアのサイコン（CyCon），イスラエルのサイバーウィーク（Cyber Week），シンガポールの国際サイバーウィーク（International Cyber Week），ロシアの国際サイバーセキュリティ大会，中国の世界インターネット大会（烏鎮会議）などである。オランダ政府の支援を受けたサイバースペースの安定性のためのグローバル委員会（GCSC：Global Commission on the Stability of Cyberspace）は，26人の専門家を招集し，国際規範を提案し，2019年12月に最終報告書を発表した。

マイクロソフトは，政府間の議論が進まないことに業を煮やし，数十の民間企業の連合「テック・アコード（Tech Accord）」を組織し，協力してサイバースペースの不正利用を阻止する活動をしている。たとえば，DDoS 攻撃に使われるサーバーを各社の協力で除去した。

　しかし，国連の GGE は，これらの民間の会議とは違い，国連の正式な会議
である点，また継続性がある点で影響力が大きい。2019年12月には第6回の
GGE が始まった。

5　決定力を欠くガバナンス

　サイバースペースはもともと政府や国際機関とは関係のないところで誕生し，
成長してきた。しかし，それがグローバルな社会インフラストラクチャとして
重要性を増すにつれ，国家や国際機関がそのガバナンスに参画しようとしてい
る。しかし，単純にそのガバナンスを移管することはできていない。なぜなら，
インターネットは技術によって成り立つネットワークであり，技術者たちの協
力が不可欠だからである。

　先述の「我々は王様も大統領も投票も拒否する。我々が信じるのはおおよそ
の合意と動くコードだ」という言葉を，クラークはサイバースペースにおける
アナーキズムを唱道するために使ったわけではない。しかし，この言葉はク
ラークの意図を超えて一人歩きし，インターネット・ガバナンスを象徴する言
葉として多くの人に受け止められた。技術者の多くは，政府や政府機関が関与
することを「政府の介入」と考え，忌避する傾向がある。

　しかし，インターネットの外側に同様のサイバーシステムを持つサイバース
ペースが拡大するようになり，社会インフラストラクチャだけでなく軍事用の
システムもそこに組み込まれるようになり，逆にそこが軍事的な急所にもなり
つつある。

　国連総会の GGE も含めて，そのいずれも法的な拘束力を持つものではなく，
決定的な力を持たない。他方でサイバー犯罪，サイバーエスピオナージ，サイ
バー攻撃の増加は深刻になりつつある。サイバースペースの安定したガバナン
スの求める動きは今後も続くだろう。

参考文献

クラーク，リチャード／ロバート・ネイク（北川知子・峯村利哉訳）『世界サイバー戦
　　争――見えない軍拡が始まった』徳間書店，2011年。

グリーンウォルド，グレン（田口俊樹・濱野大道訳）『暴露――スノーデンが私に託し

たファイル』新潮社，2014年。

コミー，ジェームズ（藤田美菜子・江戸伸禎訳）『より高き忠誠——真実と嘘とリーダーシップ』光文社，2018年。

ジェイコブセン，アニー（加藤万里子訳）『ペンタゴンの頭脳——世界を動かす軍事科学機関DARPA』太田出版，2017年。

土屋大洋「サイバースペースのガバナンス」平成25年度外務省外交・安全保障調査研究事業（調査研究事業）「グローバル・コモンズ（サイバー空間，宇宙，北極海）における日米同盟の新しい課題」〈http://www2.jiia.or.jp/pdf/resarch/H25_Global_Commons/04-tsuchiya.pdf〉，2014年。

土屋大洋『サイバーセキュリティと国際政治』千倉書房，2015年。

ハーディング，ルーク（三木俊哉訳）『スノーデンファイル——地球上で最も追われている男の真実』日経BP社，2014年。

山本達也『革命と騒乱のエジプト——ソーシャルメディアとピーク・オイルの政治学』慶應義塾大学出版会，2014年。

Kaplan, Fred, *Dark Territory: The Secret History of Cyber War*, New York: Simon & Schuster, 2016, Kindle version.

Sanger, David, *Perfect Weapon: War, Sabotage, and Fear in the Cyber Age*, Melbourne: Scribe Publications, 2018.

Zetter, Kim, *Countdown to Zero Day: STUXNET and the Launch of the World's First Digital Weapon*, New York: Crown Publishers, 2014.

（土屋大洋）

人名索引

事項索引

※「グローバル・ガバナンス（論）」などは頻出するため省略した。

UNAIDS　→国連合同エイズ計画

UNCAC　→国連腐敗防止条約

UNCED　→国連環境開発会議

UNCLOS　→国連海洋法条約

UNDP　→国連開発計画

UNEP　→国連環境計画

UNESCO　→国連教育科学文化機関

UNFCCC　→国連気候変動枠組条約

UNFF　→国連森林フォーラム

UNGC　→国連グローバル・コンパクト

UNHCR　→国連難民高等弁務官事務所

UNICEF　→国連児童基金

UNICPOLOS　→海洋と海洋法に関する国連非
　　公式協議

UNODC　→国連薬物犯罪事務所

UNPoA　→国連小型武器行動計画

UNTOC　→国際組織犯罪防止条約

VAW　→女子に対する暴力

VER　→輸出自主規制

WCD　→世界ダム委員会

WCP　→世界気候計画

WEF　→世界経済フォーラム（ダヴォス会議）

WHO　→世界保健機関

WSF　→世界社会フォーラム

WSIS　→世界情報社会サミット

WSSD　→持続可能な開発に関する世界サミッ
　　ト

WTO　→世界貿易機関

WWF →世界自然保護基金

執筆者紹介 （執筆順，＊は編者）

＊西谷真規子（にしたに・まきこ）　**はしがき，序章，第8章，第9章，第10章，第14章**

編著者紹介欄参照。

＊山田高敬（やまだ・たかひろ）　**はしがき，第3章，第6章**

編著者紹介欄参照。

山田哲也（やまだ・てつや）　**第1章**

- 1965年　東京都生まれ。
- 1996年　国際基督教大学大学院行政学研究科博士後期課程中途退学。
- 現　在　南山大学総合政策学部教授。博士（法学）。
- 著　作　『国連が創る秩序――領域管理と国際組織法』東京大学出版会，2010年。
    『国際機構論入門』東京大学出版会，2018年。

渡邉智明（わたなべ・ともあき）　**第2章**

- 1977年　福岡県生まれ。
- 2005年　九州大学大学院法学府博士後期課程単位取得退学。
- 現　在　福岡工業大学社会環境学部准教授。博士（法学）。
- 著　作　"FSC as a Social Standard for Conservation and the Sustainable Use of Forests: FSC Legitimation Strategy in Competition," in Hori Shiro et al. eds. *International Development and the Environment: Social Consensus and Cooperative Measures for Sustainability,* Springer, 2019.
    「民主的システムは地球環境ガバナンスを支える？――ガバナンスの時空間と民主主義との関係をめぐって」『グローバル・ガバナンス』第3号，2016年。

上村雄彦（うえむら・たけひこ）　**第4章，第18章**

- 1965年　兵庫県生まれ。
- 1992年　大阪大学大学院法学研究科博士前期課程修了。
- 1993年　カールトン大学大学院国際関係研究科修士課程修了。
- 現　在　横浜市立大学国際教養学部教授。博士（学術）。
- 著　作　『グローバル・タックスの可能性――持続可能な福祉社会のガヴァナンスをめざして』ミネルヴァ書房，2009年。
    『グローバル・タックスの理論と実践――主権国家体制の限界を超えて』編著，日本評論社，2019年。

梅田　徹（うめだ・とおる）　**第5章**

- 1957年　岐阜県生まれ。
- 1984年　明治大学大学院法学研究科公法学専攻博士後期課程単位取得退学。
- 現　在　麗澤大学国際学部教授。
- 著　作　『企業倫理をどう問うか――グローバル化時代のCSR』NHKブックス，2006年。
    『外国公務員贈賄防止体制の研究』麗澤大学出版会，2011年。

内記香子 （ないき・よしこ） **第7章**

1973年　北海道生まれ。
1998年　大阪大学大学院国際公共政策研究科博士後期課程単位取得退学。
現　在　名古屋大学大学院環境学研究科教授。博士（国際公共政策）。
著　作　『WTO 法と国内規制措置』日本評論社，2008年。
　　　　"Sustainability, Certification Programs, and the Legacy of the Tokyo 2020 Olympics (co-author with Isao Sakaguchi)", Shigeru Matsumoto and Tsunehiro Otsuki eds., *Consumer Perception of Food Attributes*, CRC Press, 2018.

小川裕子 （おがわ・ひろこ） **第11章**

1972年　東京都生まれ。
2007年　東京大学大学院総合文化研究科国際社会科学専攻博士課程修了。
現　在　東海大学政治経済学部教授。博士（学術）。
著　作　"A Superficial Success of DAC: Emerging Donors and the Revival of Economic Statecraft," Masayuki Tadokoro, et al. eds., *Emerging Risks in a World of Heterogeneity: Interactions among Countries with Different Sizes, Polities and Societies* (Evolutionary Economics and Social Complexity Science), Springer, 2018.
　　　　"Normality of International Norms: Power, Interests, and Knowledge in Japan's ODA Politics," *Journal of International Development Studies*, Volume 28 Issue 3, 2019.

赤星　聖 （あかほし・しょう） **第12章**

1986年　熊本県生まれ。
2015年　神戸大学大学院法学研究科政治学専攻博士課程後期課程単位取得退学。
現　在　関西学院大学法学部准教授。博士（政治学）。
著　作　「複合的なガバナンスにおける国際機構間関係──国内避難民支援を事例として」『国際政治』第192号，2018年。
　　　　『国内避難民問題のグローバル・ガバナンス──アクターの多様化とガバナンスの変化』有信堂高文社，2020年。

中山裕美 （なかやま・ゆみ） **第13章**

1983年　宮崎県生まれ。
2008年　京都大学大学院アジア・アフリカ地域研究研究科博士課程［5年一貫制］修士号取得退学。
2012年　京都大学大学院法学研究科博士後期課程修了。
現　在　東京外国語大学大学院総合国際学研究院准教授。博士（法学）。
著　作　『難民問題のグローバル・ガバナンス』東信堂，2014年。

詫摩佳代 （たくま・かよ） **第15章**

1981年　広島県生まれ。
2010年　東京大学大学院総合文化研究科国際社会科学専攻国際関係論博士課程単位取得退学。
現　在　東京都立大学法学部教授。博士（学術）。
著　作　『国際政治のなかの国際保健事業──国際連盟保健機関から世界保健機関，ユニセフへ』ミネルヴァ書房，2014年。
　　　　『人類と病──国際政治から見る感染症と健康格差』中公新書，2020年。

西村もも子（にしむら・ももこ）**第16章**

1975年　静岡県生まれ。
2009年　東京大学大学院総合文化研究科国際社会科学専攻博士課程修了。
現　在　東京女子大学現代教養学部国際社会学科講師。博士（学術）。
著　作　『知的財産権の国際政治経済学──国際制度の形成をめぐる日米欧の企業と政府』木鐸社，
　　　　2013年。

藤井敏彦（ふじい・としひこ）**第17章**

1964年　大阪府生まれ。
1987年　東京大学経済学部卒業。
1994年　米国ワシントン大学（シアトル）MBA。
現　在　多摩大学大学院客員教授。
著　作　『競争戦略としてのグローバルルール──世界市場で勝つ企業の秘訣』東洋経済新報社，
　　　　2012年。
　　　　『サステナビリティ・シックス──CSR，ESG，SDGs，タクソノミー，次に来るもの』
　　　　日科技連出版社，2019年。

鈴木一敏（すずき・かずとし）**第19章**

1975年　静岡県生まれ。
2004年　東京大学大学院総合文化研究科国際社会科学専攻博士課程単位取得退学。
現　在　上智大学総合グローバル学部教授。博士（学術）。
著　作　『日米構造協議の政治過程──相互依存下の通商交渉と国内対立の構図』ミネルヴァ書房，
　　　　2013年。
　　　　「貿易自由化ガバナンスにおける多角主義と地域主義──マルチエージェント・シミュ
　　　　レーションによる行動規範の分析」菅英輝・松井康弘・大矢根聡編『グローバル・ガバ
　　　　ナンス学』法律文化社，2018年。

石垣友明（いしがき・ともあき）**第20章，第23章**

1994年　東京大学法学部中退（1997年　米国アマースト大学卒業）。外務省入省。
現　在　外務省経済局政策課長。
著　作　Dennis T. Yasutomo, Tomoaki Ishigaki "Japan's Proactive Multilateralism -The UN
　　　　Arms Trade Treaty of 2013," *Asian Survey*, Vol. 57 No. 5, September/October 2017.
　　　　「国連安保理制裁の変容と履行確保に関する最近の課題──金融制裁をはじめとする諸措
　　　　置の実施に当たっての実務上の課題を中心に」吉村祥子編著『国連の金融制裁　法と実
　　　　務』東信堂，2018年。

阪口　功（さかぐち・いさお）**第21章**

1971年　奈良県生まれ。
2001年　東京大学総合文化研究科国際社会科学専攻博士課程単位取得退学。
現　在　学習院大学法学部教授。博士（学術）。
著　作　"The Roles of Activist NGOs in the Development and Transformation of IWC Regime:
　　　　The Interaction of Norms and Power," *Journal of Environmental Studies and Sciences*,
　　　　3(2), 2013.
　　　　『日本の水産資源管理──漁業衰退の真因と復活への道を探る』慶應義塾大学出版会，
　　　　2019年。

都留康子（つる・やすこ）　**第22章**

　1997年　東京大学大学院法学政治学研究科博士課程単位取得退学。
　現　在　上智大学総合グローバル学部教授。
　著　作　『変容する地球社会と平和への課題』共編著，中央大学出版会，2016年。
　　　　　『国際関係学』共編著，有信堂，2017年。

土屋大洋（つちや・もとひろ）　**第24章**

　1970年　生まれ。
　1999年　慶應義塾大学大学院政策・メディア研究科後期博士課程修了。
　現　在　慶應義塾大学総合政策学部学部長，大学院政策・メディア研究科教授。博士（政策・メ
　　　　　ディア）。
　著　作　『暴露の世紀――国家を揺るがすサイバーテロリズム』KADOKAWA，2016年。
　　　　　『サイバーグレートゲーム――政治・経済・技術とデータをめぐる地政学』千倉書房，
　　　　　2020年。

《編著者紹介》

西谷真規子（にしたに・まきこ）

1973年　東京都生まれ。
1998年　東京大学大学院法学政治学研究科博士前期課程修了。東京大学助手。
現　在　神戸大学大学院国際協力研究科准教授。
著　作　"The EU as a Civilian Promoter in Asia: The Role of the ASEF and AEPF in the ASEM Process," in Hungdah Su (ed.), *Asian Countries' Strategies towards the European Union in an Inter-regionalist Context*, National Taiwan University Press, 2015.
　　　　『国際規範はどう実現されるか——複合化するグローバル・ガバナンスの動態』ミネルヴァ書房，2017年。

山田高敬（やまだ・たかひろ）

1959年　愛知県生まれ。
1992年　カリフォルニア大学バークレー校大学院政治学研究科博士後期課程修了。
現　在　名古屋大学大学院環境学研究科教授。Ph.D（政治学）。
著　作　『情報化時代の市場と国家』木鐸社，1997年。
　　　　『グローバル社会の国際関係論』共編著，有斐閣，2006年。

新時代のグローバル・ガバナンス論
——制度・過程・行為主体——

2021年1月30日　初版第1刷発行　　　　　　　〈検印省略〉

定価はカバーに
表示しています

編　著　者　　西　谷　真規子
　　　　　　　山　田　高　敬
発　行　者　　杉　田　啓　三
印　刷　者　　中　村　勝　弘

発　行　所　株式会社　ミネルヴァ書房
607-8494 京都市山科区日ノ岡堤谷町1
電話代表　（075）581-5191
振替口座　01020-0-8076

© 西谷真規子・山田高敬ほか，2021　　　中村印刷・藤沢製本

ISBN978-4-623-08993-2
Printed in Japan

西谷真規子 編著
国際規範はどう実現されるか
A 5 判・392頁
本 体 6000円

緒方貞子・半澤朝彦 編著
グローバル・ガヴァナンスの歴史的変容
A 5 判・314頁
本 体 3500円

安田佳代 著
国際政治のなかの国際保健事業
A 5 判・320頁
本 体 6000円

明石純一 著
人の国際移動は管理されうるのか
A 5 判・296頁
本 体 5000円

上村雄彦 著
グローバル・タックスの可能性
A 5 判・394頁
本 体 4000円

鈴木一敏 著
日米構造協議の政治過程
A 5 判・276頁
本 体 6000円

武者小路公秀 編著
人間の安全保障
A 5 判・328頁
本 体 3500円

G・D・ペイジ 著／酒井英一 監訳
殺戮なきグローバル政治学
四六判・288頁
本 体 4000円

北野　充 著
核拡散防止の比較政治
A 5 判・468頁
本 体 6000円

勝間　靖 編著
テキスト国際開発論
A 5 判・352頁
本 体 2800円

──────── ミネルヴァ書房 ────────

https://www.minervashobo.co.jp/